安全生产行政处罚办案指南

法律实务、执法文书与案例剖析

张凡◎编著

ANQUAN SHENGCHAN
XINGZHENG CHUFA BAN'AN ZHINAN
FALÜ SHIWU ZHIFA WENSHU YU ANLI POUXI

中国法制出版社
CHINA LEGAL PUBLISHING HOUSE

前　言

在读书的时候，对行政法学不那么感兴趣，对刑法却情有独钟，时至今日，依然如此。但因从事行政执法工作，迫使我不得不去研究行政法学。

在行政机关工作多年，每次与执法人员交流的时候，他们总是有各种各样的疑问，渴望问题能得到正确的解答。在一次交谈当中，对方突然说到："他们说的根本不对，我仔细看了一下，法律其实没有那么简单，但是我还是没有弄懂。"听到这话我很惊讶，惊讶的是他对问题的态度，因为他真正地去钻研了法律。他的这句话深深地触动了我，那一刻，我突然有了写一本安全生产行政处罚实务书的想法。一本安全生产行政处罚实务书对安全生产领域依法行政能有多大作用？我无法回答这个问题。我明白，行政执法的威慑力不在于处罚的严厉性，而在于违法行为承担违法后果的不可避免性。

我曾经利用到各县市区上课的机会，特意向执法人员宣讲法治理念。刚开始我还很担心，不知道会产生怎样的影响。但每次上完课后，从他们的反应来看，起到了一定的正面效果。记得有一次，上完课后，学员走过来对我说："你说出了我一直不敢说的话，今天我开私家车送你回去，我们再好好聊一聊。"事实上，每个人内心中都渴望公平，都愿意去伸张正义。然而，依法行政在现实社会环境中，需要智慧和勇气，作为一名执法者，能做的就是通过一个个的案件去实现。

本书根据执法实践中的经验，对安全生产行政处罚过程中遇到的难点、重点法律问题进行梳理、讲解。为了让广大的执法人员能够迅速理解相关的法律问题，在写作时参考了很多不同的书写形式，在内容的安排上，也是反复思考，并听取了大量一线执法人员的意见。最终按照实用、通俗易懂的原则，确定全书内容。整本书编排如下，第一部分解读行政处罚重点基础知识；第二部分讲解在执法实践过程中，争议较大的安全生产违法行为；第三部分评析执法文书当中常见的错误，其中所列举的错误执法文书，基本上源自真实的执法案件文书；第四部分剖析行政诉讼典型案例中的裁判要旨。所选案例并不是安全生产行政处罚案例，而是行政诉讼案例，并且是运用法律原则来判决的案例。并经再三考虑，选取的是完整的案例而不是节选案例的重点内容。为什么作出如此选择？因为，案例的目的不仅是看判决结果，更为重要的是理解判决中的说理内容。我希望通过这些运用法律原则判决的案例来传递法治思维和法治理念。

安全生产监管执法人员来源多元化，流动性较大，我希望这本书对执法人员在办理具体案件时有所帮助，更希望广大执法人员能树立法治理念。本书在编著过程中得到很多同仁的帮助和支持，是他们让我有了去完成本书的动力，在此表示衷心的感谢。虽然我尽了最大努力，但错误在所难免，如果大家在本书中发现错误，敬请告知，不胜感激。

不忘初心，依法行政需要你我的坚守——坚守法治信仰，坚守法律底线。

张　凡

2021 年 9 月

目　　录

第一章　安全生产行政处罚重点

第二章 安全生产行政处罚难点

第三章　安全生产行政执法文书范本与实例

第四章　行政诉讼典型案例剖析

附　录

第一章
安全生产行政处罚重点

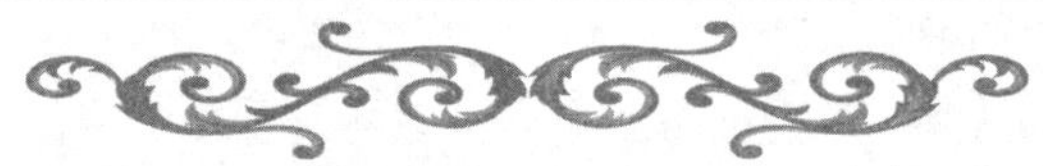

01　行政处罚对象

《中华人民共和国行政处罚法》第四条规定："公民、法人或者其他组织违反行政管理秩序的行为，应当给予行政处罚的，依照本法由法律、法规、规章规定，并由行政机关依照本法规定的程序实施。"从该规定可以看出，行政处罚对象是违反行政管理秩序应当给予行政处罚的公民、法人或者其他组织。

一、分公司能否作为行政处罚对象

分公司是指在业务、资金、人事等方面受本公司管辖而不具有法人资格的分支机构。分公司能否成为行政处罚对象有一定的争议。持反对意见者认为分公司不具有法人资格，不能成为行政处罚对象。主要依据是《中华人民共和国公司法》第十四条的规定，"公司可以设立分公司。设立分公司，应当向公司登记机关申请登记，领取营业执照。分公司不具有法人资格，其民事责任由公司承担。公司可以设立子公司，子公司具有法人资格，依法独立承担民事责任"。《中华人民共和国企业法人登记管理条例施行细则》第四条规定："不具备企业法人条件的下列企业和经营单位，应当申请营业登记：（一）联营企业；（二）企业法人所属的分支机构；（三）外商投资企业设立的分支机构；（四）其他从事经营活动的单位。"根据上述规定，分公司需要取得营业执照。

《最高人民法院关于适用〈中华人民共和国民事诉讼法〉的解释》第五十三条规定："法人非依法设立的分支机构，或者虽依法设立，但没有领取营业执照的分支机构，以设立该分支机构的法人为当事人。"根据该规定，领取营业执照的分公司可以作为当事人。

行政处罚对象包括：公民、法人或者其他组织。分公司属于其他组织的范畴。对于领取营业执照的分公司，以分公司为处罚对象；没有营业执照的分公司，以设立分公司的法人为处罚对象。

为进一步了解分公司与子公司承担法律责任的区别，具体列表如下：

公司类型	是不是独立法人	是否具有诉讼主体资格	是否需要申领营业执照	是否具有独立缔约能力	当其财产不足以清偿债务时，能否要求总公司/母公司承担责任	当总公司的财产不足以清偿债务时，能否执行分公司/子公司的财产
分公司	否	是	是	是	由总公司承担最终责任	能执行分公司财产
子公司	是	是	是	是	总公司不需要承担最终责任	不能执行子公司财产

二、行政处罚个体工商户的对象确定

《中华人民共和国民法典》第五十四条规定：“自然人从事工商业经营，经依法登记，为个体工商户。个体工商户可以起字号。”根据该规定，个体工商户营业执照的名称存在两种情况：一是经营者；二是字号。当对个体工商户进行处罚时，以营业执照上登记的经营者为行政处罚对象；有字号的，以营业执照上登记的字号为行政处罚对象，并注明该字号经营者的基本信息。

三、实际经营者同营业执照登记经营者不一致

在安全生产执法中，经常会遇到实际经营者同营业执照登记经营者不一致的情况。例如，顺风加油站，法定代表人是赵二，赵二同李四签订协议，顺风加油站由李四承包经营，李四每年向赵二支付承包费 100 万元。这是典型的实际经营者同营业执照登记经营者不一致的情况。如果在经营过程中发生违法行为，就会出现处罚对象是顺风加油站法定代表人赵二还是承包经营者李四的问题。赵二同李四之间签订的协议是企业行使自主经营权的行为。该行为不改变行政法律责任的义务人。在营业执照经营者未变更的情况下，行政处罚对象仍然是营业执照登记的经营者。

如果个体工商户营业执照登记的经营者死亡，个体工商户营业执照经营者未变更，应当以实际经营者为处罚对象。

四、安全生产许可证同营业执照企业名称不一致

企业名称看似是企业内部的事情，实际上是一个法律问题。企业名称的确定，关系到一系列法律行为，如合同签订、行政许可、行政处罚等。国家制定《企业名称登记管理规定》① 对企业名称进行规范管理。

在安全生产执法领域经常出现安全生产许可证同营业执照企业名称不一致的情况。例如，昭阳市水泥有限公司有一处非煤矿矿山，其是一家专门负责水泥厂原料的供应商。该矿山以昭阳市水泥有限公司营业执照申报，非煤矿矿山安全生产许可证的企业名称是：昭阳市水泥有限公司武胜山采石场。很显然二者名称并不一致。如果该采石场出现安全生产违法行为，那么行政处罚的对象是昭阳市水泥有限公司还是昭阳市水泥有限公司武胜山采石场？如果处罚的对象是后者，可能会引发很多问题。该采石场没有营业执照，如果采石场不履行罚款义务，需要强制执行或者需要对其实施联合惩戒，没有营业执照意味着没有统一社会信用代码，那么应如何来达到执行或联合惩戒的目的？在这种情况下，我们只能将昭阳市水泥有限公司武胜山采石场视为昭阳市水泥有限公司的分公司，即一家没有领取营业执照的分公司，那么行政处罚对象就是昭阳市水泥有限公司。

企业名称是一个严肃的法律问题，《企业名称登记管理规定》第二条规定：企业名称登记的主管机关是国家工商行政管理局和地方各级工商行政管理局（2018 年机构改革后是市场监督管理部门）。应急管理部门在办理安全生产许可证时，应当将安全生产许可证同营业执照的企业名称保持一致。

---

① 《中华人民共和国市场主体登记管理条例》于 2021 年 7 月 27 日公布，自 2022 年 3 月 1 日起施行。

02　行政处罚管辖

行政处罚管辖是指行政机关对行政违法行为进行处罚的权限和分工。行政处罚管辖主要分为职权管辖、地域管辖、层级管辖和特殊管辖。

一、职权管辖

行政机关行使职权的范围是由法律、行政法规和“三定”方案来确定的。行政机关处罚权在职权范围内依法行使。例如，《中华人民共和国安全生产法》第一百一十五条规定，“本法规定的行政处罚，由应急管理部门和其他负有安全生产监督管理职责的部门按照职责分工决定；其中，根据本法第九十五条、第一百一十条、第一百一十四条的规定应当给予民航、铁路、电力行业的生产经营单位及其主要负责人行政处罚的，也可以由主管的负有安全生产监督管理职责的部门进行处罚。予以关闭的行政处罚，由负有安全生产监督管理职责的部门报请县级以上人民政府按照国务院规定的权限决定；给予拘留的行政处罚，由公安机关依照治安管理处罚的规定决定”。该条明确规定负有安全生产监督管理职责的部门按照职责分工行使处罚权。

行政机关的行政处罚权只能在本机关的职权范围内行使。如果越权行使其他机关的处罚权，则属于行政处罚越权，这种行政处罚决定是无效的。因此，特别要注意以下情形。

（一）多个行政部门对某类企业都有监管权

对于某类企业多个行政部门都有监管权。例如，对非煤矿矿山企业的监管，自然资源、应急管理等部门都有监管权。实践中，当企业出现违法问题时，对其有监管权的多个部门难免相互推诿、相互指责。针对该问题，为明确相关行政部门之间的职责，政府对各部门的职责界限作出相应的规定，如《国务院安全生产委员会关于印发〈国务院安全生产委员会成员单位安全生产工作任务分工〉的通知》（安委〔2020〕10 号）等。职责界限的相关规定修订频繁，相关职能部门应当按照最新的规定依法履职。

（二）法律授权某一行政部门行使处罚权

法律对于某一违法行为，专项授权行政部门行使处罚权。例如，各个领域中都有可能发生生产安全事故，这就意味着多个行政部门对事故发生单位负有监管责任。事故发生后，对负有责任的生产经营单位由谁来进行处罚？《中华人民共和国安全生产法》第一百一十四条规定："发生生产安全事故，对负有责任的生产经营单位除要求其依法承担相应的赔偿等责任外，由应急管理部门依照下列规定处以罚款：（一）发生一般事故的，处三十万元以上一百万元以下的罚款；（二）发生较大事故的，处一百万元以上二百万元以下的罚款；（三）发生重大事故的，处二百万元以上一千万元以下的罚款；（四）发生特别重大事故的，处一千万元以上二千万元以下的罚款。发生生产安全事故，情节特别严重、影响特别恶劣的，应急管理部门可以按照前款罚款数额的二倍以上五倍以下对负有责任的生产经营单位处以罚款。"按照该条的规定，应急管理部门行使生产安全事故处罚权。

二、地域管辖

行政处罚由违法行为发生地的具有行政处罚职权的行政部门管辖。违法行为有多个发生地，多个发生地的行政部门都有管辖权。例如，振兴烟花爆竹批发公司在甲地采购一批伪劣烟花爆竹，经过乙地运输到丙地进行销售。甲地为采购地、乙地为运输经过地、丙地为销售地，均为违法行为发生地，所以甲地、乙地、丙地的应急管理部门对振兴烟花爆竹批发公司采购和销售伪劣烟花爆竹的行为都有管辖权。

三、层级管辖

法律、法规、规章对各级行政机关之间的层级管辖权进行规定。层级管辖权有以下几种情形：

1. 对最低一级的行政机关行使职权的规定。例如，《中华人民共和国安全生产法》第十条第二款规定，"国务院交通运输、住房和城乡建设、水利、民航等有关部门依照本法和其他有关法律、行政法规的规定，在各自的职责范围内对有关行业、领域的安全生产工作实施监督管理；县级以上地方各级人民政府有关部门依照本法和其他有关法律、法规的规定，在各自的职责范围内对有关行业、领域的安全生产工作实施监督管理。对新兴行业、领域的安全生产监督管理职责不明确的，由县级以上地方各级人民政府按照业务相近的原则确定监督管理部门”。从该规定可以看出，对安全生产工作有监督职权的是县级以上的行政部门。

2. 明确某级行政机关行使相关行政职权。例如，《生产安全事故报告和调查处理条例》第十九条规定，“特别重大事故由国务院或者国务院授权有关部门组织事故调查组进行调查。重大事故、较大事故、一般事故分别由事故发生地省级人民政府、设区的市级人民政府、县级人民政府负责调查。省级人民政府、设区的市级人民政府、县级人民政府可以直接组织事故调查组进行调查，也可以授权或者委托有关部门组织事故调查组进行调查。未造成人员伤亡的一般事故，县级人民政府也可以委托事故发生单位组织事故调查组进行调查”。

四、特殊管辖

法律、行政法规对一般地域管辖或一般层级管辖的特别规定。例如，《安全生产许可证条例》第二十三条规定，“本条例规定的行政处罚，由安全生产许可证颁发管理机关决定”。

03 一事不得两次罚款

“一事不再罚”原则指的是任何人不能因一次行为受两次以上的刑事处罚。“一事不再罚”原则在我国法学界争议不断，难以有统一的认识，至今未确立为行政处罚的一项原则。《中华人民共和国行政处罚法》第二十九条规定：“对当事人的同一个违法行为，不得给予两次以上罚款的行政处罚。同一个违法行为违反多个法律规范应当给予罚款处罚的，按照罚款数额高的规定处罚。”该条规定从法律上确立了“一事不得两次罚款”的制度。需要注意的是，行政处罚的种类包括警告、罚款、没收违法所得、吊销许可证等。罚款只是一种行政处罚，“一事不得两次罚款”仅是“一事不再罚”的部分内容，“一事不得两次罚款”不等同于“一事不再罚”原则。

在执法实践中，重要的是正确理解“一个违法行为”。

行政处罚中的一个违法行为，是指当事人实施了一个违反行政法规范的行为，或者说当事人所实施的行政违法行为符合行政违法的构成要件，即构成“一个违法行为”。

理解“一个违法行为”要注意以下几种情形。

一、违法行为继续性

违法行为继续性，是指当事人实施单一违法行为后，在时间上其违法行为处于一种继续的状态，因此其应当视为一个违法行为。例如，赵二在甲地建了一个加油站，在未取得危险化学品经营许可证的情况下，从 2020 年 1 月至 5 月一直在经营汽油。赵二从 2020 年 1 月开始非法经营汽油的行为处于继续的状态，该违法行为直到 5 月结束，这种行为应视为一个违法行为。

二、违法行为连续性

违法行为连续性，是指当事人基于同一个故意，连续实施了多个相同性质的违法行为。连续性违法行为应视为一个违法行为。例如，赵二在未取得烟花爆竹零售许可证的情况下从甲地采购一批烟花爆竹到乙地进行售卖。卖完之后，赵二发现售卖烟花爆竹利润丰厚，于是再次从甲地采购烟花爆竹到乙地售卖。赵二连续多次非法经营烟花爆竹的行为视为一个违法行为。

三、新的违法行为

当事人实施了某一行政违法行为，因某一法律事实导致违法行为终止后，当事人再次实施同一性质的行政违法行为应视为新的违法行为。例如，赵二在未取得烟花爆竹零售许可证的情况下从甲地采购一批烟花爆竹到乙地进行售卖，被乙地应急管理局查获，乙地应急管理局对其进行行政处罚。赵二觉得售卖烟花爆竹有利可图，于是再次在未取得烟花爆竹零售许可证的情况下从甲地采购一批烟花爆竹到乙地进行售卖。赵二再次非法经营烟花爆竹的行为视为新的违法行为，乙地应急管理局应当再次对其进行处罚。

赵二新的违法行为不是第一次违法行为的连续，不能与其视为一个违法行为。其原因在于，赵二第一次所实施的非法销售烟花爆竹的违法行为在乙地应急管理局作出处罚后即告结束，连续性宣告终止。赵二再次实施同一性质的违法行为，构成了新的违法行为。对新的违法行为，行政机关可以再次进行处罚。

四、同类违法行为

同类违法行为，是指当事人实施多个相互独立的违法行为，多个违法行为违反相同的行政法律规定。例如，赵二开了一家加油站，名称为顺风加油站。执法人员在对该加油站检查时发现，加油站对安全设备没有进行经常性维护和保养，导致加油站站房的应急灯已经损坏，加油站卸油区的静电接地报警器也损坏。根据《中华人民共和国安全生产法》第三十六条第二款的规定，生产经营单位必须对安全设备进行经常性维护、保养，并定期检测，保证正常运转。维护、保养、检测应当作好记录，并由有关人员签字。顺风加油站的两个行为都违反了该规定，即两个行为违反一个法律规定。应急灯损坏和静电接地报警器损坏是两个违法行为，不是“一事不再罚”原则中的一个违法行为。因此，对于顺风加油站应急灯损坏和静电接地报警器损坏的两个违法行为应当分别裁量，合并处罚。

需要注意的是，若顺风加油站多个应急灯损坏，且一直没有维护，这些行为属于基于一个故意、相互关联的违法行为，视为一个违法行为。

五、按照罚款数额高的法律规定处罚

一个违法行为违反多个法律规定应当给予罚款处罚的，按照罚款数额高的法律规定处罚，这一规则在一个执法主体或多个执法主体之间都适用。“按照罚款数额高的法律规定处罚”中的罚款数额高，是指法律规定的处罚幅度高。例如，一个违法行为触犯甲、乙两个法律规定，甲法律规定规定的罚款幅度是1000元至5000元，乙法律规定规定的罚款幅度是5000元至20000元，应当按照乙法律规定进行处罚。还有另外一种情形，甲法律规定规定的罚款幅度是2000元至5000元，乙法律规定规定的罚款幅度是1000元至10000元，同样应当按照乙法律规定进行处罚。

如果行政相对人实施一个违法行为触犯两个以上的法律规定，各个有权处罚的机关，按照相应的法律规定都应当给予罚款处罚。一个执法主体所依据的法律规定规定的罚款数额高，但是另一个执法主体已经处罚完，在这种情况下，不能再按照罚款数额高的法律规定进行处罚。这是因为，一个行政机关给予处罚对象罚款后，其他行政机关不得再给予罚款的行政处罚。也就是说，按照罚款数额高的法律规定处罚也要受到一个违法行为不得给予两次罚款规则的限制。出于对行政行为的严肃性和稳定性考虑，不能把已处罚完的罚款决定撤销。

04 责令限期整改不是行政处罚

《中华人民共和国行政处罚法》第二十八条第一款规定："行政机关实施行政处罚时，应当责令当事人改正或者限期改正违法行为。"责令限期整改是否属于行政处罚种类，争论已久。有人认为，责令限期整改增加了当事人的义务，应当属于行政处罚。也有人认为，行政处罚不是目的，行政处罚的根本目的是制止和纠正行政违法行为，维护公共利益和社会秩序，保护公民、法人或者其他组织的合法权益。为防止行政机关出现只罚不管，以罚代管，处罚后违法行为依然继续存在的现象，故作出上述规定。因此，责令限期整改是行政处罚的补救措施，不是行政处罚种类。例如，《中华人民共和国城乡规划法》第六十六条规定，"建设单位或者个人有下列行为之一的，由所在地城市、县人民政府城乡规划主管部门责令限期拆除，可以并处临时建设工程造价一倍以下的罚款：（一）未经批准进行临时建设的；（二）未按照批准内容进行临时建设的；（三）临时建筑物、构筑物超过批准期限不拆除的"。针对该条规定的责令限期拆除是不是行政处罚种类的问题，《国务院法制办公室对陕西省人民政府法制办公室〈关于"责令限期拆除"是否属于行政处罚行为的请示〉的复函》明确表示责令限期整改不应当理解为行政处罚行为。

国务院法制办公室对陕西省人民政府法制办公室《关于"责令限期拆除"是否属于行政处罚行为的请示》的复函

（国法秘研函〔2012〕665号）

陕西省人民政府法制办公室：

你办《关于"责令限期拆除"是否属于行政处罚行为的请示》（陕府法字〔2012〕49号）收悉。经研究并商全国人大常委会法工委，现函复如下：

根据《中华人民共和国行政处罚法》[①] 第二十三条关于“行政机关实施行政处罚时，应当责令改正或者限期改正违法行为”的规定，责令改正或者限期改正违法行为与行政处罚是不同的行政行为。因此，《中华人民共和国城市规划法》[②] 第六十四条规定的“限期拆除”、第六十八条规定的“责令限期拆除”不应当理解为行政处罚行为。

当然，在现行法律中，也有明确将责令限期拆除行为规定为行政处罚的。例如，《中华人民共和国土地管理法》第八十三条规定，“依照本法规定，责令限期拆除在非法占用的土地上新建的建筑物和其他设施的，建设单位或者个人必须立即停止施工，自行拆除；对继续施工的，作出处罚决定的机关有权制止。建设单位或者个人对责令限期拆除的行政处罚决定不服的，可以在接到责令限期拆除决定之日起十五日内，向人民法院起诉；期满不起诉又不自行拆除的，由作出处罚决定的机关依法申请人民法院强制执行，费用由违法者承担”。

安全生产领域的责令整改不是行政处罚。《中华人民共和国安全生产法》第六十五条第一款第二项规定，应急管理部门和其他负有安全生产监督管理职责的部门依法开展安全生产行政执法工作，对生产经营单位执行有关安全生产的法律、法规和国家标准或者行业标准的情况进行监督检查，行使以下职权：（二）对检查中发现的安全生产违法行为，当场予以纠正或者要求限期改正；对依法应当给予行政处罚的行为，依照本法和其他有关法律、行政法规的规定作出行政处罚决定。该规定表明两层意思，一是对检查中发现的安全生产违法行为，当场予以纠正或者要求限期改正；二是如果需要行政处罚，再依据相关规定按法定程序进行处罚。很显然，安全生产法所规定的责令整改不是行政处罚。

2021 年修订的《中华人民共和国行政处罚法》，在修订阶段，第一次征求意见稿时，将责令限期整改列入行政处罚的种类，但是正式公布的《中华人民共和国行政处罚法》并未将责令限期整改列入行政处罚的种类，可见对

① 此处是指 2009 年修正的《中华人民共和国行政处罚法》。 ——编者注

② 此处是指 2007 年公布的《中华人民共和国城乡规划法》。 ——编者注

于这个问题争议较大。按照行政处罚法的规定，除相关法律、行政法规作特别规定外，责令限期整改不属于行政处罚的种类，不需要按照行政处罚程序作出上述规定。

05 吊销许可证与撤销许可、撤回许可的区别

吊销许可证与撤销许可、撤回许可是不同性质的行政行为，实施的条件、程序也不同。

一、吊销许可证

吊销许可证是行政机关对违法行为进行处罚的行政行为，属于行政处罚。吊销许可证必须严格遵照行政处罚程序进行。同时，吊销许可证属于重大行政处罚行为，必须经过集体讨论和法制审核后，才能作出行政处罚决定。没有经过集体讨论和法制审核，直接作出吊销许可证的处罚决定，属于程序违法。

二、撤销许可

撤销许可是纠正不当行政许可的行为。有权作出撤销行政许可的主体有两个：一是作出行政许可决定的行政机关；二是其上级行政机关。行政机关可以依据职权主动撤销行政许可，也可以依据利害关系人的请求作出撤销行政许可。

根据《中华人民共和国行政许可法》第六十九条的规定，“有下列情形之一的，作出行政许可决定的行政机关或者其上级行政机关，根据利害关系人的请求或者依据职权，可以撤销行政许可：（一）行政机关工作人员滥用职权、玩忽职守作出准予行政许可决定的；（二）超越法定职权作出准予行政许可决定的；（三）违反法定程序作出准予行政许可决定的；（四）对不具备申请资格或者不符合法定条件的申请人准予行政许可的；（五）依法可以撤销行政许可的其他情形。被许可人以欺骗、贿赂等不正当手段取得行政许可的，应当予以撤销。依照前两款的规定撤销行政许可，可能对公共利益造成重大

损害的，不予撤销。依照本条第一款的规定撤销行政许可，被许可人的合法权益受到损害的，行政机关应当依法给予赔偿。依照本条第二款的规定撤销行政许可的，被许可人基于行政许可取得的利益不受保护”。

三、撤回许可

行政机关因行政许可的法律依据修改或废止，或者所依据的客观情况发生重大变化，基于公共利益的需要，将撤回行政许可。

撤回许可同撤销许可一样，都不是行政处罚行为，二者的主要区别为：

（一）二者依据的情形不同

撤回许可依据的情形是：行政许可所依据的法律、法规、规章修改或者废止，或者准予行政许可所依据的客观情况发生重大变化的，为了公共利益的需要；撤销许可是纠正不当的行政许可。

（二）二者所承担的法律后果性质不同

撤销许可对被许可人所受到的合法权益损害，行政机关予以赔偿。撤回许可给公民、法人或者其他组织造成财产损失的，行政机关应当依法给予补偿。赔偿同补偿是不同性质的法律后果。赔偿表示因自己的过错，造成了对方权益的损害；补偿表示自己没有过错，是出于人道主义因素或法定的事由，弥补对方一定的损失。

06 法律适用

一、法律效力

根据《中华人民共和国立法法》第八十七条、第八十八条、第八十九条的规定，宪法具有最高的法律效力，一切法律、行政法规、地方性法规、自治条例和单行条例、规章都不得同宪法相抵触。法律的效力高于行政法规、地方性法规、规章。行政法规的效力高于地方性法规、规章。地方性法规的效力高于本级和下级地方政府规章。省、自治区的人民政府制定的规章的效力高于本行政区域内设区的市、自治州的人民政府制定的规章。

二、法律适用规则

《中华人民共和国立法法》第九十条规定：“自治条例和单行条例依法对法律、行政法规、地方性法规作变通规定的，在本自治地方适用自治条例和单行条例的规定。经济特区法规根据授权对法律、行政法规、地方性法规作变通规定的，在本经济特区适用经济特区法规的规定。”

第九十一条规定：“部门规章之间、部门规章与地方政府规章之间具有同等效力，在各自的权限范围内施行。”

第九十二条规定：“同一机关制定的法律、行政法规、地方性法规、自治条例和单行条例、规章，特别规定与一般规定不一致的，适用特别规定；新的规定与旧的规定不一致的，适用新的规定。”

第九十三条规定：“法律、行政法规、地方性法规、自治条例和单行条例、规章不溯及既往，但为了更好地保护公民、法人和其他组织的权利和利益而作的特别规定除外。”

三、法律解释

根据《中华人民共和国立法法》第四十五条的规定，法律解释权属于全国人民代表大会常务委员会。主要包括以下两个方面：

（1）法律的规定需要进一步明确具体含义的；

（2）法律制定后出现新的情况，需要明确适用法律依据的。

《中华人民共和国立法法》第四十六条规定："国务院、中央军事委员会、最高人民法院、最高人民检察院和全国人民代表大会各专门委员会以及省、自治区、直辖市的人民代表大会常务委员会可以向全国人民代表大会常务委员会提出法律解释要求。"

第四十七条规定："常务委员会工作机构研究拟订法律解释草案，由委员长会议决定列入常务委员会会议议程。"

第四十八条规定："法律解释草案经常务委员会会议审议，由法律委员会根据常务委员会组成人员的审议意见进行审议、修改，提出法律解释草案表决稿。"

第四十九条规定："法律解释草案表决稿由常务委员会全体组成人员的过半数通过，由常务委员会发布公告予以公布。"

第五十条规定："全国人民代表大会常务委员会的法律解释同法律具有同等效力。"

四、司法解释

《中华人民共和国立法法》第一百零四条规定："最高人民法院、最高人民检察院作出的属于审判、检察工作中具体应用法律的解释，应当主要针对具体的法律条文，并符合立法的目的、原则和原意。遇有本法第四十五条第二款规定情况的，应当向全国人民代表大会常务委员会提出法律解释的要求或者提出制定、修改有关法律的议案。最高人民法院、最高人民检察院作出的属于审判、检察工作中具体应用法律的解释，应当自公布之日起三十日内报全国人民代表大会常务委员会备案。最高人民法院、最高人民检察院以外的审判机关和检察机关，不得作出具体应用法律的解释。"

五、安全生产行政处罚适用法律时应当注意的问题

（一）法律溯及力

法律溯及力，是指法律颁布后，对其以前所发生的行为的适用效力。法律一般不具有溯及力，但是法律有明确规定的除外。

从旧，是指行政处罚对象的违法行为发生在新法生效之前，新法生效之后，行政机关仍未作出行政处罚决定的，适用旧法进行处罚，有关程序问题，适用新法。

行政处罚适用法律进行处罚时应当遵守从旧兼从轻的原则。即行政处罚对象的行为按旧法规定属于违法行为，新法规定不属于违法行为或者新法规定的处罚比旧法规定的处罚轻，应适用新法。

（二）特别规定与一般规定的适用关系

同一机关制定的法律、行政法规、地方性法规、自治条例和单行条例、规章，特别规定与一般规定不一致的，适用特别规定；新规定与旧规定不一致的，适用新规定。例如，根据《中华人民共和国安全生产法》第一百一十四条的规定，发生生产安全事故，对负有责任的生产经营单位除要求其依法承担相应的赔偿等责任外，由应急管理部门处以罚款。由应急管理部门对发生生产安全事故负有责任的生产经营单位进行罚款属于特别规定。

《中华人民共和国立法法》第九十四条规定："法律之间对同一事项的新的一般规定与旧的特别规定不一致，不能确定如何适用时，由全国人民代表大会常务委员会裁决。行政法规之间对同一事项的新的一般规定与旧的特别规定不一致，不能确定如何适用时，由国务院裁决。"

特别规定与一般规定的适用关系受法律效力高低规则的限制。《中华人民共和国安全生产法》是法律，《生产安全事故报告和调查处理条例》是行政法规，法律的效力高于行政法规，二者对相同事项有不同规定时，适用《中华人民共和国安全生产法》。《中华人民共和国安全生产法》与《生产安全事故报告和调查处理条例》之间不存在特别规定与一般规定的适用关系。

（三）排除适用规定

对某一类违法行为，法律明确规定适用规定的范围，排除适用其他规定，

应当按法律规定适用。例如，《中华人民共和国安全生产法》第一百条中规定，未经依法批准，擅自生产、经营、运输、储存、使用危险物品或者处置废弃危险物品的，依照有关危险物品安全管理的法律、行政法规的规定予以处罚。按照该条规定，对未经依法批准，擅自生产、经营、运输、储存、使用危险物品或者处置废弃危险物品的行为进行处罚时，只能适用法律、行政法规，不能适用地方性法规。

07 行政处罚的时效

行政处罚的时效，是指行政处罚机关对违法相对人依法追究行政法律责任的有效期限。《中华人民共和国行政处罚法》第三十六条规定："违法行为在二年内未被发现的，不再给予行政处罚；涉及公民生命健康安全、金融安全且有危害后果的，上述期限延长至五年。法律另有规定的除外。前款规定的期限，从违法行为发生之日起计算；违法行为有连续或者继续状态的，从行为终了之日起计算。"根据该条法律规定，行政违法行为在二年（或五年）内未被发现的，不再给予行政处罚。

"二年内未被发现"关键点是"发现"二字。也就是违法行为发生后，两年内未被发现，不再进行处罚。如果违法行为被发现后，因各种原因在两年内一直没有被处罚，超过两年的期限仍然可以对其进行处罚 。这里的"二年"期限是违法行为发现期限，而不是处罚期限。例如，2015 年 1 月 6 日至 2 月 20 日，赵二在未取得烟花爆竹零售许可证的情况下经营烟花爆竹，应急管理部门于 2017 年 1 月发现了赵二非法经营烟花爆竹的行为。2017 年 4 月，应急管理部门对赵二非法经营烟花爆竹的行为进行处罚。在这个案例中，违法行为实施的时间是 2015 年 1 月 6 日至 2 月 20 日，处罚时间是 2017 年 4 月，很明显处罚时间已经超过两年。但是该行政处罚并未违法，原因是应急管理部门于 2017 年 1 月发现了赵二非法经营烟花爆竹的行为。如果 2017 年 4 月应急管理部门才发现赵二非法经营烟花爆竹的行为，这时不能再对其进行处罚，因为该违法行为被发现的时候，已经超过了两年期限。

时效的计算

起算点一般从违法行为发生之日起计算，如果违法行为有连续或者继续状态的，从行为终了之日起计算。例如，2015 年 1 月 6 日至 2 月 20 日，赵二在未取得烟花爆竹零售许可证的情况下经营烟花爆竹。赵二的违法行为处于连续状态，终了之日是2015年2月20日，因此给予行政处罚的时效起算点是2015年2月20日。

时效长度一般是两年，涉及公民生命健康安全、金融安全且有危害后果的，期限延长至五年。但是法律另有规定的除外。例如，税收处罚是五年，治安管理处罚是六个月。

08 证 据

一、证据的含义及种类

行政处罚证据，是指证明行政违法行为的客观事实，行政处罚机关依法作出处罚决定的依据。证据有三个基本特征：客观性、关联性、合法性。《中华人民共和国行政处罚法》第四十六条规定："证据包括：（一）书证；（二）物证；（三）视听资料；（四）电子数据；（五）证人证言；（六）当事人的陈述；（七）鉴定意见；（八）勘验笔录、现场笔录。证据必须经查证属实，方可作为认定案件事实的根据。以非法手段取得的证据，不得作为认定案件事实的根据。"

书证，是指以文字、符号、图形等所记录或表示的内容来证明案件事实的书面材料，如散装汽油登记表、安全生产培训记录等。

物证，是指以质量、形态、属性、特征等证明案件事实的物品，如非法经营的烟花爆竹、汽油等。部分证据可能出现既是物证也是书证的情况。例如，非法经营汽油的加油机是物证，加油机显示的加油记录是书证。

当事人的陈述，是指当事人就案件事实向执法人员所作的叙述，包括询问笔录、情况说明等。当事人的陈述有利于迅速查明案件事实，但是无其他证据证明，不能定案。根据《中华人民共和国刑事诉讼法》第五十五条第一款的规定，对一切案件的判处都要重证据，重调查研究，不轻信口供。只有被告人供述，没有其他证据的，不能认定被告人有罪和处以刑罚；没有被告人供述，证据确实、充分的，可以认定被告人有罪和处以刑罚。在行政处罚案件中，没有询问笔录，只要证据充分，同样可以定案。

鉴定意见，是指行政处罚机关委托鉴定机构对案件中的专门性问题通过分析、检验、检测等方式作出的书面意见。行政处罚机关委托鉴定机构需要出具委托书，鉴定机构、鉴定人员必须有相应的资质。行政处罚机关对委托鉴定部门出具的鉴定书，应当审查是否具有下列内容：（1）鉴定的内容；（2）鉴定时提交的相关材料；（3）鉴定的依据和使用的科学技术手段；（4）鉴定的过程；（5）明确的鉴定结论；（6）鉴定部门和鉴定人鉴定资格的说明；（7）鉴定人及鉴定部门签名盖章。

勘验笔录、现场笔录，是指执法人员对与案件有关的场所、物品进行勘验或者进行现场检查时制作的记录。勘验笔录、现场笔录应当现场制作，事后补记，不能作为证据。

二、证据的效力

证明同一事实的数个证据，其证明效力一般可以按照下列情形分别认定：

1. 国家机关以及其他职能部门依职权制作的公文文书优于其他书证；

2. 鉴定意见、现场笔录、勘验笔录、档案材料以及经过公证或者登记的书证优于其他书证、视听资料和证人证言；

3. 原件、原物优于复制件、复制品；

4. 法定鉴定部门的鉴定意见优于其他鉴定部门的鉴定意见；

5. 原始证据优于传来证据；

6. 其他证人证言优于与当事人有亲属关系或者其他密切关系的证人提供的对该当事人有利的证言；

7. 数个种类不同、内容一致的证据优于一个孤立的证据。

三、非法证据排除

《最高人民法院关于适用〈中华人民共和国行政诉讼法〉的解释》第四十三条规定，有下列情形之一的，属于《中华人民共和国行政诉讼法》第四十三条第三款规定的“以非法手段取得的证据”：（1）严重违反法定程序收集的证据材料；（2）以违反法律强制性规定的手段获取且侵害他人合法权益的证据材料；（3）以利诱、欺诈、胁迫、暴力等手段获取的证据材料。例如，违反“先调查、后裁决”规则，在裁决后取得的证据；以不办理许可延期手续，要求当事人承认未如实记录安全生产教育和培训情况的行为；承诺非法经营汽油的当事人只要供述货物的来源，就不再对其进行处罚所取得的证据等属于以非法手段取得的证据。

09　行政强制

行政强制分为行政强制措施和行政强制执行。

一、行政强制措施

行政强制措施，是指行政机关在行政管理过程中，为制止违法行为、防止证据损毁、避免危害发生、控制危险扩大等情形，依法对公民的人身自由实施暂时性限制，或者对公民、法人或其他组织的财物实施暂时性控制的行为。

《中华人民共和国行政强制法》第九条规定："行政强制措施的种类：（一）限制公民人身自由；（二）查封场所、设施或者财物；（三）扣押财物；（四）冻结存款、汇款；（五）其他行政强制措施。"

《中华人民共和国行政强制法》第十条规定："行政强制措施由法律设定。尚未制定法律，且属于国务院行政管理职权事项的，行政法规可以设定除本法第九条第一项、第四项和应当由法律规定的行政强制措施以外的其他行政强制措施。尚未制定法律、行政法规，且属于地方性事务的，地方性法规可以设定本法第九条第二项、第三项的行政强制措施。法律、法规以外的其他规范性文件不得设定行政强制措施。"

《中华人民共和国行政强制法》第十一条规定："法律对行政强制措施的对象、条件、种类作了规定的，行政法规、地方性法规不得作出扩大规定。"

查封场所、设施或者财物和扣押财物

实施查封、扣押必须有法律、法规的明确授权，查封、扣押只能由行政机关或者具有管理公共事务职能的组织实施。行政强制措施权不得委托。例如，《中华人民共和国安全生产法》第六十五条第一款第四项规定，对有根据认为不符合保障安全生产的国家标准或者行业标准的设施、设备、器材以及违法生产、储存、使用、经营、运输的危险物品予以查封或者扣押，对违法生产、储存、使用、经营危险物品的作业场所予以查封，并依法作出处理决定。

根据《中华人民共和国行政强制法》第二十五条的规定，查封、扣押的期限不得超过30日；情况复杂的，经行政机关负责人批准，可以延长，但是延长期限不得超过30日。法律、行政法规另有规定的除外。延长查封、扣押的决定应当及时书面告知当事人，并说明理由。查封、扣押的期间不包括检测、检验、检疫或者技术鉴定的期间。

根据《中华人民共和国行政强制法》第二十七条的规定，行政机关采取查封、扣押措施后，应当及时查清事实，在查封、扣押期限内作出处理决定。对违法事实清楚，依法应当没收的非法财物予以没收；法律、行政法规规定应当销毁的，依法销毁；应当解除查封、扣押的，作出解除查封、扣押的决定。

根据《中华人民共和国行政强制法》第二十八条第二款的规定，解除查封、扣押应当立即退还财物；已将鲜活物品或者其他不易保管的财物拍卖或者变卖的，退还拍卖或者变卖所得款项。变卖价格明显低于市场价格，给当事人造成损失的，应当给予补偿。

二、行政强制执行

行政强制执行，是指行政机关或者行政机关申请人民法院，对不履行行政决定的公民、法人或者其他组织，依法强制履行义务的行为。

《中华人民共和国行政强制法》第十二条规定："行政强制执行的方式：（一）加处罚款或者滞纳金；（二）划拨存款、汇款；（三）拍卖或者依法处理查封、扣押的场所、设施或者财物；（四）排除妨碍、恢复原状；（五）代履行；（六）其他强制执行方式。"

行政强制执行主体包括：一是具有强制执行权的行政机关；二是人民法院。

行政机关是否具有强制执行权由法律规定。行政机关依法作出行政决定书后，当事人在行政机关决定的期限内不履行义务的，具有行政强制执行权的行政机关依照《中华人民共和国行政强制法》"第四章　行政机关强制执行程序"强制执行。

三、申请人民法院强制执行

（一）当事人在法定期限内不申请行政复议或者提起行政诉讼

《中华人民共和国行政强制法》第五十三条规定：“当事人在法定期限内不申请行政复议或者提起行政诉讼，又不履行行政决定的，没有行政强制执行权的行政机关可以自期限届满之日起三个月内，依照本章规定申请人民法院强制执行。”这里的期限届满是指申请行政复议和行政诉讼的法定期限届满，不同于具有强制执行权的行政机关行使强制执行的期限。当事人申请人民法院强制执行的时间是收到行政决定书六个月后；行政机关依法申请人民法院强制执行，期限是三个月。

行政机关申请人民法院强制执行前，应当催告当事人履行义务。催告书送达十日后当事人仍未履行义务的，行政机关可以向所在地有管辖权的人民法院申请强制执行。

（二）当事人在法定期限内申请行政复议或者提起行政诉讼

行政机关作出行政处罚决定后，当事人在法定期限内申请行政复议或者提起行政诉讼，行政机关申请法院强制执行，不受中华人民共和国行政强制法规定的限制。

根据《中华人民共和国行政复议法》第三十三条的规定，当事人提起行政复议，复议机关作出维持具体行政行为的行政复议决定，申请人逾期不起诉又不履行行政复议决定的，或者不履行最终裁决的行政复议决定的，由作出具体行政行为的行政机关依法强制执行，或者申请人民法院强制执行。

当事人提起行政诉讼，人民法院驳回原告诉讼请求，或者判决维持、确认行政行为合法。判决生效后，当事人不履行判决，没有强制执行权的行政机关向人民法院申请强制执行。有强制执行权的行政机关，自行决定执行。有强制执行权的行政机关向人民法院申请强制执行，人民法院不予受理。

《最高人民法院关于适用〈中华人民共和国行政诉讼法〉的解释》第一百五十三条规定：“申请执行的期限为二年。申请执行时效的中止、中断，适用法律有关规定。申请执行的期限从法律文书规定的履行期间最后一日起计算；法律文书规定分期履行的，从规定的每次履行期间的最后一日起计算；

法律文书中没有规定履行期限的，从该法律文书送达当事人之日起计算。逾期申请的，除有正当理由外，人民法院不予受理。”

该解释第一百五十七条规定：“行政机关申请人民法院强制执行其行政行为的，由申请人所在地的基层人民法院受理；执行对象为不动产的，由不动产所在地的基层人民法院受理。基层人民法院认为执行确有困难的，可以报请上级人民法院执行；上级人民法院可以决定由其执行，也可以决定由下级人民法院执行。”

四、金钱给付义务的执行

《中华人民共和国行政强制法》第四十五条第一款规定：“行政机关依法作出金钱给付义务的行政决定，当事人逾期不履行的，行政机关可以依法加处罚款或者滞纳金。加处罚款或者滞纳金的标准应当告知当事人。”

加处罚款的标准是每日按罚款数额的3%加处罚款，加处罚款的数额不得超出罚款的数额。例如，赵二被甲县应急管理局罚款2万元，到期后仍不缴纳罚款。过了35天后，甲县应急管理局对赵二加处罚款2万元。赵二不仅要缴纳罚款2万元，还要缴纳加处罚款2万元，共计4万元。有人认为，加处罚款的数额不得超出罚款的数额，“超出”不包括本数。因此，对赵二加处罚款最多只能是1.9999万元。这是误解，没有理解“不得超出”同“超出”的逻辑关系。

加处罚款的期限，自行政处罚决定载明的履行期限届满之日起计算。《中华人民共和国行政处罚法》第六十七条第三款中规定，当事人应当自收到行政处罚决定书之日起15日内，到指定的银行或者通过电子支付系统缴纳罚款。需要注意的是，行政处罚决定载明的履行期限是当事人收到行政处罚决定书之日起15日内而非行政处罚决定书作出之日起15日内。

加处罚款的数额在行政复议或者行政诉讼期间不予计算。

10 事故责任人死亡不予追究责任

有的生产安全事故的直接责任人在事故中死亡，在生产安全事故调查报告中，可能记录：赵二，应对事故发生负直接责任，但因其在事故中死亡，建议不予追究其责任。针对死亡事故责任人到底能否追究其责任的问题，不能一概而论，不能简单地不予或免除追究其责任。法律责任一般分为刑事责任、行政责任、民事责任。而死亡事故责任人刑事责任、行政责任、民事责任的承担问题也不尽相同。

一、生产安全事故调查报告能否建议不予追究死亡事故责任人的刑事责任

《中华人民共和国刑事诉讼法》第十六条规定："有下列情形之一的，不追究刑事责任，已经追究的，应当撤销案件，或者不起诉，或者终止审理，或者宣告无罪：（一）情节显著轻微、危害不大，不认为是犯罪的；（二）犯罪已过追诉时效期限的；（三）经特赦令免除刑罚的；（四）依照刑法告诉才处理的犯罪，没有告诉或者撤回告诉的；（五）犯罪嫌疑人、被告人死亡的；（六）其他法律规定免予追究刑事责任的。"依据上述规定，犯罪嫌疑人、被告人死亡的不追究刑事责任。

二、生产安全事故调查报告能否建议免除刑事处罚

根据刑法的规定，又聋又哑的人或者盲人犯罪，可以从轻、减轻或者免除处罚；对于预备犯，可以比照既遂犯从轻、减轻处罚或者免除处罚；对于从犯，应当从轻、减轻处罚或者免除处罚；对于被胁迫参加犯罪的，应当按照他的犯罪情节减轻处罚或者免除处罚。免除处罚的前提是确认其有犯罪行为，应当追究刑事责任，只是因法定事由而免除处罚。免除刑事处罚的前提

是确认其有犯罪行为，需要承担刑事责任，只是因法定事由而免除刑事处罚。例如，赵二和李四一起去盗窃，被公安机关抓获。经调查，李四是被赵二胁迫参与盗窃，法院认为李四是胁从犯，犯罪情节较轻，判决李四犯盗窃罪，免除处罚。

三、生产安全事故调查报告能否建议不予追究死亡事故责任人的行政责任

对于是否应当追究死亡事故责任人的行政责任，争议较大。对此，行政处罚法也没有明确规定。有人认为，人都已经死了，如何追究其行政责任，如何让其受到惩戒？如果对死者的行政处罚是错误的，又如何来保障其合法权益不受侵犯？也有人认为，违反行政管理秩序的人虽死亡了，但是其违法行为所产生的不法后果仍存在，如果不依法处理，难以维护公共利益和社会秩序。

在行政执法实践中，确实会遇到在行政处罚过程中行政处罚对象死亡的情况。出现这种情况，如果简单地终止调查，不予追究责任，可能难以达到维护公共利益和社会秩序的目的。例如，赵二非法经营汽油，被应急管理部门查获汽油两吨。在调查期间，赵二死亡。对于这种情况，如果简单地终止调查，那么查获的汽油如何处理？有人认为，可以把它作为遗产继承。也有人认为，汽油是危险化学品，如果由继承人继承，继承人无法处理，所以，应当由应急管理部门把汽油变卖，将所得款项归还给其继承人。有一条法理叫作："任何人不能从自己的违法行为当中获益。"很明显，将非法经营的汽油当作遗产继承的观点不符合法治精神。实践中，有些企业在违法行为被发现后，为了逃避行政责任，恶意注销公司。对于这种行政违法行为也应当视情况继续依法处理。

公安部门针对行政案件违法嫌疑人死亡的，有专门规定。《公安机关办理行政案件程序规定》第二百五十九条第一款规定："经过调查，发现行政案件具有下列情形之一的，经公安派出所、县级公安机关办案部门或者出入境边防检查机关以上负责人批准，终止调查：（一）没有违法事实的；（二）违法行为已过追究时效的；（三）违法嫌疑人死亡的；（四）其他需要终止调查的情形。"一些对违法嫌疑人可能处行政拘留的治安案件，违法嫌疑人死亡的，

确实没有继续调查的必要。但是，并非所有的行政案件都必须终止调查。例如，赵二闯红灯，被正常行驶的车辆撞击死亡。遇到这种情况，交警部门仍然需要调查，划定责任。

针对行政处罚对象死亡后，行政处罚决定如何执行的问题，行政强制法有明确规定。《中华人民共和国行政强制法》第四十条规定："有下列情形之一的，终结执行：（一）公民死亡，无遗产可供执行，又无义务承受人的；（二）法人或者其他组织终止，无财产可供执行，又无义务承受人的；（三）执行标的灭失的；（四）据以执行的行政决定被撤销的；（五）行政机关认为需要终结执行的其他情形。"根据上述规定，公民死亡后，有遗产可供执行的，有义务承受人的；法人或者其他组织终止后，有财产可供执行，有义务承受人的，仍然需要执行。

四、生产安全事故调查报告能否建议不予追究死亡事故责任人的民事责任

民法典第七编侵权责任并没有对侵权人死亡后，其民事责任如何承担作出规定，但是民法典第六编继承对此有明确的规定。《中华人民共和国民法典》第一千一百五十九条规定："分割遗产，应当清偿被继承人依法应当缴纳的税款和债务；但是，应当为缺乏劳动能力又没有生活来源的继承人保留必要的遗产。"第一千一百六十一条规定："继承人以所得遗产实际价值为限清偿被继承人依法应当缴纳的税款和债务。超过遗产实际价值部分，继承人自愿偿还的不在此限。继承人放弃继承的，对被继承人依法应当缴纳的税款和债务可以不负清偿责任。"根据上述规定，侵权人死亡后，以其遗产来承担相应的民事责任。

民事法律关系是平等主体的自然人、法人和非法人组织之间的人身关系和财产关系。行政机关无权裁定平等主体之间的民事法律关系。生产安全事故调查报告是政府的行政行为，因此不能作出不予追究死者民事责任的建议。

综上所述，在生产安全事故中死亡的责任人，是否需要承担相应的法律责任以及如何承担相应的法律责任，是一个十分复杂的法律问题，不能简单地以"不予追究其责任"来处理。

11 生产安全事故调查报告批复的可诉性

生产安全事故调查是根据事故等级由不同层级的人民政府组成事故调查组进行的调查。生产安全事故调查结束后，事故调查组出具事故调查报告，由人民政府批复后进行公示，并将处理意见交由相关职能部门执行。

一、生产安全事故调查报告批复是否可诉

《最高人民法院关于适用〈中华人民共和国行政诉讼法〉的解释》第一条中规定，公民、法人或者其他组织对行政机关及其工作人员的行政行为不服，依法提起诉讼的，属于人民法院行政诉讼的受案范围。对公民、法人或者其他组织权利义务不产生实际影响的行为，不属于行政诉讼受案范围。从上述规定可以看出，生产安全事故调查报告批复是否可诉，在于其对当事人权利义务是否产生实际影响。

《生产安全事故报告和调查处理条例》第三十条第一款规定："事故调查报告应当包括下列内容：……（四）事故发生的原因和事故性质；（五）事故责任的认定以及对事故责任者的处理建议……"第三十二条规定："重大事故、较大事故、一般事故，负责事故调查的人民政府应当自收到事故调查报告之日起 15 日内做出批复；特别重大事故，30 日内做出批复，特殊情况下，批复时间可以适当延长，但延长的时间最长不超过 30 日。有关机关应当按照人民政府的批复，依照法律、行政法规规定的权限和程序，对事故发生单位和有关人员进行行政处罚，对负有事故责任的国家工作人员进行处分。事故发生单位应当按照负责事故调查的人民政府的批复，对本单位负有事故责任的人员进行处理。负有事故责任的人员涉嫌犯罪的，依法追究刑事责任。"从上述规定可知，生产安全事故调查报告包括生产安全事故发生的原因、经过、结果，事故性质和事故责任等内容。负责调查的人民政府对生产安全事故调

查报告具有进行审查和批复的法定职责。生产安全事故调查报告经人民政府批复后，对生产安全事故定性和责任认定具有公定力和约束力。由此可见，生产安全事故调查报告经人民政府批复后对公民、法人或者其他组织的合法权益产生了实际影响。因此，人民政府批复的生产安全事故调查报告具有可诉性。

二、生产安全事故调查报告中的处理建议是否可诉

生产安全事故调查报告处理建议主要包括对公职人员纪律处分的建议、对事故发生负有责任的人员是否移送追究刑事责任的建议、对事故发生负有责任的单位或个人给予行政处罚的建议。

（一）对公职人员纪律处分的建议是否可诉

根据《中华人民共和国行政诉讼法》第十三条“人民法院不受理公民、法人或者其他组织对下列事项提起的诉讼：（一）国防、外交等国家行为；（二）行政法规、规章或者行政机关制定、发布的具有普遍约束力的决定、命令；（三）行政机关对行政机关工作人员的奖惩、任免等决定；（四）法律规定由行政机关最终裁决的行政行为”的规定，行政机关对公职人员纪律处分不属于人民法院行政诉讼的受理范围。因此，对公职人员纪律处分的建议不可诉。

（二）对事故发生负有责任的人员移送追究刑事责任的建议是否可诉

追究刑事责任是法定机关的职责，其他任何机关无权行使刑事责任追究权。事故调查报告一般建议移送公安机关追究刑事责任，建议移送并未干涉公安机关依法独立行使刑事侦查权。在行政执法过程中，通常也会遇到此类情形，发现当事人涉嫌犯罪，按规定移送公安机关追究刑事责任。当事人认为自己的合法权益受到侵犯，可以通过行使刑事诉讼权利，救济其可能受损的合法权益。因此，建议移送公安机关追究刑事责任，未在刑事责任追究上对当事人产生实际影响，所以该行为不可诉。

（三）对事故发生负有责任的单位或个人给予行政处罚的建议是否可诉

生产安全事故调查报告中往往会建议应急管理部门或其他部门对事故发生负有责任的单位或个人给予行政处罚。应急管理部门或其他部门按照人民政府批复的生产安全事故调查报告的要求，根据法定程序和相关法律依据对

事故发生负有责任的单位或个人给予行政处罚。在这一行为中，体现了上级行政机关向下级行政机关交办具体事宜，在性质上往往属于上下级行政机关之间的内部行为。行政处罚行为是由应急管理部门或其他部门根据法律和相关事实作出的。事故调查报告中的行政处罚建议通常不直接对外产生法律效果，不属于可诉的行政行为范畴。

需要注意的是，部分生产安全事故调查报告在建议行政处罚时，将行政处罚罚款具体数额写入事故调查报告。这种情形下的行政处罚建议是可诉的。例如，甲县人民政府批复的生产安全事故调查报告建议甲县应急管理局按照《中华人民共和国安全生产法》第一百一十四条规定，给予“惊天雷烟花爆竹公司”30 万元罚款。甲县应急管理局根据建议给予“惊天雷烟花爆竹公司”30 万元罚款的行政处罚决定。在这种情形下，甲县应急管理局作出行政处罚决定的行为，不是依据法律法规自主作出，而是在执行甲县人民政府的决定。由此可见，甲县人民政府变相地作出行政处罚决定。行政处罚建议已经对当事人的权利义务产生实际影响，因此是可诉的。

行政处罚是由法律授权的行政机关实施的行政行为，并且行政处罚必须履行立案、调查、集体讨论、告知、决定等法定程序。将行政处罚罚款的具体数额写入事故调查报告的行为，不再是行政处罚建议行为，而是变相的行政处罚决定行为。生产安全事故调查组根据《生产安全事故报告和调查处理条例》的规定，由政府临时组建，不是法律授权履行行政处罚职责的行政机关，生产安全事故调查组未履行行政处罚法定程序而作出行政处罚决定，于法无据。

第二章
安全生产行政处罚难点

01　非法采矿行为

《非煤矿矿山企业安全生产许可证实施办法》第二条规定，非煤矿矿山企业必须依照本实施办法的规定取得安全生产许可证。未取得安全生产许可证的，不得从事生产活动。根据该条规定，非煤矿矿山企业安全生产许可证的对象是非煤矿矿山企业。非煤矿矿山企业包括金属非金属矿山企业及其尾矿库、地质勘探单位、采掘施工企业、石油天然气企业。在执法中接触的非煤矿矿山企业多数是金属非金属矿山企业。金属非金属矿山企业，是指从事金属和非金属矿产资源开采活动的企业。从上述概念可以看出，开采行为是其重要特性。因此，是否具有开采行为是判定非法生产行为的重要依据。

一、未取得安全生产许可证对石头进行破碎加工行为

非煤矿矿山企业安全生产许可证到期后，对已经开采的矿石，进行破碎售卖，不属于未取得安全生产许可证擅自生产行为。例如，顺风采石场安全生产许可证到期后，未办理延期手续。顺风采石场老板赵二发现前期开采矿山时，还有大量未破碎的石头，于是组织工人将石头进行破碎售卖。赵二生产加工的石头是从矿山开采下来的，但是开采行为是发生在安全生产许可证到期之前。安全生产许可证到期后，只有生产加工行为，没有开采行为，因此赵二的行为不属于非法生产行为。有人认为，将矿石破碎加工是矿山开采的一个生产环节，所以属于无安全生产许可证擅自生产的行为。这一说法犯了逻辑上的错误，因为矿石破碎加工成为矿山开采的一个生产环节的前提条件是存在矿山开采行为。如果矿山开采行为都不存在，那么就不会有矿山开采的生产环节。

使用破碎机进行石头加工，并对外售卖，不属于未取得安全生产许可证擅自生产的行为。例如，赵二看到本地用于房屋建设的石子需求量大，于是

购买一套破碎设备，从外地购买石料回来进行加工，然后高价卖给房屋建设方。赵二所加工的石头是从外地购买的，没有矿山开采行为，所以赵二不需要办理安全生产许可证。

二、建筑施工过程中的开采行为

在建筑施工领域，施工单位在施工过程中经常会开采大量石头，大部分施工单位将开采出来的石头用于本工程建设。在这一过程中，建筑施工单位有开采行为，也有生产加工行为。这种行为是否属于无非煤矿矿山安全生产许可证擅自进行生产的行为，法律、法规对此没有明确的规定。

针对上述情形，原国土资源部（现自然资源部）关于是否需要办理采矿许可证的问题，下发了两个复函：《国土资源部关于开山凿石、采挖砂、石、土等矿产资源适用法律问题的复函》（国土资函〔1998〕190号）和《国土资源部关于解释工程施工采挖砂、石、土矿产资源有关问题的复函》（国土资函〔1999〕404号）。后者明确，建设工程在工程建设项目批准占地范围内开采的砂、石、土，用于本工程建设的，不需要办理采矿许可证。投入流通领域以获取矿产品营利为目的或者在工程建设项目批准占地之外范围开采的，应按规定办理采矿许可证。

在安全生产执法实践中，对于建设工程在工程建设项目批准占地范围内开采的砂、石、土，用于本工程建设的，无须办理非煤矿矿山安全生产许可证，大家的观点基本一致。现在争议较大的是，建设工程在工程建设项目批准占地范围内开采的砂、石、土投入流通领域以获取矿产品营利为目的，是否需要办理非煤矿矿山安全生产许可证。有人认为，既然自然资源部明确要求办理采矿许可证，那么就应该办理非煤矿矿山安全生产许可证。不难看出，这一观点认为，只要办理采矿许可证就必须办理非煤矿矿山安全生产许可证。也有人认为，只要在工程建设项目批准占地范围内进行的开采行为，都不需要办理非煤矿矿山安全生产许可证。

根据《安全生产许可证条例》第二条“国家对矿山企业、建筑施工企业和危险化学品、烟花爆竹、民用爆炸物品生产企业（以下统称企业）实行安全生产许可制度”和《建设工程安全生产管理条例》第二条“在中华人民共和国境内从事建设工程的新建、扩建、改建和拆除等有关活动及实施对建设工程安全生产的监督管理，必须遵守本条例。本条例所称建设工程，是指土木工程、建筑工程、线路管道和设备安装工程及装修工程”的规定，在矿山、建筑施工领域分别实行安全生产许可制度，建设工程安全生产的监督管理依照《建设工程安全生产管理条例》实施。因此，在工程建设项目批准占地范围内开采砂、石、土，无论是用于本工程建设，还是投入流通领域以获取矿产品营利为目的，都不需要办理非煤矿矿山安全生产许可证。

三、露天采石场采用地下开采方式的行为

露天采石场开采方式，包括分台阶式开采、分层开采等，并有自上而下开采顺序的要求。许可证中会注明是露天开采。露天采石场采取地下开采方式进行开采，属于未按设计开采的违法行为，应当以未按设计开采来进行处罚。

露天采石场在采矿范围内进行地下开采，经过一段时间后，若掘进到采矿许可范围外进行开采，那么在这个过程中，露天采石场开采的对象不同，前者开采的是经许可的矿产资源，后者开采的是未经许可的矿产资源。前者违反的是应当按设计进行开采的规定，后者违反的是应当在采矿许可范围内开采的规定。虽然露天采石场一直在进行地下开采活动，属于继续性违法行为，但是当超出采矿许可范围进行开采时，未按设计开采的违法行为已经终止，产生新的超出采矿许可范围开采的违法行为。因此，露天采石场存在两个违法行为：一是未按设计开采行为；二是超出采矿许可范围开采行为。对于两个违法行为，应当分别进行处罚。

四、未取得采矿许可证进行矿山开采的行为

采矿许可证是取得非煤矿矿山安全生产许可证的前置条件，未取得采矿许可证不能颁发非煤矿矿山安全生产许可证。因此，未取得采矿许可证进行矿山开采的行为，也是无安全生产许可证擅自进行生产的行为。对于这种行为，自然资源部门和应急管理部门都有权对其进行处罚。如果自然资源部门已经对其进行罚款处罚，应急管理部门不再进行罚款处罚。

02 非法经营危险化学品行为

国家对危险化学品经营实行许可制度。未经许可，任何单位和个人不得经营危险化学品。无证经营危险化学品行为需要具备三个条件：一是要有经营行为；二是未取得危险化学品经营许可证；三是经营的物品是危险化学品。

危险化学品，是指具有毒害、腐蚀、爆炸、燃烧、助燃等性质，对人体、设施、环境具有危害的剧毒化学品和其他化学品。危险化学品具体品类由国家相关部门确定、公布。

有两种情形无须取得危险化学品经营许可即可经营：一是依法设立的危险化学品生产企业在其厂区范围内销售本企业生产的危险化学品，不需要取得危险化学品经营许可；二是依照《中华人民共和国港口法》的规定取得港口经营许可证的港口经营人，在港区内从事危险化学品仓储经营，不需要取得危险化学品经营许可。

一、无危险化学品经营许可证经营柴油的行为

《危险化学品目录》（2015 版）中规定，柴油闭杯闪点等于或小于 60℃属于危险化学品，反之柴油闭杯闪点大于 60℃则不属于危险化学品。因此，在执法过程中发现无危险化学品经营许可证经营柴油时，首先要对柴油进行鉴定是否属于危险化学品，才能确定其行为是不是无证经营危险化学品行为。需要注意的是，对柴油进行鉴定应有鉴定委托书，选择的鉴定机构必须是具有相应资质的机构，无资质的机构出具的鉴定报告不会被认可。例如，赵二在家门口私设加油设备售卖柴油。甲县应急管理局的执法人员检查发现赵二无任何证照，随后对其进行查处。经鉴定，赵二售卖的柴油闭杯闪点大于 60℃，不属于危险化学品，甲县应急管理局不能以未经许可擅自经营危险化学品对其进行处罚。如果经鉴定，赵二售卖的柴油闭杯闪点等于或小于 60℃，

甲县应急管理局应当以未经许可擅自经营危险化学品对赵二进行处罚。

实践中，可能会遇到加油站经营的柴油，某一批次柴油闭杯闪点大于60℃，另一批次柴油闭杯闪点等于或小于60℃的情形。根据《国家安全监管总局办公厅〈关于印发危险化学品目录（2015版）实施指南（试行）〉的通知》的规定，对生产、经营柴油的企业（每批次柴油的闭杯闪点均大于60℃的除外）按危险化学品企业进行管理。因此，对于上述情形，当事人需要取得危险化学品经营许可证。

二、出租加油站同出租危险化学品经营许可证的区别

出租加油站，是指出租人将加油站经营权出租给承租人，实质是承包经营关系。出租危险化学品经营许可证，是指出租人将加油站的危险化学品经营许可证出租给第三人。

二者的区别如下：

1. 标的不同。

出租加油站的标的是加油站经营权；出租、出借、转让危险化学品经营许可证的标的是危险化学品经营许可证。

2. 产生的法律后果不同。

企业承包经营，企业法人的性质并没有改变，改变的只是经营权，对于承包经营合同，法律没有禁止。对于承包加油站的行为，安全生产相关的法律、法规也没有禁止。目前，很多加油站法定代表人，将加油站出租给承租人经营，担心承包加油站违法，双方将合同名称改为“合作经营协议”。这里的“合作经营协议”实质上就是“企业承包经营合同”。

加油站出租、出借、转让其取得的经营许可证是法律、法规禁止的行为。《危险化学品安全管理条例》第九十三条第二款规定，伪造、变造或者出租、出借、转让本条例规定的其他许可证，或者使用伪造、变造的本条例规定的其他许可证的，分别由相关许可证的颁发管理机关处10万元以上20万元以下的罚款，有违法所得的，没收违法所得；构成违反治安管理行为的，依法给予治安管理处罚；构成犯罪的，依法追究刑事责任。《危险化学品经营许可证管理办法》第二十一条规定，任何单位和个人不得伪造、变造经营许可证，

或者出租、出借、转让其取得的经营许可证，或者使用伪造、变造的经营许可证。

三、租赁期间加油站未按时办理危险化学品经营许可证延期的法律责任

租赁期间加油站未按时办理危险化学品经营许可证延期由谁来承担行政法律责任，也就是实际经营者同企业经营者不一致的情况下由谁来承担行政法律责任的问题。企业承包经营，企业法人的性质并没有改变，改变的只是经营权。从法律上看，对外发生法律关系的是企业，承包经营是企业内部行为，不对外发生法律关系。危险化学品经营许可证的取得，是以企业的名义申请、办理、取得，而不是实际经营者的名义。换言之，承担取得危险化学品经营许可证义务的是企业而不是实际经营者。因此，承包期间加油站未按时办理危险化学品经营许可证延期的法律责任由企业（加油站）来承担。

四、租赁期间加油站无任何手续非法经营的法律责任

赵二购买了临街的一块土地，在该地上新建一座加油站，赵二觉得办理相关手续太麻烦，不想去办。于是，在没有办理营业执照、危险化学品经营许可证等任何手续的情况下，将加油站出租给李四经营，每年租金为 50 万元。李四认为加油站不是他的，也没有办理营业执照、危险化学品经营许可证等手续。李四在经营期间被甲县应急管理局查处。在本案例中，赵二没有办理营业执照，加油站不是企业，赵二不是法定代表人，是一个自然人，而加油站是一座建筑物，且是赵二的资产。赵二同李四的租赁行为，实际是赵二向李四提供经营场所，是资产租赁行为，而不是经营权承包。因此，非法经营危险化学品的行政责任由实际经营者李四来承担。赵二为无照经营者提供经营场所的行为，可以按照《无证无照经营查处办法》（国务院令第 684 号）第十四条规定处理。

03 矿山建设项目安全评价

矿山、金属冶炼建设项目和用于生产、储存、装卸危险物品的建设项目，应当按照国家有关规定进行安全评价。建设项目安全评价，是指在建设项目的可行性研究阶段的安全预评价，即根据建设项目可行性研究阶段报告的内容，运用科学的评价方法，分析和预测该建设项目存在的危险、危害因素的种类和危险、危害程序、提出合理可行的安全技术和管理对策，作为该建设项目初步设计中安全设计和建设项目安全管理、监察的重要依据。①

矿山、金属冶炼建设项目或者用于生产、储存、装卸危险物品的建设项目未进行安全评价，就开始动工建设或者进行生产作业。应急管理部门应当责令其停止建设或者停产停业整顿，并限期改正。

对于"限期改正"的内容，在实践中有很大的争议，主要有两种意见：一种意见认为，应该责令限期进行安全评价；另一种意见认为，应当限期改正建设或者生产行为。例如，非煤矿矿山企业老板赵二拿到采矿许可证后，发现石头行情好、价格高、需求量大，并且很多客户上门要求购买石头，于是在未经安全评价的情况下开始进行开采生产作业。这时被应急管理部门发现。对于非煤矿矿山企业未经安全评价就开始生产的行为，在实践中，部分应急管理部门倾向于要求企业限期进行安全评价，因为执法人员认为企业的违法行为是未进行安全评价。

从法律层面来看，进行安全评价是行政相对人的义务，也是行政相对人的权利。安全评价的进行是行政相对人自发性、自愿性的行为，行政机关不能依职权强制行政相对人在一定限期内进行安全评价。矿山建设项目如果要动工建设或者进行生产作业，就必须按法律规定进行安全评价，这就使进行

① 尚勇、张勇主编：《中华人民共和国安全生产法释义》，中国法制出版社 2021 年版，第 107 页。

安全评价成为行政相对人的法定义务。换言之，只要行政相对人没有动工建设或者进行生产作业，其有决定是否进行安全评价、何时进行安全评价的权利。

根据行政许可法的规定，行政许可，是指行政机关根据公民、法人或者其他组织的申请，经依法审查，准予其从事特定活动的行为。

从实践来看，如果非煤矿矿山企业未经安全评价就开始进行生产作业，应急管理部门要求其停产停业整顿并限期20天内进行安全评价。停业后，非煤矿矿山企业法定代表人赵二发现矿山投资巨大，并且该矿山石头资源不多，品质不好，反而觉得最近猪肉行情好，国家又出台很多政策支持养猪，因此决定不再对矿山进行开采，而是在矿山办起了养猪场。这个时候，非煤矿矿山企业并没有按照应急管理部门的决定进行安全评价。对这种不履行行政决定的行为如何处理？应急管理部门难道不准其办养猪场，将养猪场强制拆除？很明显，强制拆除养猪场的行为是不可取的。如果不处理，应急管理部门要求当事人限期20天内进行安全评价的决定有何意义？

综上所述，矿山建设项目未进行安全评价，就开始进行生产作业的，应要求其改正生产作业行为。

04 未如实记录安全生产教育和培训情况

《中华人民共和国安全生产法》第二十八条第四款规定，生产经营单位应当建立安全生产教育和培训档案，如实记录安全生产教育和培训的时间、内容、参加人员以及考核结果等情况。根据上述规定，如实记录安全生产教育和培训情况是生产经营单位的义务。

未如实记录安全生产教育和培训，是指对生产经营单位未按实际情况记录安全生产教育和培训情况的行为。例如，未开展安全生产教育和培训，却记录进行了安全生产教育和培训；安全生产教育和培训时间只有 10 个小时，记录成 20 个小时；员工赵二培训考核不合格，记录成合格等情形。

一、未记录安全生产教育和培训情况与未如实记录安全生产教育和培训情况的区别

未记录安全生产教育培训，是指生产经营单位对从业人员开展了安全生产教育培训，但是没有将培训情况进行记录的行为。

两者的区别如下：

一是行为不同。未记录安全生产教育和培训情况是没有记录安全生产教育和培训情况；未如实记录安全生产教育和培训情况是已经记录了安全生产教育和培训情况，但是没有按照实际情况记录。

二是前提不同。未记录安全生产教育和培训情况的前提是已经进行了安全生产教育培训。未如实记录安全生产教育和培训情况的前提不确定，可能是已经进行了安全生产教育培训，也可能是没有进行安全生产教育培训。

三是法律后果不同。在未进行安全生产教育培训的前提条件下，所产生的法律后果是不同的。未记录安全生产教育和培训且未进行安全生产教育和培训的，只对未进行安全生产教育和培训行为进行处罚。未如实记录安全生

产教育和培训且未进行安全生产教育和培训的，以未如实记录安全生产教育和培训违法行为进行处罚。在一定条件下，可能存在两个违法行为。不仅对未如实记录安全生产教育和培训违法行为进行处罚，还对未进行安全生产教育和培训违法行为进行处罚。

二、未按规定开展安全生产教育和培训，却记录进行了安全生产教育和培训的行为的法律责任

例如，迎春采石场安全生产教育和培训档案记录××年4月20日至30日对新进员工赵二进行了安全生产教育培训，安全生产教育和培训考核合格。经调查，××年4月20日至30日，赵二一直在医院住院。同年5月6日，赵二才正式上班。迎春采石场并没有对赵二进行岗前安全生产教育和培训。对于这种情形，如何适用法律进行处罚？

根据《中华人民共和国安全生产法》第二十八条第一款的规定，生产经营单位应当对从业人员进行安全生产教育和培训，教育和培训合格才能上岗作业。迎春采石场对新进员工赵二没有进行安全生产教育和培训就让赵二上岗作业，该行为违反了《中华人民共和国安全生产法》第二十八条第一款的规定，应当按《中华人民共和国安全生产法》第九十七条第三项的规定进行处罚。

根据《中华人民共和国安全生产法》第二十八条第四款的规定，生产经营单位应当建立安全生产教育和培训档案，如实记录安全生产教育和培训的时间、内容、参加人员以及考核结果等情况。迎春采石场在没有对新进员工赵二进行安全生产教育和培训的情况下，记录××年4月20日至30日对新进员工赵二进行了安全生产教育培训，安全生产教育和培训考核合格。该行为违反了《中华人民共和国安全生产法》第二十八条第四款的规定，应当按《中华人民共和国安全生产法》第九十七条第四项的规定进行处罚。

由此可见，迎春采石场存在两个违法行为：一是未按规定对从业人员进行安全生产教育和培训；二是未如实记录安全生产教育和培训情况。对于迎春采石场的两个违法行为，应当分别裁量，合并处罚。

需要注意的是，并不是所有未开展安全生产教育和培训，但记录进行了安全生产教育和培训的行为都存在两个违法行为。我们再看一个案例。

迎春采石场安全生产教育和培训档案记录了于××年4月5日对赵二进行了安全生产教育培训。经调查，4月5日至7日，赵二请假看病，并未上班，迎春采石场安全生产教育和培训档案记录造假。

迎春采石场于××年4月5日未对赵二进行安全生产教育和培训，该行为是否违法？解决这一问题，首先要弄清楚是否所有没进行安全生产教育和培训的行为都是违法行为。根据《中华人民共和国安全生产法》第九十七条第三项的规定，生产经营单位未按照规定对从业人员、被派遣劳动者、实习学生进行安全生产教育和培训，或者未按照规定如实告知有关的安全生产事项的，责令限期改正，处10万元以下的罚款；逾期未改正的，责令停产停业整顿，并处10万元以上20万元以下的罚款，对其直接负责的主管人员和其他直接责任人员处2万元以上5万元以下的罚款。该条规定重点是要理解“未按照规定”的含义。对从业人员进行安全生产教育和培训进行规范的法律、法规主要有两个：一是《中华人民共和国安全生产法》第二十八条第一款规定，生产经营单位应当对从业人员进行安全生产教育和培训，保证从业人员具备必要的安全生产知识，熟悉有关的安全生产规章制度和安全操作规程，掌握本岗位的安全操作技能，了解事故应急处理措施，知悉自身在安全生产方面的权利和义务。未经安全生产教育和培训合格的从业人员，不得上岗作业。二是《生产经营单位安全培训规定》第十三条第二款规定，煤矿、非煤矿山、危险化学品、烟花爆竹、金属冶炼等生产经营单位新上岗的从业人员安全培训时间不得少于72学时，每年再培训的时间不得少于20学时。根据上述法律、规章的规定，非煤矿矿山企业对从业人员安全生产教育和培训的法律义务，主要包括以下两个方面：一是对新进员工岗前培训不得少于72学时，教育和培训不合格的不得上岗作业；二是每年再培训的时间不得小于20学时。

在上述案例中，赵二并不是新进员工，因此迎春采石场于××年4月5日未对赵二进行安全生产教育培训的行为，不违反新进员工岗前安全生产教育和培训及教育和培训不合格的不得上岗作业的规定。

迎春采石场于××年4月5日未对赵二进行安全生产教育和培训，并不意味着全年再培训的时间小于20学时。迎春采石场在该年5月至12月，仍然可以对赵二进行不少于20学时的安全生产教育和培训。因此，迎春采石场于

××年 4 月 5 日未对赵二进行安全生产教育培训的行为并不违反对从业人员每年再培训的时间不得小于 20 学时的规定。

综上所述，迎春采石场于××年 4 月 5 日未对赵二进行安全生产教育和培训的行为不违反法律、法规、规章关于非煤矿矿山企业对从业人员安全生产教育和培训的规定。但是，对于迎春采石场安全生产教育和培训档案记录造假行为，违反了《中华人民共和国安全生产法》第二十八条第四款的规定，应当按《中华人民共和国安全生产法》第九十七条第四项进行处罚。

三、未记录安全生产教育和培训情况的行为是未建立安全生产教育和培训档案的行为

安全生产教育和培训档案，不仅是从业人员安全生产教育和培训的记录轨迹，了解从业人员是否掌握足够安全生产知识的重要参考，也是生产安全事故发生后追究相关人员责任的重要依据。生产经营单位应当指定专人负责本单位的安全生产教育和培训档案。档案的范围应当包括本单位的主要负责人、有关负责人、安全生产管理人员、特种作业人员、职能部门工作人员、班组长以及其他从业人员。档案的内容应当详细记录每位从业人员参加安全生产教育和培训的时间、内容、考核结果以及复训情况等，包括按照规定参加政府组织的安全培训的主要负责人、安全生产管理人员和特种作业人员的情况。档案应当按照有关法律法规的要求进行保存，不得擅自修改、伪造。档案除电子文档形式保存外，原则上还应当有纸质文件形式。2012 年，原国家安全生产监督管理总局颁布了《安全生产培训管理办法》，此后历经两次修改，对安全培训、考核和监督管理等作出规定。①

从安全生产教育和培训档案的内容可以看出，建立安全生产教育和培训档案的过程就是记录安全生产教育和培训情况的过程。未记录安全生产教育和培训情况的行为实际上是未建立安全生产教育和培训档案的行为。

四、未建立安全生产教育和培训档案行为的法律责任

《生产经营单位安全培训规定》（2006 年）第二十九条规定："生产经营

---

① 尚勇、张勇主编：《中华人民共和国安全生产法释义》，中国法制出版社 2021 年版，第 98 页。

单位有下列行为之一的，由安全生产监管监察部门责令其限期改正，并处2万元以下的罚款：……（二）未建立健全从业人员安全培训档案的……”2015年《生产经营单位安全培训规定》第二次修正，将该条规定删除。

对未建立安全生产教育和培训档案的行为，安全生产法没有明确的法律条文给予处罚。《中华人民共和国安全生产法》第九十七条第四项，明确了未如实记录安全生产教育和培训情况行为的法律责任。但是，未建立安全生产教育和培训档案的行为同未如实记录安全生产教育和培训情况的行为有所区别，不宜将两者视为一类行为。本部分第一点与第三点对此作了说明，在此不再赘述。

目前，一些地方性规章对未建立安全生产教育和培训档案行为的法律责任进行了明确规定。例如，《北京市生产经营单位安全生产主体责任规定》（北京市人民政府令第285号，2019年7月15日起施行）第四十条规定，违反本规定第十八条规定，生产经营单位未建立或者健全安全生产教育和培训档案的，由负有安全生产监督管理职责的部门责令改正，可以处1000元以上1万元以下罚款。

五、未按规定开展安全生产教育和培训，也未建立安全生产教育和培训档案的法律责任

赵二于××年4月5日到顺风加油站当加油员。同年6月15日，甲县应急管理局发现赵二没有进行岗前培训，直接上岗作业。顺风加油站也没有对赵二进行安全生产教育和培训情况的记录。在这种情形下，顺风加油站有几个违法行为，应该如何处罚？

《中华人民共和国安全生产法》第二十八条第一款中规定，生产经营单位应当对从业人员进行安全生产教育和培训。《中华人民共和国安全生产法》第二十八条第四款中规定，生产经营单位应当建立安全生产教育和培训档案。按照上述法律规定，未对从业人员进行安全生产教育和培训与未建立安全生产教育和培训档案都是违法行为。

顺风加油站未对赵二进行岗前培训，同时也没有对赵二进行安全生产教育和培训情况的记录，是两个行为。但是否违反两个法律规范，我们得从未

按规定开展安全生产教育和培训与未建立安全生产教育和培训档案之间的关系进行分析。

安全生产教育和培训档案是记录安全生产教育和培训情况。毫无疑问，在没有开展安全生产教育和培训的情形下，无法记录安全生产教育和培训情况。在此情形下，如果记录安全生产教育和培训情况，那么便是未如实记录安全生产教育和培训情况的行为，该行为违法。法律不强人所难，更不可能迫使当事人去实施违法行为，这违背了立法精神。

安全生产法对生产经营单位科以建立安全生产教育和培训档案的义务是建立在生产经营单位已经开展安全生产教育和培训的基础上。换言之，如果生产经营单位未开展安全生产教育和培训，就无须承担建立安全生产教育和培训档案的义务。因此，在未开展安全生产教育和培训的情形下，生产经营单位没有建立安全生产教育和培训档案的行为不违法。

顺风加油站未对赵二进行岗前培训，在此情形下，没有记录安全生产教育和培训情况，只有一个违法行为。对顺风加油站未对赵二进行岗前培训的违法行为进行处罚即可。

六、从业人员未做安全生产教育和培训笔记的行为

在执法中，一些执法人员热衷于检查从业人员的培训笔记。他们认为，从业人员没有培训笔记可以认定未（如实）记录安全生产教育和培训情况。

根据《中华人民共和国安全生产法》第二十八条第四款规定，生产经营单位应当建立安全生产教育和培训档案，如实记录安全生产教育和培训的时间、内容、参加人员以及考核结果等情况。从该规定可以看出，记录安全生产教育和培训情况是生产经营单位的法律义务，不是从业人员的法律义务。生产经营单位应当安排专人负责本单位的安全生产教育和培训档案，如实记录安全生产教育和培训情况。从业人员参加培训可以做笔记也可以不做笔记，从业人员是否做培训笔记同生产经营单位是否如实记录安全生产教育和培训情况没有法律上的因果关系。以从业人员没有培训笔记来认定生产经营单位没有开展安全生产教育和培训或未记录安全生产教育和培训情况不符合法律规定。

05 设置安全生产管理机构或配备安全生产管理人员

生产经营单位应当设置安全生产管理机构或者配备安全生产管理人员。生产经营单位分为一般生产经营单位与矿山、金属冶炼、建筑施工、道路运输单位和危险物品的生产、经营、储存单位。法律对上述两类生产经营单位设置安全生产管理机构或者配备安全生产管理人员的要求是不同的。一般生产经营单位从业人员超过 100 人的，应当设置安全生产管理机构或者配备专职安全生产管理人员；从业人员在 100 人以下的，应当配备专职或者兼职的安全生产管理人员。矿山、金属冶炼、建筑施工、道路运输单位和危险物品的生产、经营、储存、装卸单位，应当设置安全生产管理机构或者配备专职安全生产管理人员。根据《金属非金属矿山安全规程》（GB 16423－2020）的规定，矿山企业应当配备专职安全生产管理人员，从业人员超过 100 人的应当设置安全生产管理机构。两者的区别是一般生产经营单位的安全生产管理机构、配备专职或兼职的安全生产管理人员是根据从业人员数量来设置的。从业人员超过 100 人时，必须设置安全生产管理机构，当然也可以配备专职安全生产管理人员。从业人员在 100 人以下的，可以配备专职的安全生产管理人员，也可以配备兼职的安全生产管理人员。矿山、金属冶炼、建筑施工、道路运输单位和危险物品的生产、经营、储存、装卸单位，无论从业人员数量多少，只能设置安全生产管理机构或者配备专职安全生产管理人员，不能设置兼职的安全生产管理人员。

生产经营单位设置安全生产管理机构、配备专职或兼职的安全生产管理人员符合其中一个条件就行（矿山企业从业人员超过 100 人除外）。在执法中，执法人员关注的往往是生产经营单位是否设置安全生产管理机构。没有设置安全生产管理机构不一定违法，因为只要生产经营单位设置了专职安全生产管理人员同样符合法律规定。因此，当执法人员在调查矿山、金属冶炼、建筑施工、道路运输单位和危险物品的生产、经营、储存、装卸单位违法行为时，应清楚记录是否设置安全生产管理机构或者配备专职安全生产管理人员。如果仅仅记录未设置安全生产管理机构或者仅仅记录未设置专职安全生产管理人员都是违法事实不清。一般生产经营单位不仅要将安全生产管理机构、配备专职或兼职的安全生产管理人员记录清楚，同时要将从业人员数量记录清楚。

安全生产管理机构，是指生产经营单位内部设置的专门负责安全生产事务的独立部门。专职安全生产管理人员，是指在生产经营单位中专门负责安全生产管理，不得兼任其他工作的人员。危险物品的生产、经营、储存、装卸单位以及矿山、金属冶炼、建筑施工、运输单位的主要负责人和安全生产管理人员，应当由主管的负有安全生产监督管理职责的部门对其安全生产知识和管理能力考核合格。危险物品的生产、储存单位以及矿山、金属冶炼单位应当有注册安全工程师从事安全生产管理工作。注册安全工程师可以是生产经营单位的正式人员，也可以是委托专门从事安全生产管理服务的中介机构指派注册安全工程师承担本单位的安全生产管理工作。委托中介机构指派注册安全工程师承担本单位的安全生产管理工作，安全生产责任仍然由委托方承担，而不是由提供服务的中介机构负责。

06　生产经营单位未签订安全生产管理协议

两个以上生产经营单位在同一作业区域内进行生产经营活动，可能危及对方生产安全的，应当签订安全生产管理协议，明确各自的安全生产管理职责和应当采取的安全措施，并指定专职安全生产管理人员进行安全检查与协调。签订安全生产管理协议具有强制性。安全生产管理协议需要明确各自的安全生产管理职责，安全生产管理职责如何分配，由各方当事人谈判决定，法律没有做强制性规定。签订安全生产管理协议后，应当指定专职安全生产管理人员进行安全检查与协调。

此类违法情形主要包括以下几种：

一是既没有签订安全生产管理协议，也没有指定专职安全生产管理人员进行安全检查与协调。

二是签订了安全生产管理协议，但是没有指定专职安全生产管理人员进行安全检查与协调。

三是指定了专职安全生产管理人员进行安全检查与协调，但是没有签订安全生产管理协议。

两个不同生产经营单位之间的安全生产管理关系和生产经营单位与承包单位、承租单位之间安全生产管理关系的区别如下：

1. 主体关系不同。虽然二者都存在两个以上生产经营单位在同一作业区域内进行可能危及对方安全生产的生产经营活动，但是前者的各生产经营单位各自独立，相互之间没有民事上的关系，后者生产经营单位之间存在发包人与承包人、出租人与承租人的关系。

2. 法定义务不同。独立的生产经营单位之间通过协商达成安全生产管理协议，各自指定专职安全生产管理人员进行安全检查与协调。根据安全生产管理协议履行各自的安全生产管理义务，承担相应的责任。

生产经营单位（发包人、出租人）与承包单位、承租单位之间签订安全生产管理协议，可以在承包合同、租赁合同中明确各自的安全生产管理职责。生产经营单位（发包人、出租人）与承包单位、承租单位按照约定履行各自的安全生产管理义务，承担相应的责任。同时，生产经营单位（发包人、出租人）对承包单位、承租单位的安全生产工作统一协调、管理，定期检查，发现安全问题时督促整改。这是生产经营单位（发包人、出租人）的法定义务，不能通过协商来进行约定。

3. 承担行政法律后果的主体不同。两个不同生产经营单位之间的安全生产管理违法和生产经营单位与承包单位、承租单位之间安全生产管理违法，二者承担的行政法律责任都是双罚制，即既要处理生产经营单位，又要处理个人。行政法律后果都是可以处 5 万元以下的罚款，对其直接负责的主管人员和其他直接责任人员可以处 1 万元以下的罚款；逾期未改正的，责令停产停业。但是两者承担行政法律后果的主体不同。

两个以上生产经营单位在同一作业区域内进行可能危及对方安全生产的生产经营活动，未签订安全生产管理协议或者未指定专职安全生产管理人员进行安全检查与协调的，按照安全生产法进行处罚的对象是在同一作业区域内生产经营的所有生产经营单位。

生产经营单位未与承包单位、承租单位签订专门的安全生产管理协议、未对承包单位、承租单位的安全生产统一协调、管理的，按照安全生产法进行处罚的对象是生产经营单位（发包人、出租人）。

07 生产安全事故应急救援预案

应急预案是针对可能发生的事故，为最大限度地减少事故损害而预先制定的应急准备工作方案。

生产经营单位应急预案分为综合应急预案、专项应急预案和现场处置方案。

综合应急预案，是指生产经营单位为应对各种生产安全事故而制订的综合性工作方案，是本单位应对生产安全事故的总体工作程序、措施和应急预案体系的总纲。综合应急预案应当规定应急组织机构及其职责、应急预案体系、事故风险描述、预警及信息报告、应急响应、保障措施、应急预案管理等内容。

专项应急预案，是指生产经营单位为应对某一种或者多种类型生产安全事故，或者针对重要生产设施、重大危险源、重大活动防止生产安全事故而制订的专项性工作方案。专项应急预案应当规定应急指挥机构与职责、处置程序和措施等内容。

现场处置方案，是指生产经营单位根据不同生产安全事故类型，针对具体场所、装置或者设施所制定的应急处置措施。现场处置方案应当规定应急工作职责、应急处置措施和注意事项等内容。

生产经营单位应急预案应当包括向上级应急管理机构报告的内容、应急组织机构和人员的联系方式、应急物资储备清单等附件信息。若附件信息发生变化时，应当及时更新，确保准确有效。

矿山、金属冶炼企业和易燃易爆物品、危险化学品的生产、经营（带储存设施的，下同）、储存、运输企业，以及使用危险化学品达到国家规定数量的化工企业、烟花爆竹生产、批发经营企业和中型规模以上的其他生产经营单位，应当对本单位编制的应急预案进行评审，并形成书面评审纪要。其他生产经营单位可以根据自身需要，对本单位编制的应急预案进行论证。

参加应急预案评审的人员应当包括有关安全生产及应急管理方面的专家。评审人员与所评审应急预案的生产经营单位有利害关系的，应当回避。生产经营单位的应急预案经评审或者论证后，由本单位主要负责人签署，向本单位从业人员公布。

生产经营单位应当制订本单位的应急预案演练计划，根据本单位的事故风险特点，每年至少组织一次综合应急预案演练或者专项应急预案演练，每半年至少组织一次现场处置方案演练。

易燃易爆物品、危险化学品等危险物品的生产、经营、储存、运输单位，矿山、金属冶炼、城市轨道交通运营、建筑施工单位，以及宾馆、商场、娱乐场所、旅游景区等人员密集场所经营单位，应当至少每半年组织一次生产安全事故应急预案演练。

08　生产安全事故发生负有责任的单位

安全生产工作重要的目的是预防生产安全事故的发生，对发生生产安全事故负有责任的单位，在承担民事责任的同时，应当依法给予行政制裁，如果构成犯罪，还要追究刑事责任。依据《中华人民共和国安全生产法》第一百一十四条的规定，对发生生产安全事故负有责任的单位进行处罚，应具备两个前提条件：一是生产经营单位发生生产安全事故；二是生产经营单位对事故发生负有责任，也就是说该生产安全事故是责任事故。

根据《生产安全事故报告和调查处理条例》第三条的规定，根据生产安全事故造成的人员伤亡或者直接经济损失，生产安全事故一般分为以下等级：（1）特别重大事故，是指造成30人以上死亡，或者100人以上重伤（包括急性工业中毒，下同），或者1亿元以上直接经济损失的事故；（2）重大事故，是指造成10人以上30人以下死亡，或者50人以上100人以下重伤，或者5000万元以上1亿元以下直接经济损失的事故；（3）较大事故，是指造成3人以上10人以下死亡，或者10人以上50人以下重伤，或者1000万元以上5000万元以下直接经济损失的事故；（4）一般事故，是指造成3人以下死亡，或者10人以下重伤，或者1000万元以下直接经济损失的事故。所称的“以上”包括本数，“以下”不包括本数。

一、生产安全事故死亡人数的计算

自事故发生之日起30日内，事故造成的伤亡人数发生变化的，应当及时补报。道路交通事故、火灾事故自发生之日起7日内，事故造成的伤亡人数发生变化的，应当及时补报。例如，2020年9月1日发生一起生产安全道路交通事故，当场死亡2人，重伤3人，3名重伤人员当日送往医院医治。同年9月5日，其中2人因医治无效死亡。该起事故造成4人死亡，是一起较大生产安全事故。

二、对生产安全事故发生负有责任的单位及负责人

对生产安全事故发生负有责任的单位即生产安全事故发生单位。

生产安全事故是生产经营单位在生产经营过程中发生的，是各种不安全因素共同作用的结果，对生产安全事故发生负有责任的单位可能是一个，也可能是多个。因此，在一起生产安全事故中，依据《中华人民共和国安全生产法》第一百一十四条进行处罚的生产经营单位可能是一个，也可能是多个。例如，某建筑工程项目，发生一起高空坠落事故，导致 1 人死亡。经事故调查后，发现现场护栏不符合国家标准，作业人员李某未系安全带，从 21 楼摔下死亡。现场施工由分包方负责，但是分包方没有建筑相应资质。在该起事故中，对生产安全事故负有责任的可能有建设方、总承包方、分包方、监理等多个单位。

对生产安全事故发生负有责任的单位主要负责人，是指有限责任公司、股份有限公司的董事长或者总经理或者个人经营的投资人，其他生产经营单位的厂长、经理、局长、矿长（含实际控制人）等人员。

需要注意的是，事故发生单位主要负责人、直接负责的主管人员和其他直接责任人员的上一年年收入，属于国有生产经营单位的，是指该单位上级主管部门所确定的上一年年收入总额；属于非国有生产经营单位的，是指经财务、税务部门核定的上一年年收入总额。

生产经营单位提供虚假资料或者由于财务、税务部门无法核定等原因致使有关人员的上一年年收入难以确定的，按照下列办法确定：（1）主要负责人的上一年年收入，按照本省、自治区、直辖市上一年度职工平均工资的 5 倍以上 10 倍以下计算；（2）直接负责的主管人员和其他直接责任人员的上一年年收入，按照本省、自治区、直辖市上一年度职工平均工资的 1 倍以上 5 倍以下计算。

三、对事故发生负有责任的单位处罚

《中华人民共和国安全生产法》第一百一十四条规定：“发生生产安全事

故，对负有责任的生产经营单位除要求其依法承担相应的赔偿等责任外，由应急管理部门依照下列规定处以罚款：（一）发生一般事故的，处三十万元以上一百万元以下的罚款；（二）发生较大事故的，处一百万元以上二百万元以下的罚款；（三）发生重大事故的，处二百万元以上一千万元以下的罚款；（四）发生特别重大事故的，处一千万元以上二千万元以下的罚款。发生生产安全事故，情节特别严重、影响特别恶劣的，应急管理部门可以按照前款罚款数额的二倍以上五倍以下对负有责任的生产经营单位处以罚款。”

对生产安全事故发生负有责任的生产经营单位进行行政处罚时，需要注意以下问题：

1. 违法行为的处罚。生产安全事故的发生有时是多种原因所造成的，对生产安全事故的发生负有责任的单位可能有多个，在处罚时，对所有负有责任的单位都应该依法进行处罚。在事故调查过程中，可能会发现多种违法行为，对其他违法行为同样需要依法进行处罚。

2. 法律适用。对负有责任的生产经营单位进行处罚的法律依据主要有安全生产法、《生产安全事故报告和调查处理条例》《生产安全事故罚款处罚规定（试行）》。目前，安全生产法与《生产安全事故报告和调查处理条例》对负有责任的生产经营单位进行处罚的规定是不同的。当两者的规定不一致时如何适用？安全生产法是法律，《生产安全事故报告和调查处理条例》是行政法规，安全生产法的法律效力位阶比《生产安全事故报告和调查处理条例》高。因此，在对负有责任的生产经营单位进行处罚时，应当按位阶高的原则，适用安全生产法的相关规定进行处罚。

3. 处罚主体。对事故发生单位及其有关责任人员处以罚款的处罚主体是各级应急管理部门，涉及吊销许可证照、吊销资质等由相关主管部门负责。对其他违法行为的处罚按照法定职责，由相关部门进行处罚。

四、瞒报生产安全事故的处罚

《生产安全事故报告和调查处理条例》第三十六条规定，事故发生单位及其有关人员有下列行为之一的，对事故发生单位处 100 万元以上 500 万元以下的罚款；对主要负责人、直接负责的主管人员和其他直接责任人员处上一年年收入60%至100%的罚款；属于国家工作人员的，并依法给予处分；构成违反治安管理行为的，由公安机关依法给予治安管理处罚；构成犯罪的，依法追究刑事责任：（1）谎报或者瞒报事故的；（2）伪造或者故意破坏事故现场的；（3）转移、隐匿资金、财产，或者销毁有关证据、资料的；（4）拒绝接受调查或者拒绝提供有关情况和资料的；（5）在事故调查中作伪证或者指使他人作伪证的；（6）事故发生后逃匿的。

根据上述规定，事故发生单位对事故有瞒报行为的，应当处100万元以上500万元以下的罚款。

生产经营单位对事故发生负有责任，并且瞒报事故的，存在两个违法行为：一是对事故发生负有责任的行为；二是对事故的瞒报行为。因此，在处罚时应当分别裁量，合并处罚。例如，顺风采石场发生生产安全事故，死亡1人。事故发生后，顺风采石场瞒报事故。死亡1人是一般事故，根据《中华人民共和国安全生产法》第一百一十四条第一款第一项的规定，对一般事故发生负有责任的处罚幅度是处30万元以上100万元以下的罚款。根据该条第二款的规定，情节特别严重、影响特别恶劣的，可以按照罚款数额的二倍以上五倍以下处以罚款，对事故发生负有责任的行为处罚款60万元。根据《生产安全事故报告和调查处理条例》第三十六条第一项的规定，瞒报事故的处罚幅度是处100万元以上500万元以下的罚款，对瞒报行为处罚款100万元。对顺风采石场的两个违法行为，合并共处罚款160万元。

第三章
安全生产行政执法文书范本与实例

01 现场检查记录

现场检查记录

被检查单位：××××××

地址：××××××

法定代表人（负责人）：×× 职务：×× 联系电话：××

检查场所：×××××××××

检查时间：×年×月×日×时×分至×年×月×日×时×分

我们是××县应急管理局行政执法人员××、××，证件号码为××、××，这是我们的证件（出示证件）。现依法对你单位进行现场检查，请予以配合。

检查情况：____

____

____

检查人员（签名）：

现场负责人（签名）：

××县应急管理局

××年××月××日

本文书一式两份：一份由应急管理部门备案，一份交被检查单位。

◎ 评析

现场检查记录是执法人员对生产经营单位进行检查时，对发现的问题及相关情况进行书面记录的法律文书。

现场检查记录作为证据，其最大的特点是客观性。现场检查记录的内容必须客观反映检查时所发现的情形。禁止在现场检查记录中对相关情形进行分析、推断、评论。现场检查记录的内容一般采取叙述的方法进行全面、详细的记录。在现场检查记录中不应依据法律、法规、规章等对发现的问题下结论，也不应引用法律条文对相关情形进行概括。

在安全生产执法实践中，现场检查记录常见的问题有：事实不清、主观推断、文书不分等，其中最突出的问题是记录的事实不清。导致事实不清的原因主要包括记录内容过于口语化、记录不全面、引用法律原文等。

在安全生产执法过程中，执法人员有一个认识误区，认为多用法言法语就是依法办事，因此在制作法律文书时，总是喜欢引用法律条文来描述。事实上，客观性才是现场检查记录的生命。

例 1－1

现场检查记录

被检查单位：××烟花爆竹专卖店

地址：××县××镇××村×号

法定代表人（负责人）：肖×× 职务：×× 联系电话：××

检查场所：××烟花爆竹专卖店经营门店

检查时间：×年×月×日×时×分至×年×月×日×时×分

我们是××县应急管理局行政执法人员李××、赵××，证件号码为05000000001、05000000002，这是我们的证件（出示证件）。现依法对你单位进行现场检查，请予以配合。

检查情况：

该零售店销售“三无产品”。

检查人员（签名）：

现场负责人（签名）：

××县应急管理局

××年××月××日

本文书一式两份：一份由应急管理部门备案，一份交被检查单位。

◎ 评析

例1－1现场检查记录存在的主要问题是记录简单，过于口语化导致事实不清。

“三无产品”在日常生活中被大家经常提到，一般是指质量不合格的产品。但是“三无产品”具体是什么意思，却没有几个人说得清楚。现场检查记录中的“三无”是哪三无？无身份证，无通行证，还是无许可证？无人知晓。现场检查记录中的“产品”又是什么？是手机、汽车，还是电脑？同样不清楚。在执法文书中出现“三无产品”这样的表述，属于记录事实不清。

如何正确记录违法事实？

现场检查的对象是一家烟花爆竹零售店，经营的产品是烟花爆竹，“三无产品”一般是指质量不合格的产品，该案中执法人员应该是在该烟花爆竹专卖店检查时发现了不合格的产品。《烟花爆竹经营许可实施办法》第二十二条第一款规定，批发企业、零售经营者不得采购和销售非法生产、经营的烟花爆竹和产品质量不符合国家标准或者行业标准规定的烟花爆竹。从该规定中可以看出，零售经营者不得采购和销售的烟花爆竹有两种情况：一是非法生产、经营的烟花爆竹；二是产品质量不符合国家标准或者行业标准规定的烟花爆竹。因此，在现场检查记录当中应当清楚记录被检查单位存在哪种情形。

例 1－2（文书示范）

现场检查记录

被检查单位：××烟花爆竹专卖店

地址：××县××镇××村×号

法定代表人（负责人）：肖×× 职务：×× 联系电话：××

检查场所：××烟花爆竹专卖店经营门店

检查时间：×年×月×日×时×分至×年×月×日×时×分

我们是××县应急管理局行政执法人员李××、赵××，证件号码为05000000001、05000000002，这是我们的证件（出示证件）。现依法对你单位进行现场检查，请予以配合。

检查情况：

该零售店销售的“满天红”烟花，无生产厂家。“满天红”烟花共计56件。

检查人员（签名）：

被检查单位现场负责人（签名）：

××县应急管理局

××年××月××日

本文书一式两份：一份由应急管理部门备案，一份交被检查单位。

例2－1

现场检查记录

被检查单位：××制鞋厂

地址：××县××镇××街×号

法定代表人（负责人）：肖×× 职务：×× 联系电话：××

检查场所：××制鞋厂生产车间

检查时间：×年×月×日×时×分至×年×月×日×时×分

我们是××县应急管理局行政执法人员李××、赵××，证件号码为05000000001、05000000002，这是我们的证件（出示证件）。现依法对你单位进行现场检查，请予以配合。

检查情况：

未按规定配备安全生产管理专职人员。

检查人员（签名）：

被检查单位现场负责人（签名）：

××县应急管理局

××年××月××日

本文书一式两份：一份由应急管理部门备案，一份交被检查单位。

◎ 评析

例2－1现场检查记录存在的主要问题是没有理解法律法规的规定，事实记录不清。

《中华人民共和国安全生产法》第二十四条规定："矿山、金属冶炼、建筑施工、运输单位和危险物品的生产、经营、储存、装卸单位，应当设置安全生产管理机构或者配备专职安全生产管理人员。前款规定以外的其他生产经营单位，从业人员超过一百人的，应当设置安全生产管理机构或者配备专职安全生产管理人员；从业人员在一百人以下的，应当配备专职或者兼职的安全生产管理人员。"从上述规定可以看出，设置安全生产管理机构和配备专职安全生产管理人员，只要符合上述条件之一就可以。其他生产经营单位，从业人员在一百人以下的，可以配备兼职的安全生产管理人员。

例2－1现场检查记录中记录了："未按规定配备安全生产管理专职人员。"从这句话中无法得知该企业是否设置安全生产管理机构，也无法得知该企业是否（可以）配备兼职的安全生产管理人员。因此，这份现场检查记录事实表述不清。

例 2-2（文书示范）

现场检查记录

被检查单位：××制鞋厂

地址：××县××镇××街×号

法定代表人（负责人）：肖×× 职务：×× 联系电话：××

检查场所：××制鞋厂生产车间

检查时间：×年×月×日×时×分至×年×月×日×时×分

我们是××县应急管理局行政执法人员李××、赵××，证件号码为05000000001、05000000002，这是我们的证件（出示证件）。现依法对你单位进行现场检查，请予以配合。

检查情况：

××制鞋厂现有从业人员 265 人，该厂没有设置安全生产管理机构，也没有配备安全生产管理专职人员。

检查人员（签名）：

被检查单位现场负责人（签名）：

××县应急管理局

××年××月××日

本文书一式两份：一份由应急管理部门备案，一份交被检查单位。

例 3－1

现场检查记录

被检查单位：××加油站

地址：××县××镇××街×号

法定代表人（负责人）：肖×× 职务：×× 联系电话：××

检查场所：加油站站房及加油区

检查时间：×年×月×日×时×分至×年×月×日×时×分

我们是××县应急管理局行政执法人员李××、赵××，证件号码为05000000001、05000000002，这是我们的证件（出示证件）。现依法对你单位进行现场检查，请予以配合。

检查情况：

经现场检查，该加油站有一次未如实记录安全生产教育和培训情况。

检查人员（签名）：

被检查单位现场负责人（签名）：

××县应急管理局

××年××月××日

本文书一式两份：一份由应急管理部门备案，一份交被检查单位。

◎ 评析

例 3－1 现场检查记录存在的主要问题是搬抄法律、法规的原文，事实不清。

现场检查记录最重要的特性是客观性。现场检查记录的作用是将现场发生的事情，客观地记录下来，反映现场检查时所呈现的状态。现场检查记录搬抄法律、法规的原文实际上是在给问题定性，下结论。现场检查记录不需要对发现的问题进行定性，也不需要下结论。

《中华人民共和国安全生产法》第二十八条第四款规定，生产经营单位应当建立安全生产教育和培训档案，如实记录安全生产教育和培训的时间、内容、参加人员以及考核结果等情况。安全生产教育培训需要如实记录的内容包括时间、内容、参加人员以及考核结果等情况。从该规定看，未如实记录安全生产教育和培训情况，有多种情形，如可能未对新进员工培训，但记录已经培训；培训时间只有 3 小时，但记录培训时间是 20 个小时等。一句“未如实记录安全生产教育和培训情况”，无法得知具体情况是什么。

需要注意的是，如果未如实记录发生了多次，应清楚记录每次的情况，包括涉及的人员数量，因为这些因素关系到后期行政处罚的裁量幅度。

例 3－2（文书示范）

现场检查记录

被检查单位：××加油站

地址：××县××镇××街×号

法定代表人（负责人）：肖×× 职务：×× 联系电话：××

检查场所：××加油站站房及加油区

检查时间：×年×月×日×时×分至×年×月×日×时×分

我们是××县应急管理局行政执法人员李××、赵××，证件号码为05000000001、05000000002，这是我们的证件（出示证件）。现依法对你单位进行现场检查，请予以配合。

检查情况：

××加油站加油员杨××于××年××月××日至××日请病假住院，安全生产教育培训档案记录杨××参加了××年××月××日在该加油站办公室进行的安全生产教育培训。

检查人员（签名）：

被检查单位现场负责人（签名）：

××县应急管理局

××年××月××日

本文书一式两份：一份由应急管理部门备案，一份交被检查单位。

例 4－1

现场检查记录

被检查单位：××烟花爆竹专营店

地址：××县××镇××街×号

法定代表人（负责人）：肖×× 职务：×× 联系电话：××

检查场所：××烟花爆竹专营店经营门店

检查时间：×年×月×日×时×分至×年×月×日×时×分

我们是××县应急管理局行政执法人员李××、赵××，证件号码为05000000001、05000000002，这是我们的证件（出示证件）。现依法对你单位进行现场检查，请予以配合。

检查情况：

××烟花爆竹专营店在县城烟花爆竹禁止燃放区域内经营，不具备安全条件，责令限期搬迁。

检查人员（签名）：

被检查单位现场负责人（签名）：

××县应急管理局

××年××月××日

本文书一式两份：一份由应急管理部门备案，一份交被检查单位。

◎ 评析

例4－1现场检查记录存在的主要问题是文书使用不当。

现场检查记录是执法人员在对生产经营单位进行检查时，对发现的问题及相关情况进行书面记录的法律文书。责令限期搬迁应该使用《责令限期整改指令书》。

现场检查记录是日常执法过程中使用频率较高的文书，但其使用范围和作用都是有限的，执法人员应当依法制作法律文书。例4－1现场检查记录所记录的情况应该是××烟花爆竹专营店已经取得烟花爆竹经营零售许可证，当地烟花爆竹零售经营布点规划变更后，××烟花爆竹专营店没有及时搬迁。针对这一情况，应急管理部门应当积极主动作为，前期作好宣传和引导工作。对于按时搬迁的烟花爆竹经营者及时办好烟花爆竹经营零售许可证变更手续；对于未搬迁的烟花爆竹经营户及时撤回许可，因撤回许可对烟花爆竹经营者造成财产损失的，应当依法给予补偿。

例 4－2（文书示范）

现场检查记录

被检查单位：××烟花爆竹专营店

地址：××县××镇××街×号

法定代表人（负责人）：肖×× 职务：×× 联系电话：××

检查场所：××烟花爆竹专营店经营门店

检查时间：×年×月×日×时×分至×年×月×日×时×分

我们是××县应急管理局行政执法人员李××、赵××，证件号码为05000000001、05000000002，这是我们的证件（出示证件）。现依法对你单位进行现场检查，请予以配合。

检查情况：

××烟花爆竹专营店位于××县××镇××街×号。检查时，该店正在售卖烟花爆竹（详见现场照片）。

检查人员（签名）：

被检查单位现场负责人（签名）：

××县应急管理局

××年××月××日

本文书一式两份：一份由应急管理部门备案，一份交被检查单位。

例 5－1

现场检查记录

被检查单位：××烟花爆竹厂

地址：××县××镇××街×号

法定代表人（负责人）：肖×× 职务：×× 联系电话：××

检查场所：××烟花爆竹厂办公区和生产区

检查时间：×年×月×日×时×分至×年×月×日×时×分

我们是××县应急管理局行政执法人员李××、赵××，证件号码为05000000001、05000000002，这是我们的证件（出示证件）。现依法对你单位进行现场检查，请予以配合。

检查情况：

××烟花爆竹厂安全生产主体责任落实不到位，在安全教育培训记录本上发现××年×月×日、×月×日、×月×日，所有培训记录内容及职工签字、记录人、审核人都由该单位会计赵××代写，无本单位职工参加培训图片和考核资料。存在未如实记录安全生产教育和培训时间、内容、参加人员以及考核结果等情形。

检查人员（签名）：

被检查单位现场负责人（签名）：

××县应急管理局

××年××月××日

本文书一式两份：一份由应急管理部门备案，一份交被检查单位。

◎ 评析

例 5－1 现场检查记录存在的主要问题是在检查记录中对行为下结论。

“安全生产主体责任落实不到位”“存在未如实记录安全生产教育和培训时间、内容、参加人员以及考核结果等情形”，这样的结论性表述不应出现在现场检查记录中。现场检查记录的本质是对在执法现场发现的问题、情形等进行客观记录。现场检查记录必须保持客观性，不应加入执法人员的主观分析。

执法人员在现场检查记录中已经对行为下了结论，导致执法人员对案件有先入为主的观念，影响案件的公正调查。

例 5－2（文书示范）

现场检查记录

被检查单位：××烟花爆竹厂

地址：××县××镇××街×号

法定代表人（负责人）：肖×× 职务：×× 联系电话：××

检查场所：××烟花爆竹厂办公区和生产区

检查时间：×年×月×日×时×分至×年×月×日×时×分

我们是××县应急管理局行政执法人员李××、赵××，证件号码为05000000001、05000000002，这是我们的证件（出示证件）。现依法对你单位进行现场检查，请予以配合。

检查情况：

发现××烟花爆竹厂安全教育培训记录本上2020年2月×日、3月×日、6月×日，所有培训记录内容及职工、记录人、审核人的签名，字迹相同。××烟花爆竹厂未能提供职工参加培训图片及培训考核资料。

检查人员（签名）：

被检查单位现场负责人（签名）：

××县应急管理局

××年××月××日

本文书一式两份：一份由应急管理部门备案，一份交被检查单位。

例 6－1

现场检查记录

被检查单位：××烟花爆竹厂

地址：××县××镇××街×号

法定代表人（负责人）：肖×× 职务：×× 联系电话：××

检查场所：××烟花爆竹厂办公区和生产区

检查时间：×年×月×日×时×分至×年×月×日×时×分

我们是××县应急管理局行政执法人员李××、赵××，证件号码为05000000001、05000000002，这是我们的证件（出示证件）。现依法对你单位进行现场检查，请予以配合。

检查情况：

××县应急管理局、××县市场监督管理局于××年5月8日联合对××烟花爆竹厂进行花炮原材料抽检，××年7月9日出具检验报告。抽检样品：工业硝酸钡；检验报告文书名称及文号：检验报告 No. ZD20200961；其检验结论为：依据委托检验要求，经抽样检验，硝酸钡（以干基计）项目不符合 GB/T1613－2008 标准规定的Ⅱ类要求，判定为不合格。××县市场监督管理局将案件移交××县应急管理局。

检查人员（签名）：

被检查单位现场负责人（签名）：

××县应急管理局

××年××月××日

本文书一式两份：一份由应急管理部门备案，一份交被检查单位。

◎ 评析

例 6－1 现场检查记录存在的主要问题是现场检查记录制作时间错误。

现场检查记录是执法人员在执法检查时，对检查的内容作出的书面记录。例 6－1 现场检查记录所叙述的内容，××县应急管理局、××县市场监督管理局于××年 5 月 8 日联合对××烟花爆竹厂检查，当场抽取制作烟花爆竹的原材料“工业硝酸钡”进行检测；××年 7 月 9 日出具检验报告，产品不合格；××县市场监督管理局将案件移送××县应急管理局进行立案处罚等，很明显，这不是现场检查的情况，而是现场检查后调查的过程。现场检查记录应该于 2020 年 5 月 8 日在××烟花爆竹厂检查时制作，将现场检查情况如实记录。

现场检查记录不是立案的前提条件。对于移送的案件，符合立案条件的，直接立案即可。如果移送的案卷资料没有现场检查记录，不能根据案卷内容制作现场检查记录。

例6－2（文书示范）

现场检查记录

被检查单位：××烟花爆竹厂

地址：××县××镇××街×号

法定代表人（负责人）：肖×× 职务：×× 联系电话：××

检查场所：××烟花爆竹厂办公区和生产区

检查时间：×年×月×日×时×分至×年×月×日×时×分

我们是××县应急管理局行政执法人员李××、赵××，证件号码为05000000001、05000000002，这是我们的证件（出示证件）。现依法对你单位进行现场检查，请予以配合。

检查情况：

××县应急管理局、××县市场监督管理局联合对××烟花爆竹厂进行检查。现场对花炮原材料进行抽检，抽取工业硝酸钡做进一步检测（详见抽样取证凭证）。

检查人员（签名）：

被检查单位现场负责人（签名）：

××县应急管理局

×年×月×日

本文书一式两份：一份由应急管理部门备案，一份交被检查单位。

02 现场处理措施决定书

现场处理措施决定书

（××）应急现决〔××〕××号

××××××：

本机关于××年×月×日现场检查时，发现你（单位）有下列违法违规行为和事故隐患：

1.______

2.______

以上存在的问题无法保证安全生产，依据______的规定，现作出如下现场处理决定：______

如果不服本决定，你（单位）可以依法在60日内向××人民政府或者××申请行政复议，或者在6个月内依法向××人民法院提起行政诉讼，但本决定不停止执行，法律另有规定的除外。

安全生产监管行政执法人员（签名）：×× 证号：××××××

×× 证号：××××××

被检查单位负责人（签名）：______

××县应急管理局

××年××月××日

本文书一式两份：一份由应急管理部门备案，一份交被检查单位。

◎ 评析

现场处理措施决定书是应急管理部门在执法检查过程中发现事故隐患所采取的现场处理措施权。对于能够立即整改排除的隐患，责令立即排除。重大事故隐患排除前或者排除过程中无法保证安全的，应当责令从危险区域内撤出作业人员，责令暂时停产停业或者停止使用相关设施、设备；重大事故隐患排除后，经审查同意，方可恢复生产经营和使用。

现场处理措施决定书制作可能存在的主要问题是作出现场处理措施的依据错误；与责令限期整改不分；与行政处罚不分；与查封、扣押不分。

例 1－1

现场处理措施决定书

（××）应急现决〔××〕××号

×××采石场：

本机关于××年××月××日现场检查时，发现你（单位）有下列违法违规行为和事故隐患：

+320 平台作业面有危石没有处理。

以上存在的问题无法保证安全生产，依据《中华人民共和国安全生产法》第六十五条第一款第二项的规定，现作出如下现场处理决定：责令立即排除危石。

如果不服本决定，你（单位）可以依法在 60 日内向××人民政府申请行政复议，或者在 6 个月内依法向××人民法院提起行政诉讼，但本决定不停止执行，法律另有规定的除外。

安全生产监管行政执法人员（签名）：李×× 证号：××××××

赵×× 证号：××××××

被检查单位负责人（签名）：肖××

××县应急管理局

××年××月××日

本文书一式两份：一份由应急管理部门备案，一份交被检查单位。

◎ 评析

例 1－1 现场处理措施决定书的主要问题是做出现场处理措施的依据错误。

应急管理部门行使的现场处理措施从某一方面来看是行政处罚，但是它同行政处罚又有不同之处。责令停产停业在行政处罚当中是一种重大的行政处罚行为，需要按照行政处罚的一般程序进行。如果未履行一般程序，构成程序违法。根据安全生产事故隐患的特殊性，法律专门赋予应急管理部门现场处理措施权，发现事故隐患可以当场做出责令暂时停产停业的决定，不需要按行政处罚一般程序进行。

法律赋予应急管理部门现场处理措施权的依据是《中华人民共和国安全生产法》第六十五条第一款第三项。该现场处理措施决定书依据《中华人民共和国安全生产法》第六十五条第一款第二项对检查中发现的安全生产违法行为，当场予以纠正或者要求限期改正的规定做出责令立即排除的现场处理决定，属于适用法律错误。

例 1 – 2（文书示范）

现场处理措施决定书

（××）应急现决〔××〕××号

×××采石场：

本机关于××年××月××日现场检查时，发现你（单位）有下列违法违规行为和事故隐患：

+320 平台作业面有危石没有处理。

以上存在的问题无法保证安全生产，依据《中华人民共和国安全生产法》第六十五条第一款第三项的规定，现作出如下现场处理决定：责令立即排除危石。

如果不服本决定，你（单位）可以依法在 60 日内向××人民政府申请行政复议，或者在 6 个月内依法向××人民法院提起行政诉讼，但本决定不停止执行，法律另有规定的除外。

安全生产监管行政执法人员（签名）：李×× 证号：××××××

赵×× 证号：××××××

被检查单位负责人（签名）：肖××

××县应急管理局

××年××月××日

本文书一式两份：一份由应急管理部门备案，一份交被检查单位。

例2－1

现场处理措施决定书

（××）应急现决〔××〕××号

×××采石场：

本机关于××年××月××日现场检查时，发现你（单位）有下列违法违规行为和事故隐患：

主要负责人刘××未组织制定本单位安全生产规章制度和操作规程。

以上存在的问题无法保证安全生产，依据《中华人民共和国安全生产法》第九十四条第一款的规定，现作出如下现场处理决定：责令于××年××月××日之前改正。

如果不服本决定，你（单位）可以依法在60日内向××人民政府申请行政复议，或者在6个月内依法向××人民法院提起行政诉讼，但本决定不停止执行，法律另有规定的除外。

安全生产监管行政执法人员（签名）：李××　证号：××××××

赵××　证号：××××××

被检查单位负责人（签名）：肖××

××县应急管理局

××年××月××日

本文书一式两份：一份由应急管理部门备案，一份交被检查单位。

◎ 评析

例2－1现场处理措施决定书的主要问题是现场处理措施与责令限期整改不分。

对于不需要采取暂时停产停业措施便可以保障生产安全的事故隐患或者安全生产违法行为，依法责令其限期改正，向其下达《责令限期整改指令书》。暂时停产停业现场处理措施对当事人影响较大，执法人员应当谨慎采取该现场处理措施。

该现场处理措施决定书中的行为无须采取现场处理措施，文书当中的决定是责令其于××年××月××日之前改正。因此，应当使用的文书是责令限期整改指令书而不是现场处理措施决定书。

例2－2（文书示范）

责令限期整改指令书

（××）应急责改〔××〕××号

×××采石场：

经查，你（单位）存在下列问题：

主要负责人刘××未组织制定本单位安全生产规章制度和操作规程。

现责令你（单位）于××年××月××日前对上述问题整改完毕，达到有关法律法规规章和标准规定的要求。由此造成事故的，将依法追究有关人员的责任。

整改期间，你（单位）应当采取措施，确保安全生产。对安全生产违法行为，将依法予以行政处罚。

如果不服本指令，可以依法在60日内向××人民政府申请行政复议，或者在6个月内依法向××人民法院提起行政诉讼，但本指令不停止执行，法律另有规定的除外。

安全生产监管行政执法人员（签名）：李××　证号：××××××

赵××　证号：××××××

被检查单位负责人（签名）：肖××

××县应急管理局

××年××月××日

本文书一式两份：一份由应急管理部门备案，一份交被检查单位。

例 3－1

现场处理措施决定书

（××）应急现决〔××〕××号

×××烟花爆竹专卖店：

本机关于××年××月××日现场检查时，发现你（单位）有下列违法违规行为和事故隐患：

烟花爆竹经营（零售）许可证于××年××月××日到期。许可证到期后仍在经营，现场查获“满天星”烟花50件，“惊雷”鞭炮20件。

以上存在的问题无法保证安全生产，依据《中华人民共和国安全生产法》第六十五条第一款第四项的规定，现作出如下现场处理决定：扣押“满天星”烟花50件，“惊雷”鞭炮20件。

如果不服本决定，你（单位）可以依法在60日内向××人民政府申请行政复议，或者在6个月内依法向××人民法院提起行政诉讼，但本决定不停止执行，法律另有规定的除外。

安全生产监管行政执法人员（签名）：李×× 证号：××××××

赵×× 证号：××××××

被检查单位负责人（签名）：肖××

××县应急管理局

××年××月××日

本文书一式两份：一份由应急管理部门备案，一份交被检查单位。

◎ 评析

例3-1现场处理措施决定书的主要问题是现场处理措施与扣押、查封不分。

《中华人民共和国安全生产法》第六十五条第一款第四项规定，对有根据认为不符合保障安全生产的国家标准或者行业标准的设施、设备、器材以及违法生产、储存、使用、经营、运输的危险物品予以查封或者扣押，对违法生产、储存、使用、经营危险物品的作业场所予以查封，并依法作出处理决定。本条规定的是应急管理部门采取行政强制措施权。

对非法物品予以查封或者扣押，行使的是行政强制权，使用的法律文书是查封扣押决定书。

例3-2（文书示范）

查封扣押决定书

（××）应急查扣〔××〕××号

×××烟花爆竹专卖店：

本机关现场检查时，发现你（单位）（现场）存在下列问题：烟花爆竹经营（零售）许可证于××年××月××日到期。许可证到期后仍在经营。

以上存在的问题无法保证安全生产，依据《中华人民共和国安全生产法》第六十五条第一款第四项的规定，决定采取以下行政强制措施：扣押非法经营的烟花爆竹。实施以上行政强制措施的期限自××年××月××日至××年××月××日。扣押清单见附件。

如果不服本决定，你（单位）可以依法在60日内向××人民政府申请行政复议，或者在6个月内依法向××人民法院提起行政诉讼，但本决定不停止执行，法律另有规定的除外。

安全生产监管行政执法人员（签名）：李×× 证号：××××××

赵×× 证号：××××××

被检查单位负责人（签名）：肖××

附件：《查封扣押（场所、设施、财物）清单》第×号

××县应急管理局

××年××月××日

本文书一式两份：一份由应急管理部门备案，一份交被检查单位。

查封扣押（场所、设施、财物）清单

第××号

编号	名称	规格（型号）或者地址	单位	数量或者面积	备注
1	“满天星”烟花	×××	件	50	
2	“惊雷”鞭炮	×××	件	20	

安全生产监管行政执法人员（签名）：李×× 证号：×× ×年×月×日

赵×× 证号：×× ×年×月×日

当事人（签名或者盖章）：×× ×年×月×日

本文书一式两份：一份由应急管理部门备案，一份交当事人。

例4－1

现场处理措施决定书

（××）应急现决〔××〕××号

×××烟花爆竹专卖店：

本机关于××年××月××日现场检查时，发现你（单位）有下列违法违规行为和事故隐患：

×××烟花爆竹专卖店储存的烟花爆竹和鞭炮的药量为70千克，烟花爆竹经营（零售）许可证药量限制在60千克以下。

以上存在的问题无法保证安全生产，依据《烟花爆竹经营许可实施办法》第三十五条第二项的规定，现作出如下现场处理决定：处3000元罚款。

如果不服本决定，你（单位）可以依法在60日内向××人民政府申请行政复议，或者在6个月内依法向××人民法院提起行政诉讼，但本决定不停止执行，法律另有规定的除外。

安全生产监管行政执法人员（签名）：李×× 证号：××××××

赵×× 证号：××××××

被检查单位负责人（签名）：肖××

××县应急管理局

××年××月××日

本文书一式两份：一份由应急管理部门备案，一份交被检查单位。

◎ 评析

例 4－1 现场处理措施决定书的主要问题是现场处理措施与行政处罚不分。

《烟花爆竹经营许可实施办法》第三十五条第二项规定，零售经营者有下列行为之一的，责令其限期改正，处 1000 元以上 5000 元以下的罚款；情节严重的，处 5000 元以上 30000 元以下的罚款：存放的烟花爆竹数量超过零售许可证载明范围的。该条规定是行政处罚的依据。处 3000 元罚款是行政处罚决定而不是现场处理措施。对生产经营单位处 3000 元罚款应当按行政处罚一般程序进行处罚。

例 4－2（文书示范）

行政处罚决定书（单位）

（××）应急执罚单〔××〕××号

被处罚单位：××烟花爆竹专卖店

地址：××县××镇××号　邮编：××

法定代表人（负责人）：肖×× 职务：×× 联系电话：××

违法事实及证据：

××烟花爆竹专卖店储存的烟花爆竹和鞭炮的药量为 70 千克，烟花爆竹经营（零售）许可证药量限制在 60 千克以下。

证据：现场检查记录、责令限期整改指令书、肖××询问笔录。

以上事实违反了《烟花爆竹经营许可实施办法》第二十三条第三款的规定。依据《烟花爆竹经营许可实施办法》第三十五条第二项的规定，参照××自由裁量权基准，决定给予3000 元罚款的行政处罚。

处以罚款的，罚款自收到本决定书之日起 15 日内缴至××××××××××××，账号8000－1000－1000－8000－8001，到期不缴每日按罚款数额的 3% 加处罚款。

如果你（单位）不服本处罚决定，可以依法在 60 日内向××县人民政府申请行政复议，或者在 6 个月内依法向××县人民法院提起行政诉讼，但本决定不停止执行，法律另有规定的除外。逾期不申请行政复议、不提起行政诉讼又不履行的，本机关将依法申请人民法院强制执行或者依照有关规定强制执行。

××县应急管理局

××年××月××日

本文书一式两份：一份由应急管理部门备案，一份交被检查单位。

03　立案审批表

立案审批表

（××）应急立〔××〕××号

案由：______

案件来源：______时间：______

案件名称：______

当事人：______电话：______

法定代表人/负责人：______

当事人地址：______邮政编码：______

<table>
<tr><td colspan="2">案件基本情况：</td></tr>
<tr><td colspan="2">承办人意见：
承办人（签名）：______ 证号：______
______ 证号：______ 年　月　日</td></tr>
<tr><td>审核意见：
审核人（签名）：
年　月　日</td><td>审批意见：
审批人（签名）：
年　月　日</td></tr>
</table>

◎ 评析

立案审批表是对属于本机关管辖的案件，经过初步核查，认为当事人的行为涉嫌违法，需要进一步立案调查，报请机关负责人批准立案的内部文书。

行政处罚案件立案的条件主要包括以下几个方面：（1）是否属于本机关管辖的案件；（2）当事人的行为是否涉嫌违法；（3）案件是否适用行政处罚一般程序，对符合行政处罚简易程序的案件，不需要立案。

对于一些可能不需要处罚的案件，可以先立案，调查清楚后，再根据具体情况作出不予处罚的决定。例如，违法行为轻微未造成严重危害后果并及时纠正，违法行为已经超过追究时效等情形。对于立案后，经过调查发现违法行为涉嫌犯罪的案件，应及时移送司法机关处理。

例 1－1

立案审批表

（××）应急立〔××〕××号

案由：其他类违法

案件来源：执法检查　时间：××年××月××日

案件名称：××加油站安全员未取得安全生产知识和管理能力合格证案

当事人：××加油站　电话：135××××6669

法定代表人/负责人：袁××

当事人地址：××县××街××号　邮政编码：××××

<table>
<tr><td colspan="2">案件基本情况：××年××月××日，我局执法人员对××加油站进行检查时，发现该加油站安全管理员杜××，未取得安全生产知识和管理能力考核合格证。</td></tr>
<tr><td colspan="2">承办人意见：该行为涉嫌违反《中华人民共和国安全生产法》第二十七条第二款。建议立案。
承办人（签名）：×××　证号：××××
×××　证号：××××
××年××月××日</td></tr>
<tr><td>审核意见：拟同意
审核人（签名）：×××
××年××月××日</td><td>审批意见：同意
审批人（签名）：×××
××年××月××日</td></tr>
</table>

◎ 评析

例 1－1 立案审批表的主要问题是案由填写不规范。

案由的种类如下：安全生产行政许可类违法；安全生产管理机构和管理人员类违法；安全生产建设工程项目类违法；安全生产规章制度类违法；安全生产教育培训类违法；安全生产资金投入类违法；安全生产隐患管理类违法；生产安全事故应急救援类违法；安全生产承包租赁类违法；安全生产警示标志类违法；安全生产中介机构类违法；安全设备使用维护类违法；重大危险源管理类违法；生产经营单位作业现场管理类违法；生产安全事故报告类违法；其他情况，由违法行为提炼填写。

从本案所涉嫌的违法行为来看，是安全生产教育培训类违法，案由应该是“安全生产教育培训类违法”，而不是“其他类违法”。

例 1 -2（文书示范）

立案审批表

（××）应急立〔××〕××号

案由：安全生产教育培训类违法

案件来源：执法检查　时间：××年××月××日

案件名称：××加油站安全员未取得安全生产知识和管理能力合格证案

当事人：××加油站　电话：135××××6669

法定代表人/负责人：袁××

当事人地址：××县××街××号　邮政编码：××××

<table>
<tr><td colspan="2">案件基本情况：××年××月××日，我局执法人员对××加油站进行检查时，发现该加油站安全管理员杜××，未取得安全生产知识和管理能力合格证。</td></tr>
<tr><td colspan="2">承办人意见：该行为涉嫌违反《中华人民共和国安全生产法》第二十七条第二款。建议立案。
承办人（签名）：×××　证号：××××
×××　证号：××××
××年××月××日</td></tr>
<tr><td>审核意见：拟同意
审核人（签名）：×××
××年××月××日</td><td>审批意见：同意
审批人（签名）：×××
××年××月××日</td></tr>
</table>

例 2－1

立案审批表

（××）应急立〔××〕××号

案由：生产经营单位作业现场管理类违法

案件来源：执法检查　时间：××年××月××日

案件名称：××采石场安全生产违法案

当事人：××采石场　电话：135××××6669

法定代表人/负责人：袁××

当事人地址：××县××街××号　邮政编码：××××

<table>
<tr><td colspan="2">案件基本情况：××年××月××日，我局执法人员对××采石场进行检查时，发现该采石场 +310 平台高 16.2 米，设计高度 10 米。</td></tr>
<tr><td colspan="2">承办人意见：该行为涉嫌违反《小型露天采石场安全管理与监督检查规定》第十五条第二款。建议立案。
承办人（签名）：×××　证号：××××
×××　证号：××××
××年××月××日</td></tr>
<tr><td>审核意见：拟同意
审核人（签名）：×××
××年××月××日</td><td>审批意见：同意
审批人（签名）：×××
××年××月××日</td></tr>
</table>

◎ 评析

例 2－1 立案审批表的主要问题是案件名称不规范。

案件名称一般由违法主体＋违法行为＋案组成，如“××采石场未如实记录教育培训案”。生产安全事故的案件名称一般由事故发生单位＋事故发生月日＋事故等级＋事故类别＋案组成，如“××公司‘8·6’较大坍塌事故案”。

从上述立案审批表可以看出，违法行为是台阶开采高度超过设计高度，案件名称可以是“××采石场台阶开采高度不符合设计案”。

例 2－2（文书示范）

立案审批表

（××）应急立〔××〕××号

案由：生产经营单位作业现场管理类违法

案件来源：执法检查 时间：××年××月××日

案件名称：××采石场台阶开采高度不符合设计案

当事人：××采石场 电话：135××××6669

法定代表人/负责人：袁××

当事人地址：××县××街××号 邮政编码：××××

<table>
<tr><td colspan="2">案件基本情况：××年××月××日，我局执法人员对××采石场进行检查时，发现该采石场＋310 平台高 16.2 米，设计高度 10 米。</td></tr>
<tr><td colspan="2">承办人意见：该行为涉嫌违反《小型露天采石场安全管理与监督检查规定》第十五条第二款。建议立案。
承办人（签名）：××× 证号：××××
××× 证号：××××
××年××月××日</td></tr>
<tr><td>审核意见：拟同意
审核人（签名）：×××
××年××月××日</td><td>审批意见：同意
审批人（签名）：×××
××年××月××日</td></tr>
</table>

例 3－1

立案审批表

（××）应急立〔××〕××号

案由：生产经营单位作业现场管理类违法

案件来源：执法检查 时间：××年××月××日

案件名称：××采石场未按设计修建截水沟案

当事人：××采石场 电话：135××××6669

法定代表人/负责人：袁××

当事人地址：××县××街××号 邮政编码：××××

<table>
<tr><td colspan="2">案件基本情况：××年××月××日，我局执法人员对××采石场进行检查时，发现该采石场未修建截水沟，设计要求在采石场顶部沿矿界修建截水沟。建议对该行为按《小型露天采石场安全管理与监督检查规定》第四十条给予警告，并处1万元罚款。</td></tr>
<tr><td colspan="2">承办人意见：该行为涉嫌违反《小型露天采石场安全管理与监督检查规定》第十五条第二款。建议立案。
承办人（签名）：××× 证号：××××
××× 证号：××××
××年××月××日</td></tr>
<tr><td>审核意见：拟同意
审核人（签名）：×××
××年××月××日</td><td>审批意见：同意
审批人（签名）：×××
××年××月××日</td></tr>
</table>

◎ 评析

例 3－1 立案审批表的主要问题是案件基本情况填写不规范。

立案审批表中的案件基本情况部分应对初步掌握的案件情况进行简要说明。立案之后，需要对案件进行调查，收集证据，认定违法事实。在立案审批表中建议对该行为按《小型露天采石场安全管理与监督检查规定》第四十条给予警告，并处 1 万元罚款，还未开始调查，就认定违法事实，给予处罚决定，这是未审先判的行为。因此，案件基本情况不应当出现处罚建议，将初步掌握的案件情况书写清楚即可。

例3－2（文书示范）

立案审批表

（××）应急立〔××〕××号

案由：生产经营单位作业现场管理类违法

案件来源：执法检查 时间：××年××月××日

案件名称：××采石场未按设计修建截水沟案

当事人：××采石场 电话：135××××6669

法定代表人/负责人：袁××

当事人地址：××县××街××号 邮政编码：××××

<table>
<tr><td colspan="2">案件基本情况：××年××月××日，我局执法人员对××采石场进行检查时，发现该采石场未修建截水沟，设计要求在采石场顶部沿矿界修建截水沟。</td></tr>
<tr><td colspan="2">承办人意见：该行为涉嫌违反《小型露天采石场安全管理与监督检查规定》第十五条第二款。建议立案。
承办人（签名）：××× 证号：××××
××× 证号：××××
××年××月××日</td></tr>
<tr><td>审核意见：拟同意
审核人（签名）：×××
××年××月××日</td><td>审批意见：同意
审批人（签名）：×××
××年××月××日</td></tr>
</table>

例 4－1

立案审批表

（××）应急立〔××〕××号

案由：生产经营单位作业现场管理类违法

案件来源：执法检查 时间：××年××月××日

案件名称：××采石场危石未处理案

当事人：××采石场 电话：135××××6669

法定代表人/负责人：袁××

当事人地址：××县××街××号 邮政编码：××××

<table>
<tr><td colspan="2">案件基本情况：××年××月××日，我局执法人员对××采石场进行检查时，发现该采石场＋320 平台正在进行装载转运作业，＋320 平台作业坡面有危石未处理。</td></tr>
<tr><td colspan="2">承办人意见：该行为违反《小型露天采石场安全管理与监督检查规定》第二十条第一款，依据《小型露天采石场安全管理与监督检查规定》第三十九条应当给予处罚。建议立案。
承办人（签名）：××× 证号：××××
××× 证号：××××
××年××月××日</td></tr>
<tr><td>审核意见：拟同意
审核人（签名）：×××
××年××月××日</td><td>审批意见：同意
审批人（签名）：×××
××年××月××日</td></tr>
</table>

◎ 评析

例4－1立案审批表的主要问题是承办人意见填写不规范。

立案只是初步掌握案件情况，后期还需要调查，告知、听取当事人陈述，最后才是行政处罚决定。

承办人意见中提及该行为违反《小型露天采石场安全管理与监督检查规定》第二十条第一款，但在立案阶段还不能确认行为违反某项法律规定，应当是“涉嫌”违反某项法律规定。立案审批决定是否立案，是否给予处罚与给予何种处罚是行政处罚决定阶段的事情。

例4－1（文书示范）

立案审批表

（××）应急立〔××〕××号

案由：生产经营单位作业现场管理类违法

案件来源：执法检查 时间：××年××月××日

案件名称：××采石场危石未处理案

当事人：××采石场 电话：135××××6669

法定代表人/负责人：袁××

当事人地址：××县××街××号 邮政编码：××××

<table>
<tr><td colspan="2">案件基本情况：××年××月××日，我局执法人员对××采石场进行检查时，发现该采石场+320平台正在进行装载转运作业，+320平台作业坡面有危石未处理。</td></tr>
<tr><td colspan="2">承办人意见：该行为涉嫌违反《小型露天采石场安全管理与监督检查规定》第二十条第一款。建议立案。
承办人（签名）：××× 证号：××××
××× 证号：××××
××年××月××日</td></tr>
<tr><td>审核意见：拟同意
审核人（签名）：×××
××年××月××日</td><td>审批意见：同意
审批人（签名）：×××
××年××月××日</td></tr>
</table>

04 勘验笔录

勘验笔录

（××）应急勘〔××〕××号

勘验时间：______年___月___日___时___分至___月___日___时___分
勘验场所：__________________天气情况：______________________________
勘验人：____________________单位及职务：____________________________
勘验人：____________________单位及职务：____________________________
当事人：____________________单位及职务：____________________________
当事人：____________________单位及职务：____________________________
被邀请人：__________________单位及职务：____________________________
记录人：____________________单位及职务：____________________________

我们是______安全生产监督管理局的行政执法人员________、________，证件号码为__________、__________，这是我们的证件（出示证件）。现依法进行勘验检查，请予以配合。

勘验情况：____

勘验人（签名）：__________ 勘验人（签名）：____________________
当事人（签名）：__________ 联系方式：__________________________
当事人（签名）：__________ 联系方式：__________________________
被邀请人（签名）：________ 记录人（签名）：____________________

本页填写不下的内容或者需绘制勘验图的，可另附页。

◎ 评析

勘验笔录是应急管理部门对与违法行为有关的场所、物品等进行勘验、检验时所做的记载。勘验笔录一般包括文字记录、绘图、拍照等内容。

勘验笔录制作需要注意的问题如下：

1. 客观真实是勘验笔录的关键，应对勘验当时的情况如实记载，完整反映勘验的经过。记录时不扩大也不缩小事实。同时，笔录中不能出现勘验人员的主观推测和分析判断的内容。

2. 笔录文字用语必须准确，不能模棱两可，切忌用“大概”“可能”等不确定的词句。

3. 勘验笔录制作具有及时性，应当在勘验过程中制作。勘验结束后，勘验人、当事人、邀请人、记录人等应当场签字。

4. 勘验笔录一般是对现场或物品的状态、位置、大小等情况进行记录，或者说是对现场或物品进行空间或所呈现的物理状态进行记录。勘验笔录不同于现场检查记录、查封扣押清单。

例 1－1

勘验笔录

（××）应急勘〔××〕××号

勘验时间：××年×月×日×时×分至×月×日×时×分

勘验场所：××烟花爆竹专卖店 天气情况：晴

勘验人：李×× 单位及职务：××县应急管理局执法大队大队长

勘验人：阳×× 单位及职务：××县应急管理局执法大队副大队长

当事人：杨×× 单位及职务：××烟花爆竹专卖店老板

当事人：赵×× 单位及职务：××烟花爆竹专卖店销货员

被邀请人：肖×× 单位及职务：××

记录人：赵×× 单位及职务：××县应急管理局执法人员

我们是××县应急管理局的行政执法人员李××、阳××，证件号码为05××××1266、05××××1269，这是我们的证件（出示证件）。现依法进行勘验检查，请予以配合。

勘验情况：

该店内查获2件“鼠王”和1件“黑老大”违禁烟花产品。

勘验人（签名）：李×× 勘验人（签名）：阳××

当事人（签名）：杨×× 联系方式：139××××1236

当事人（签名）：赵×× 联系方式：138××××1359

被邀请人（签名）：肖×× 记录人（签名）：赵××

本页填写不下的内容或者需绘制勘验图的，可另附页。

◎ 评析

例1－1勘验笔录主要的问题是将查封扣押决定书（查封扣押清单）当成勘验笔录。

查封扣押决定是行政强制措施，对查封扣押的设施、财物要有清单。

查封扣押决定同勘验笔录的主要区别为：

1. 查封扣押决定是行政强制措施，勘验笔录是证据。

2. 查封扣押决定需要行政机关负责人批准，勘验笔录由两名以上执法人员进行。

3. 当事人可以对查封扣押决定提起诉讼，当事人不能单独对勘验笔录提起诉讼。

查封扣押非法场所或产品，一般情况下不需要制作勘验笔录，下达查封扣押决定书即可。特殊情况下需要制作勘验笔录的，应当按勘验笔录制作要求，正确制作勘验笔录。

例 1－2（文书示范）

勘验笔录

（××）应急勘〔××〕××号

勘验时间：××年×月×日×时×分至×月×日×时×分

勘验场所：××烟花爆竹专卖店 天气情况：晴

勘验人：李×× 单位及职务：××县应急管理局执法大队大队长

勘验人：阳×× 单位及职务：××县应急管理局执法大队副大队长

当事人：杨×× 单位及职务：××烟花爆竹专卖店老板

当事人：赵×× 单位及职务：××烟花爆竹专卖店销货员

被邀请人：肖×× 单位及职务：××

记录人：赵×× 单位及职务：××县应急管理局执法人员

我们是××县应急管理局的行政执法人员李××、阳××，证件号码为05××××1266、05××××1269，这是我们的证件（出示证件）。现依法进行勘验检查，请予以配合。

勘验情况：

××烟花爆竹专卖店宽 5 米，长 20 米，门店东南角有 2 件名称为“鼠王”的烟花，生产厂家是××烟花爆竹厂，产品类别是 B 级。1 件名称为“黑老大”的烟花堆放在名称为“鼠王”的烟花上面，生产厂家是××烟花爆竹厂，产品类别是 B 级。

勘验人（签名）：李×× 勘验人（签名）：阳××

当事人（签名）：杨×× 联系方式：139××××1236

当事人（签名）：赵×× 联系方式：138××××1359

被邀请人（签名）：肖×× 记录人（签名）：赵××

本页填写不下的内容或者需绘制勘验图的，可另附页。

例 2－1

勘验笔录

（××）应急勘〔××〕××号

勘验时间：2020 年 8 月 1 日 9 时 5 分至 8 月 1 日 9 时 40 分

勘验场所：××采石场　天气情况：晴

勘验人：李××　单位及职务：××县应急管理局执法大队大队长

勘验人：阳××　单位及职务：××县应急管理局执法大队副大队长

当事人：杨××　单位及职务：××采石场负责人

当事人：赵××　单位及职务：××采石场安全员

被邀请人：肖××　单位及职务：××

记录人：赵××　单位及职务：××县应急管理局执法人员

我们是××县应急管理局的行政执法人员李××、阳××，证件号码为05××××1266、05××××1269，这是我们的证件（出示证件）。现依法进行勘验检查，请予以配合。

勘验情况：

2020 年 7 月 17 日，我局执法人员在对××采石场 172 米、184 米、196 米、208 米水平的生产作业现场进行现场检查时，发现该矿区存在多项因违规生产作业造成的事故隐患：

1. 未严格按照审查批准的开采设计方案进行开采施工，172 米、184 米、196 米水平未遵循自上而下的开采顺序，存在擅自开采设计规定保留的挂帮矿体，破坏性开采设计规定保留的安全平台，导致 184 米等水平的局部安全平台宽度不足 5 米，少于设计规定的宽度要求，根据《金属非金属矿山重大生产安全事故隐患判定标准（试行）》，判定为重大事故隐患；

2. 违反国家标准《金属非金属矿山安全规程》的生产作业行为：172 米、184 米、196 米水平平台存在浮石、松石未清理到位，172 米、184 米、208 米上下三个水平的平台在同一个面且上下未错开必要的安全距离的情况下，同时进行挖掘、钻孔作业，矿区生产形成的工作台阶坡面角大于设计规定的坡面角。

矿山企业在存在以上事故隐患未排查治理的情况下组织生产作业；在事故隐患未消除、安全条件不具备、无法保证人员安全的情况下，违章指挥或未及时制止从业人员在不安全区域（172 米、184 米、208 米水平）冒险进行铲装、钻孔等施工作业。本次勘验的现场照片见续页。

勘验人（签名）：李××　　勘验人（签名）：阳××

当事人（签名）：杨××　　联系方式：139××××1236

当事人（签名）：赵××　　联系方式：138××××1359

被邀请人（签名）：肖××　　记录人（签名）：赵××

本页填写不下的内容或者需绘制勘验图的，可另附页。

◎ 评析

例 2－1 勘验笔录主要的问题如下：一是将现场检查记录当成勘验笔录；二是勘验笔录的时间是 2020 年 8 月 1 日，但笔录内容中提到于 2020 年 7 月 17 日对被勘验单位进行现场检查。

客观性是现场检查记录和勘验笔录的共同特点，但二者又有明显的区别：

1. 记录的内容不同。现场检查记录是执法人员将执法现场发现的问题进行记录；勘验笔录是将勘验现场当时的情况如实记载，完整反映勘验的经过。

2. 记录的范围不同。现场检查记录一般是对所发现的违法问题进行记录，包括物品、人员、行为等；勘验笔录一般是对与违法行为有关的现场和物品进行勘验、检验的情况进行记录。

3. 记录的要求不同。现场勘验一般采取从上至下，从内至外，从左至右等顺序进行勘验。勘验笔录应当按勘验顺序进行记录。现场检查记录对于所发现问题的记录顺序无特殊要求。

勘验笔录是对勘验时情况进行记录，勘验笔录中已经注明了勘验时间，在勘验情况当中无须再写明。勘验笔录应当在勘验过程中制作。

例 2－2（文书示范）

勘验笔录

（××）应急勘〔××〕××号

勘验时间：2020 年 8 月 1 日 9 时 5 分至 8 月 1 日 9 时 40 分
勘验场所：××采石场　天气情况：晴
勘验人：李××　单位及职务：××县应急管理局执法大队大队长
勘验人：阳××　单位及职务：××县应急管理局执法大队副大队长
当事人：杨××　单位及职务：××采石场负责人
当事人：赵××　单位及职务：××采石场安全员
被邀请人：肖××　单位及职务：××
记录人：赵××　单位及职务：××县应急管理局执法人员

我们是××县应急管理局的行政执法人员李××、阳××，证件号码为05××××1266、05××××1269，这是我们的证件（出示证件）。现依法进行勘验检查，请予以配合。

勘验情况：

××采石场位于××镇××村××组。采场位置中心地理坐标为：东经：××°××′××″，北纬：××°××′××″。××采石场采场 +172 平台全长 96 米，由东往西 10 米至 65 米之间的生产台阶已被开采。+172 生产台阶由东往西 12 米至 13 米之间，距 +172 平台 6 米处有松石。

+184 平台全长 95 米。+184 平台由东往西 15 米至 60 米之间的平台宽度，最宽处为 3.5 米，最窄处为 2.2 米。+184 生产台阶由东往西 20 米至 21 米之间，距 +184 平台 8 米处有浮石。

+196 平台全长 92 米，+196 生产台阶由东往西 30 米至 32 米之间，距 +196平台 9 米处有松石。

勘验人（签名）：李××　　勘验人（签名）：阳××

当事人（签名）：杨××　　联系方式：139××××1236

当事人（签名）：赵××　　联系方式：138××××1359

被邀请人（签名）：肖××　　记录人（签名）：赵××

本页填写不下的内容或者需绘制勘验图的，可另附页。

例 3 - 1

勘验笔录

（× ×）应急勘〔× ×〕× ×号

勘验时间：× ×年×月×日×时×分至×月×日×时×分

勘验场所：× ×公司 天气情况：晴

勘验人：李× × 单位及职务：× ×县应急管理局执法大队大队长

勘验人：阳× × 单位及职务：× ×县应急管理局执法大队副大队长

当事人：杨× × 单位及职务：× ×公司负责人

当事人：赵× × 单位及职务：× ×公司安全员

被邀请人：肖× × 单位及职务：× ×

记录人：赵× × 单位及职务：× ×县应急管理局执法人员

我们是× ×县应急管理局的行政执法人员李× ×、阳× ×，证件号码为05× × × ×1266、05× × × ×1269，这是我们的证件（出示证件）。现依法进行勘验检查，请予以配合。

勘验情况：

事故发生地点位于× ×公司 3 号楼货梯，3 号楼共 5 层，货梯为自制简易升降机。货梯高约 15 米，货梯轿厢高约 3 米，长 2.5 米，宽 2 米。货梯钢丝已断，事故由于货梯失控，导致冲顶，钢丝断裂，轿厢坠地，轿厢内两名工人当场死亡。

勘验人（签名）：李× × 勘验人（签名）：阳× ×

当事人（签名）：杨× × 联系方式：139× × × ×1236

当事人（签名）：赵× × 联系方式：138× × × ×1359

被邀请人（签名）：肖× × 记录人（签名）：赵× ×

本页填写不下的内容或者需绘制勘验图的，可另附页。

◎ 评析

例 3－1 勘验笔录的主要问题如下：一是使用“大概”“约”等不确定的词语；二是笔录中出现勘验人员的主观推测和分析判断的内容。

客观性是勘验笔录的重要特征。勘验笔录不能模棱两可，不能使用“大概”“可能”“约”等不确定的词语。如果死者在现场，应对死者的所处位置、仰卧、俯卧等状态进行记录。通过分析或推断出来的死亡原因不能进行记录。

勘验笔录对与违法行为有关的场所、物品等进行勘验、检验时所做的记载。笔录的内容只能将当时所勘验的情况记录其中，不能出现分析、推断的内容。“事故由于货梯失控，导致冲顶，钢丝断裂，轿厢坠地，导致轿厢内两名工人当场死亡”属于分析、推断。

例 3 – 2（文书示范）

勘验笔录

（××）应急勘〔××〕××号

勘验时间：××年×月×日×时×分至×月×日×时×分

勘验场所：××公司 天气情况：晴

勘验人：李×× 单位及职务：××县应急管理局执法大队大队长

勘验人：阳×× 单位及职务：××县应急管理局执法大队副大队长

当事人：杨×× 单位及职务：××公司负责人

当事人：赵×× 单位及职务：××公司安全员

被邀请人：肖×× 单位及职务：××

记录人：赵×× 单位及职务：××县应急管理局执法人员

我们是××县应急管理局的行政执法人员李××、阳××，证件号码为05××××1266、05××××1269，这是我们的证件（出示证件）。现依法进行勘验检查，请予以配合。

勘验情况：

事故发生地点位于××公司 3 号楼货梯，3 号楼共 5 层，货梯为自制简易升降机。货梯高 15.5 米，货梯轿厢高 3.3 米，长 2.8 米，宽 2.2 米。货梯钢丝已断裂，轿厢坠地。

勘验人（签名）：李×× 勘验人（签名）：阳××

当事人（签名）：杨×× 联系方式：139××××1236

当事人（签名）：赵×× 联系方式：138××××1359

被邀请人（签名）：肖×× 记录人（签名）：赵××

本页填写不下的内容或者需绘制勘验图的，可另附页。

05 询问笔录

询问笔录

时　间：××年×月×日×时×分至××年×月×日×时×分 第×次询问

地　点：××县××××镇××号

询问人：刘××　职务：××县安全生产执法大队长

询问人：李××　职务：××县安全生产执法队员

记录人：张××　职务：××县安全生产执法队员

被询问人姓名：康×× 性别：男 身份证号：430××××××1127

户籍地：××县××镇××村××号 电话：186××××1666

问：我们是××县应急管理局的工作人员（出示工作证），证号：05000000016，证号：05000000026。现在依法向你调查×××××××有关情况，希望你能如实回答我们的问题，你有如实回答问题的义务，也有陈述申辩和申请回避的权利。你听清楚了吗？不要有虚假和隐瞒的地方，你听明白了吗？

答：××××。

问：××××？

答：××××。

问：××××？

答：××××。

询问人（签名）：______、______　记录人（签名）：______

被询问人（签名）：______

××年××月××日

◎ 评析

询问笔录是为了查明案件情况，依法向案件当事人、证人等有关知情人员进行询问，并客观记录询问情况的法律文书。

询问笔录可能存在的主要问题如下：

1. 采取诱供的方式提问；
2. 采取逼供的方式询问；
3. 在询问时对当事人的行为下结论；
4. 未客观记录被询问回答的内容；
5. 未将相关情况问清楚；
6. 问被询问人有没有需要补充，被询问人补充完毕后，未继续追问。

例 1－1

询问笔录

时　间：× ×年×月×日×时×分至× ×年×月×日×时×分 第×次询问

地　点：× ×县× × × ×镇× ×号

询问人：刘× ×　职务：× ×县安全生产执法大队长

询问人：李× ×　职务：× ×县安全生产执法队员

记录人：张× ×　职务：× ×县安全生产执法队员

被询问人姓名：康× ×　性别：男　身份证号：430× × × × × × ×1127

户籍地：× ×县× ×镇× ×村× ×号　电话：186× × × ×1666

问：我们是× ×县应急管理局的工作人员（出示工作证），证号：05000000016，证号：05000000026。现在依法向你调查× × × × × × ×有关情况，希望你能如实回答我们的问题，你有如实回答问题的义务，也有陈述申辩和申请回避的权利。你听清楚了吗？不要有虚假和隐瞒的地方，你听明白了吗？

答：我听明白了。

问：你的姓名和基本情况？

答：我叫康× ×，汉族，大专，是× ×加油站的站长。

问：你有安全管理员资格证吗？

答：我经过专门的培训，有安全管理员资格证，于 2019 年 4 月考试合格领证。

问：平时的安全生产管理工作和对员工的安全生产教育和培训是由你还是李× ×负责的？

答：都是由我负责的。

问：2019 年 7 月 29 日，我们对你们加油站进行执法检查时发现，2019 年 7 月 25 日、8 月 1 日、8 月 12 日的安全生产教育和培训没有如实记录，你是不是为了应付检查伪造的教育和培训内容，请你说明一下？

答：2019 年 7 月 25 日、8 月 1 日、8 月 12 日的安全生产教育和培训都是我伪造的，没有对员工进行安全生产教育和培训。

问：你还有什么需要补充的吗？

答：没有。

问：你以上所说的都是事实吗？

答：都是事实。

问：我们在与你谈话过程中是否存在违纪违法行为？

答：没有。

问：笔录现场打印后，请你仔细看一下，是否与你讲的一致，若无异议，请签字确认。

答：好。以上笔录，我已看过，和我讲的一样，无异议。

询问人（签名）：______、______　　记录人（签名）：______________

被询问人（签名）：________

××年××月××日

◎ 评析[①]

例 1－1 询问笔录的主要问题是采取诱导的方式提问。

问题中“平时的安全生产管理工作和对员工的安全生产教育和培训是由你还是李××负责”中的“由你还是李××负责”是选择性提问，暗示被询问人只能在自己与李××之间作出选择，这是诱导的一种方式，因为实际上也可能是由王××负责。正确的提问方式为：平时的安全生产管理工作和对员工的安全生产教育和培训都是由谁负责的？

问题中“2019 年 7 月 29 日，我们对你们加油站进行执法检查时发现，2019 年 7 月 25 日、8 月 1 日、8 月 12 日的安全生产教育和培训没有如实记录，你是不是为了应付检查伪造的教育和培训内容，请你说明一下？”中的“你是不是为了应付检查伪造的教育和培训内容”是典型的诱导提问方式，暗示被询问人教育和培训记录是为了应付检查而伪造的。这样的诱导式提问导致询问笔录没有证据价值。询问时，直接说明没有如实记录的客观情况，要求被询问人回答即可。

① 询问笔录部分“评析”内容与“询问笔录”在同一页上，其余文书部分的“评析”内容在相应文书的后一页。

——编者注

例 1 –2（文书示范）

询问笔录

时　间：× ×年×月×日×时×分至× ×年×月×日×时×分 第×次询问

地　点：× ×县× × × ×镇× ×号

询问人：刘× ×　　职务：× ×县安全生产执法大队长

询问人：李× ×　　职务：× ×县安全生产执法队员

记录人：张× ×　　职务：× ×县安全生产执法队员

被询问人姓名：康× × 性别：男 身份证号：430× × × × × × ×1127

户籍地：× ×县× ×镇× ×村× ×号 电话：186× × × ×1666

问：我们是× ×县应急管理局的工作人员（出示工作证），证号：05000000016，证号：05000000026。现在依法向你调查× × × × × × ×有关情况，希望你能如实回答我们的问题，你有如实回答问题的义务，也有陈述申辩和申请回避的权利。你听清楚了吗？不要有虚假和隐瞒的地方，你听明白了吗？

答：我听明白了。

问：你的姓名和基本情况？

答：我叫康× ×，汉族，大专，是× ×加油站的站长。

问：你有安全管理员资格证吗？

答：我经过专门的培训，有安全管理员资格证，于 2019 年 4 月考试合格领证。

问：平时的安全生产管理工作和对员工的安全生产教育和培训都是由谁负责的？

答：都是由我负责的。

问：2019 年 8 月 1 日和 12 日的时间还没到，你为什么在教育和培训记录本上记录培训内容，请你说明一下？

答：由于我 8 月没时间培训，又怕检查时查处，所以提前先写好记录内容，以便检查。

问：你还有什么需要补充的吗？

答：没有。

问：你以上所说都是事实吗？

答：都是事实。

问：我们在与你谈话过程中是否存在违纪违法行为？

答：没有。

问：笔录现场打印后，请你仔细看一下，是否与你讲的一致，无异议，请签字确认。

答：好。以上笔录，我已看过，和我讲的一样，无异议。

询问人（签名）：______、______　　记录人（签名）：______________

被询问人（签名）：________

××年××月××日

例 2 - 1

询问笔录

时　间：× ×年×月×日×时×分至× ×年×月×日×时×分 第×次询问

地　点：× ×县× ×加油站（× ×镇× ×号）

询问人：刘× × 职务：× ×县安全生产执法大队长

询问人：李× × 职务：× ×县安全生产执法队员

记录人：张× × 职务：× ×县安全生产执法队员

被询问人姓名：康× × 性别：男 身份证号：430 × × × × × × ×1127

户籍地：× ×县× ×镇× ×村× ×号 电话：186 × × × ×1666

问：我们是 × × 县应急管理局的工作人员（出示工作证），证号：05000000016，证号：05000000026。现在依法向你调查× × × × × × ×有关情况，希望你能如实回答我们的问题，你有如实回答问题的义务，也有陈述申辩和申请回避的权利。你听清楚了吗？不要有虚假和隐瞒的地方，你听明白了吗？

答：我听明白了。

问：你的姓名和基本情况？

答：我叫康× ×，汉族，大专，是× ×加油站的站长。

问：你没有安全管理员合格证，属实吗？

答：属实，我没有办理安全管理员合格证。

问：2019 年你们没有开展应急救援演练，是否属实？

答：属实。我们没有开展应急救援演练。

问：2019 年你们没有进行安全生产教育和培训，是否属实？

答：属实。我们没有进行安全生产教育和培训。

问：你还有什么需要补充的吗？

答：没有。

问：你以上所说都是事实吗？

答：都是事实。

问：我们在与你谈话过程中是否存在违纪违法行为？

答：没有。

问：笔录现场打印后，请你仔细看一下，是否与你讲的一致，无异议，请签字确认。

答：好。以上笔录，我已看过，和我讲的一样，无异议。

询问人（签名）：______、______ 记录人（签名）：________

被询问人（签名）：________

××年××月××日

◎ 评析

例2－1询问笔录的主要问题是采取逼供的方式询问。

这样多次回答“属实”的询问笔录，不像被询问人回答的，更像是询问人写好后，强迫被询问人签字所形成的。因此，一旦被询问人事后提出异议，很有可能该询问笔录被认定为逼供。

例2－2（文书示范）

询问笔录

时　间：××年×月×日×时×分至××年×月×日×时×分 第×次询问

地　点：××县××加油站（××镇××号）

询问人：刘××　职务：××县安全生产执法大队长

询问人：李××　职务：××县安全生产执法队员

记录人：张××　职务：××县安全生产执法队员

被询问人姓名：康××　性别：男　身份证号：430××××××1127

户籍地：××县××镇××村××号　电话：186××××1666

问：我们是××县应急管理局的工作人员（出示工作证），证号：05000000016，证号：05000000026。现在依法向你调查×××××××有关情况，希望你能如实回答我们的问题，你有如实回答问题的义务，也有陈述申辩和申请回避的权利。你听清楚了吗？不要有虚假和隐瞒的地方，你听明白了吗？

答：我听明白了。

问：你的姓名和基本情况？

答：我叫康××，汉族，大专，是××加油站的站长。

问：你有没有取得安全管理员合格证？

答：我的安全管理员合格证已过期，但是前天我已经报名参加复训了。

问：你未能提供2019年应急救援演练记录，请说明一下？

答：2019年我们没有开展应急救援演练。

问：你们是如何对员工进行安全生产教育和培训的？

答：我们现在还没有对员工进行培训，也不知道怎么来培训员工。

问：你还有什么需要补充的吗？

答：没有。

问：你以上所说都是事实吗？

答：都是事实。

问：我们在与你谈话过程中是否存在违纪违法行为？

答：没有。

问：笔录现场打印后，请你仔细看一下，是否与你讲的一致，无异议，请签字确认。

答：好。以上笔录，我已看过，和我讲的一样，无异议。

询问人（签名）：______、______ 记录人（签名）：__________

被询问人（签名）：________

××年××月××日

例 3－1

询问笔录

时　间：××年×月×日×时×分至××年×月×日×时×分 第×次询问
地　点：××县应急局 201 办公室
询问人：刘××　职务：××县安全生产执法大队长
询问人：李××　职务：××县安全生产执法队员
记录人：张××　职务：××县安全生产执法队员
被询问人姓名：康×× 性别：男 身份证号：430××××××1127
户籍地：××县××镇××村××号 电话：186××××1666

问：我们是××县应急管理局的工作人员（出示工作证），证号：05000000016，证号：05000000026。现在依法向你调查×××××××有关情况，希望你能如实回答我们的问题，你有如实回答问题的义务，也有陈述申辩和申请回避的权利。你听清楚了吗？不要有虚假和隐瞒的地方，你听明白了吗？

答：我听明白了。

问：你的姓名和基本情况？

答：我叫康××，汉族，大专，是××烟花爆竹店的老板。

问：你店里这些伪劣不合格的烟花是哪里买来的？

答：是××烟花批发公司业务员万××送来的。

问：你知道法律对销售非法生产的烟花爆竹是怎么处罚的吗？

答：知道，要罚款。

问：以上行为违反《烟花爆竹安全管理条例》的规定，对你进行处罚，你是否接受？

答：我接受。

问：你还有什么需要补充的吗？

答：没有。

问：你以上所说都是事实吗？

答：都是事实。

问：我们在与你谈话过程中是否存在违纪违法行为？

答：没有。

问：笔录现场打印后，请你仔细看一下，是否与你讲的一致，无异议，请签字确认。

答：好。以上笔录，我已看过，和我讲的一样，无异议。

询问人（签名）：______、______ 记录人（签名）：______________

被询问人（签名）：________

××年××月××日

◎ **评析**

例 3－1 询问笔录的主要问题是在询问时对当事人的行为下结论。

“你店里这些伪劣不合格的烟花是哪里买来的”，从一开始询问就认定烟花是伪劣不合格的，既然已经认定为伪劣不合格的烟花，询问变得毫无意义。这是诱供、逼供的一种形式。

询问笔录是为了更好地了解违法行为的情况，不是用来同被询问人讨论要不要处罚以及如何处罚的问题。

例 3－2（文书示范）

询问笔录

时　间：××年×月×日×时×分至××年×月×日×时×分 第×次询问
地　点：××县应急局 201 办公室
询问人：刘××　职务：××县安全生产执法大队长
询问人：李××　职务：××县安全生产执法队员
记录人：张××　职务：××县安全生产执法队员
被询问人姓名：康×× 性别：男 身份证号：430×××××××1127
户籍地：××县××镇××村××号 电话：186××××1666

问：我们是××县应急管理局的工作人员（出示工作证），证号：05000000016，证号：05000000026。现在依法向你调查×××××××有关情况，希望你能如实回答我们的问题，你有如实回答问题的义务，也有陈述申辩和申请回避的权利。你听清楚了吗？不要有虚假和隐瞒的地方，你听明白了吗？

答：我听明白了。

问：你的姓名和基本情况？

答：我叫康××，汉族，大专，是××烟花爆竹店的老板。

问：你店里出售的“满天星”烟花是哪里买来的，有没有合格证明？

答：是××烟花批发公司业务员万××送来的，我不知道有没有合格证明。

问：你还有什么需要补充的吗？

答：没有。

问：你以上所说都是事实吗？

答：都是事实。

问：我们在与你谈话过程中是否存在违纪违法行为？

答：没有。

问：笔录现场打印后，请你仔细看一下，是否与你讲的一致，无异议，请签字确认。

答：好。以上笔录，我已看过，和我讲的一样，无异议。

询问人（签名）：______、______ 记录人（签名）：______________

被询问人（签名）：________

××年××月××日

例 4 - 1

询问笔录

时　间：× ×年×月×日×时×分至× ×年×月×日×时×分 第×次询问

地　点：× ×县应急局 201 办公室

询问人：　刘× ×　　职务：× ×县安全生产执法大队长

询问人：　李× ×　　职务：× ×县安全生产执法队员

记录人：　张× ×　　职务：× ×县安全生产执法队员

被询问人姓名：康× × 性别：男　身份证号：430 × × × × × × ×1127

户籍地：　× ×县× ×镇× ×村× ×号　电话：　186 × × × ×1666

问：我们是 × × 县应急管理局的工作人员（出示工作证），证号：05000000016，证号：05000000026。现在依法向你调查× × × × × × ×有关情况，希望你能如实回答我们的问题，你有如实回答问题的义务，也有陈述申辩和申请回避的权利。你听清楚了吗？不要有虚假和隐瞒的地方，你听明白了吗？

答：我听明白了。

问：你的姓名和基本情况？

答：我叫康× ×，汉族，大专，是× ×农产品公司的法人代表。

问：2019 年我们执法人员到你们公司检查时发现，你们公司冷库没有安全警示标志，请你说明一下？

答：你们检查当天，我们确实没有挂安全警示标志。

问：是什么原因没有挂安全警示标志？

答：我们原来贴了警示标志，但是工人搬运货物的时候把警示标志碰下来了，后来警示标志不知道到哪儿去了。

问：你还有什么需要补充的吗？

答：没有。

问：你以上所说都是事实吗？

答：都是事实。

问：我们在与你谈话过程中是否存在违纪违法行为？

答：没有。

问：笔录现场打印后，请你仔细看一下，是否与你讲的一致，无异议，请签字确认。

答：好。以上笔录，我已看过，和我讲的一样，无异议。

询问人（签名）：______、______ 记录人（签名）：______________

被询问人（签名）：________

××年××月××日

例 4 - 2

询问笔录

时　间：××年×月×日×时×分至××年×月×日×时×分 第×次询问

地　点：××县应急局 201 办公室

询问人：刘××　职务：××县安全生产执法大队长

询问人：李××　职务：××县安全生产执法队员

记录人：张××　职务：××县安全生产执法队员

被询问人姓名：李××性别：男　身份证号：430××××××1269

户籍地：××县××镇××村××号　电话：186××××1999

问：我们是××县应急管理局的工作人员（出示工作证），证号：05000000016，证号：05000000026。现在依法向你调查×××××××有关情况，希望你能如实回答我们的问题，你有如实回答问题的义务，也有陈述申辩和申请回避的权利。你听清楚了吗？不要有虚假和隐瞒的地方，你听明白了吗？

答：我听明白了。

问：你的姓名和基本情况？

答：我叫李××，汉族，大专，是××农产品公司的经理。

问：2019 年我们执法人员到你们公司检查时发现，你们公司冷库没有安全警示标志，请你说明一下？

答：你们检查当天，我们确实没有挂安全警示标志。

问：是什么原因没有挂安全警示标志？

答：我们原来贴了警示标志，但是工人搬运货物的时候把警示标志碰下来了，后来警示标志不知道到哪儿去了。

问：你还有什么需要补充的吗？

答：没有。

问：你以上所说都是事实吗？

答：都是事实。

问：我们在与你谈话过程中是否存在违纪违法行为？

答：没有。

问：笔录现场打印后，请你仔细看一下，是否与你讲的一致，无异议，请签字确认。

答：好。以上笔录，我已看过，和我讲的一样，无异议。

询问人（签名）：______、______　　记录人（签名）：______

被询问人（签名）：______

××年××月××日

◎ **评析**

例4－1、例4－2询问笔录的主要问题是未客观记录被询问回答的内容。

例如，“问：2019年我们执法人员到你们公司检查时发现，你们公司冷库没有安全警示标示，请你说明一下？”“答：你们检查当天，我们确实没有挂安全警示标志。”“问：是什么原因没有挂安全警示标志？”“答：我们原来贴了警示标志，但是工人搬运货物的时候把警示标志碰下来了，后来警示标志不知道到哪儿去了”。

两个不同的被询问人，对于同样的问题，给予一模一样的回答，这是不可能存在的。询问笔录应当尽可能将被询问人的原话记录下来。当然，同案件无关的言论可以不记。

例 5－1

询问笔录

时　间：××年×月×日×时×分至××年×月×日×时×分 第×次询问
地　点：××县应急局 201 办公室
询问人：刘××　职务：××县安全生产执法大队长
询问人：李××　职务：××县安全生产执法队员
记录人：张××　职务：××县安全生产执法队员
被询问人姓名：康××性别：男 身份证号：430××××××1127
户籍地：××县××镇××村××号 电话：186××××1666

问：我们是××县应急管理局的工作人员（出示工作证），证号：05000000016，证号：05000000026。现在依法向你调查×××××××有关情况，希望你能如实回答我们的问题，你有如实回答问题的义务，也有陈述申辩和申请回避的权利。你听清楚了吗？不要有虚假和隐瞒的地方，你听明白了吗？

答：我听明白了。

问：你的姓名和基本情况？

答：我叫康××，汉族，大专，是××加油站的站长。

问：你是什么时候到加油站上班的？

答：2019 年 8 月 1 日开始上班的。

问：××加油站是否成立安全生产管理机构？

答：没有成立。

问：你还有什么需要补充的吗？

答：没有。

问：你以上所说都是事实吗？

答：都是事实。

问：我们在与你谈话过程中是否存在违纪违法行为？

答：没有。

问：笔录现场打印后，请你仔细看一下，是否与你讲的一致，无异议，请签字确认。

答：好。以上笔录，我已看过，和我讲的一样，无异议。

询问人（签名）：______、______ 记录人（签名）：____________

被询问人（签名）：________

××年××月××日

◎ 评析

例5-1询问笔录的主要问题是未将相关情况问清楚。

加油站没有成立安全生产管理机构，如果该加油站有专职安全生产管理人员，同样不违法，因此应追问有没有配备专职安全生产管理人员。仅仅询问是否成立安全生产管理机构，不足以认定其有违法行为。

例5－2（文书示范）

询问笔录

时　间：××年×月×日×时×分至 ××年×月×日×时×分 第×次询问

地　点：××县应急局201办公室

询问人：刘××　职务：××县安全生产执法大队长

询问人：李××　职务：××县安全生产执法队员

记录人：张××　职务：××县安全生产执法队员

被询问人姓名：康××性别：男　身份证号：430××××××1127

户籍地：××县××镇××村××号 电话：186××××1666

问：我们是××县应急管理局的工作人员（出示工作证），证号：05000000016，证号：05000000026。现在依法向你调查×××××××有关情况，希望你能如实回答我们的问题，你有如实回答问题的义务，也有陈述申辩和申请回避的权利。你听清楚了吗？不要有虚假和隐瞒的地方，你听明白了吗？

答：我听明白了。

问：你的姓名和基本情况？

答：我叫康××，汉族，大专，是××加油站的站长。

问：你什么时候到加油站上班的？

答：2019年8月1日开始上班的。

问：××加油站是否成立安全生产管理机构？

答：没有成立。

问：××加油站有没有聘请专职安全管理员？

答：我们站里有专职安全管理员，他叫黄××。

问：你还有什么需要补充的吗？

答：没有。

问：你以上所说都是事实吗？

答：都是事实。

问：我们在与你谈话过程中是否存在违纪违法行为？

答：没有。

问：笔录现场打印后，请你仔细看一下，是否与你讲的一致，无异议，请签字确认。

答：好。以上笔录，我已看过，和我讲的一样，无异议。

询问人（签名）：______、______ 记录人（签名）：__________

被询问人（签名）：________

××年××月××日

例 6－1

询问笔录

时　间：××年×月×日×时×分至 ××年×月×日×时×分 第×次询问

地　点：××县应急局 201 办公室

询问人：刘×× 职务：××县安全生产执法大队长

询问人：李×× 职务：××县安全生产执法队员

记录人：张×× 职务：××县安全生产执法队员

被询问人姓名：康××性别：男 身份证号：430××××××1127

户籍地：××县××镇××村××号 电话：186××××1666

问：我们是××县应急管理局的工作人员（出示工作证），证号：05000000016，证号：05000000026。现在依法向你调查××××××有关情况，希望你能如实回答我们的问题，你有如实回答问题的义务，也有陈述申辩和申请回避的权利。你听清楚了吗？不要有虚假和隐瞒的地方，你听明白了吗？

答：我听明白了。

问：你的姓名和基本情况？

答：我叫康××，汉族，大专，是××烟花爆竹店的老板。

问：你店里出售的"满天星"烟花是哪里买来的，有没有合格证明？

答：是××烟花批发公司业务员万××送来的，我不知道有没有合格证明。

问：你还有什么需要补充的吗？

答：我店里所有的烟花都是在××烟花批发公司采购的，每次都是他们公司的业务员万××送来的。正规公司买来的，应该是合格的。

问：你以上所说都是事实吗？

答：都是事实。

问：我们在与你谈话过程中是否存在违纪违法行为？

答：没有。

问：笔录现场打印后，请你仔细看一下，是否与你讲的一致，无异议，请签字确认。

答：好。以上笔录，我已看过，和我讲的一样，无异议。

询问人（签名）：______、______ 记录人（签名）：______________

被询问人（签名）：________

××年××月××日

◎ 评析

例6－1询问笔录的主要问题是问被询问人有没有需要补充，被询问人补充完毕后，未继续追问。

询问还有什么需要补充的，被询问人已经作出补充回答，应当继续追问被询问人还有没有需要补充的，直到被询问人明确表示没有需要补充的内容为止。如果被询问人有其他情况需要说明，而询问笔录中没有记录，不利于全面了解案情，可能导致案件定性错误。同时，被询问人有全面陈述自己观点的权利，对此应当予以保障。

例6－2（文书示范）

询问笔录

时　间：××年×月×日×时×分至 ××年×月×日×时×分 第×次询问

地　点：××县应急局201办公室

询问人：刘××　职务：××县安全生产执法大队长

询问人：李××　职务：××县安全生产执法队员

记录人：张××　职务：××县安全生产执法队员

被询问人姓名：康××性别：男　身份证号：430××××××1127

户籍地：××县××镇××村××号　电话：186××××1666

问：我们是××县应急管理局的工作人员（出示工作证），证号：05000000016，证号：05000000026。现在依法向你调查×××××××有关情况，希望你能如实回答我们的问题，你有如实回答问题的义务，也有陈述申辩和申请回避的权利。你听清楚了吗？不要有虚假和隐瞒的地方，你听明白了吗？

答：我听明白了。

问：你的姓名和基本情况？

答：我叫康××，汉族，大专，是××烟花爆竹店的老板。

问：你店里出售的“满天星”烟花是哪里买来的，有没有合格证明？

答：是××烟花批发公司业务员万××送来的，我不知道有没有合格证明。

问：你还有什么需要补充的吗？

答：我店里所有的烟花都是在××烟花批发公司采购的，每次都是他们公司的业务员万××送来的。正规公司买来的，应该是合格的。

问：你还有其他需要补充的吗？

答：没有了。

问：你以上所说都是事实吗？

答：都是事实。

问：我们在与你谈话过程中是否存在违纪违法行为？

答：没有。

问：笔录现场打印后，请你仔细看一下，是否与你讲的一致，无异议，请签字确认。

答：好。以上笔录，我已看过，和我讲的一样，无异议。

询问人（签名）：______、______　　记录人（签名）：______________

被询问人（签名）：________

××年××月××日

06　行政处罚集体讨论记录

行政处罚集体讨论记录

案件名称：____________________

讨论时间：××年×月×日×时×分至××年×月×日×时×分

地点：××××

主持人：××　汇报人：××　记录人：××

出席人员姓名及职务：

____

____

____

讨论内容：____________________

____

____

讨论记录：____________________

____

____

结论性意见：____________________

____

____

出席人员签名：____________________

____

____

◎ 评析

行政处罚集体讨论记录是在行政处罚案件调查终结后，行政处罚决定前，情节复杂或者有重大违法行为的，行政机关负责人组织对案件进行集体讨论决定，对集体讨论的内容进行记录所使用的法律文书。

从上述内容可以看出，行政处罚集体讨论需要注意以下几点：

1. 应在调查终结后，行政处罚决定前进行行政处罚集体讨论。

2. 并非所有的行政处罚案件都需要集体讨论，只有对情节复杂或者重大违法行为给予行政处罚时才需要集体讨论。

3. 行政处罚集体讨论是由行政机关负责人组织进行的。

4. 行政处罚集体讨论必须有明确的结论，并根据集体讨论的结论作出行政处罚决定。

例 1－1

行政处罚集体讨论记录

案件名称：××县××加油站安全管理员未经考核合格案

讨论时间：××年××月×日×时×分至××年××月×日×时×分

地点：××县应急管理局 206 会议室

主持人：刘×× 汇报人：郑×× 记录人：赵××

出席人员姓名及职务：

陈××（××县应急管理局危险化学品股股长）

讨论内容：1. 拟处罚主体是否合法；2. 执法程序是否适当；3. 违法事实是否清楚；4. 处罚依据是否准确；5. 处罚金额是否适当。

讨论记录：郑××：××县××加油站安全管理员王××于 20××年××月×日入职，入职 7 个月以来未取得安全生产管理考核合格证。主要的证据：现场检查记录，加油站主要负责人谭××、安全管理员王××的询问笔录。该案违法事实清楚，证据确凿，程序合法，按《中华人民共和国安全生产法》第九十七条第二项，拟决定给予 1 万元罚款。

陈××：此案处罚主体合法，执法程序恰当，违法事实清楚，处罚依据准确，处罚金额适当，我同意给予 1 万元罚款。

结论性意见：经讨论研究，决定给予××县××加油站 1 万元罚款。

出席人员签名：陈××

◎ 评析

例 1 – 1 行政处罚集体讨论记录的主要问题是只有一人参加，该讨论不能称为集体讨论，并且××县应急管理局负责人没有参与。

行政处罚集体讨论记录参与人数应当是三人以上，并且单位负责人必须参加。行政机关负责人是指行政机关的局长、副局长及其他分管领导，处室、科室、股室等内设机构负责人而不是单位负责人。

例1－2（文书示范）

行政处罚集体讨论记录

案件名称：××县××加油站安全管理员未经考核合格案

讨论时间：××年××月×日×时×分至 ××年××月×日×时×分

地点：××县应急管理局206会议室

主持人：刘×× 汇报人：郑×× 记录人：赵××

出席人员姓名及职务：

黄××（××县应急管理局局长）、肖××（××县应急管理局副局长）、袁××（××县应急管理局法规股股长）、陈××（××县应急管理局危险化学品股股长）、石××（××县应急管理局危险化学品股科员）

讨论内容：1. 拟处罚主体是否合法；2. 执法程序是否适当；3. 违法事实是否清楚；4. 处罚依据是否准确；5. 处罚金额是否适当。

讨论记录：郑××：××县××加油站安全管理员王××于20××年××月×日入职，入职7个月以来未取得安全生产管理考核合格证。主要证据：现场检查记录，加油站主要负责人谭××、安全管理员王××的询问笔录。该案违法事实清楚，证据确凿，程序合法，按《中华人民共和国安全生产法》第九十七条第二项，拟决定给予1万元罚款。

陈××：此案处罚主体合法，执法程序恰当，违法事实清楚，处罚依据准确，处罚金额适当，我同意给予1万元罚款。

石××：××加油站安全管理员王××入职已经7个月了，一直没有取得安全生产管理考核合格证，我认为应该从重处理，1万元罚少了。

袁××：按照我省行政处罚自由裁量权基准，危化企业1人没有考核合格擅自上岗作业的，处3万元以下罚款。罚款1万元也是符合裁量权基准的。我觉得，罚款不是目的，主要是让加油站的老板认识到错误，使其重视安全生产工作，能够将安全生产企业主体责任落实到位，所以，我对罚款1万元，没有什么意见。

肖××：××加油站的安全管理员王××没有取得安全生产管理员考核合格证，这个事实是清楚的，没有什么争议。对加油站罚款1万元，我认为，这个加油站的老板态度很好，上次我们检查后，他们马上安排安全管理员参加培训，我们指出问题后，他们能够及时地整改，我觉得也达到了我们的目的，所以，罚款 1 万元是合适的，我同意罚款 1 万元。

黄××：大家都发表了自己的看法，目前大家对这个案件的事实没有争议，适用法律也是正确的。刚才法规股的袁股长也讲了罚款不是目的，主要是通过罚款让加油站老板重视安全生产工作，落实安全生产企业主体责任。那么这个案子，就罚 1 万元。

结论性意见：经讨论研究决定，给予××县××加油站 1 万元罚款。

出席人员签名：黄××、肖××、袁××、陈××、石××、郑××、赵××

例2－1

行政处罚集体讨论记录

案件名称：××县××加油站安全管理员未经考核合格案

讨论时间：××年××月×日×时×分至××年××月×日×时×分

地点：××县应急管理局206会议室

主持人：刘×× 汇报人：郑×× 记录人：赵××

出席人员姓名及职务：

肖××（××县应急管理局副局长）、袁××（××县应急管理局法规股股长）、陈××（××县应急管理局危险化学品股股长）、石××（××县应急管理局危险化学品股科员）

讨论内容：1. 拟处罚主体是否合法；2. 执法程序是否适当；3. 违法事实是否清楚；4. 处罚依据是否准确；5. 处罚金额是否适当。

讨论记录：郑××：××县××加油站安全管理员王××于20××年××月×日入职，入职7个月以来未取得安全生产管理考核合格证。主要的证据：现场检查记录，加油站主要负责人谭××、安全管理员王××的询问笔录。该案违法事实清楚，证据确凿，程序合法，按《中华人民共和国安全生产法》第九十七条第二项，拟决定给予1万元罚款。

陈××：此案处罚主体合法，执法程序恰当，违法事实清楚，处罚依据准确，处罚金额适当，同意给予1万元罚款。

石××：此案处罚主体合法，执法程序恰当，违法事实清楚，处罚依据准确，处罚金额适当，同意给予1万元罚款。

袁××：此案处罚主体合法，执法程序恰当，违法事实清楚，处罚依据准确，处罚金额适当，同意给予1万元罚款。

肖××：此案处罚主体合法，执法程序恰当，违法事实清楚，处罚依据准确，处罚金额适当，同意给予1万元罚款。

结论性意见：经讨论研究决定给予××县××加油站1万元罚款。

出席人员签名：肖××、袁××、陈××、石××、郑××、赵××

◎ 评析

例 2－1 行政处罚集体讨论记录的主要问题是记录不能体现讨论过程，视为没有进行行政处罚集体讨论。

所有参与讨论的人发表的意见都是：此案处罚主体合法，执法程序恰当，违法事实清楚，处罚依据准确，处罚金额适当，同意给予 1 万元罚款。参与讨论的人所发表的意见一模一样，不符合发表意见的常理。集体讨论记录不能体现讨论过程，视为没有进行行政处罚集体讨论，属于程序违法。

例2－2（文书示范）

行政处罚集体讨论记录

案件名称：××县××加油站安全管理员未经考核合格案

讨论时间：××年××月×日×时×分至 ××年××月×日×时×分

地点：××县应急管理局206会议室

主持人：刘×× 汇报人：郑×× 记录人：赵××

出席人员姓名及职务：

黄××（××县应急管理局局长）、肖××（××县应急管理局副局长）、袁××（××县应急管理局法规股股长）、陈××（××县应急管理局危险化学品股股长）、石××（××县应急管理局危险化学品股科员）

讨论内容：1. 拟处罚主体是否合法；2. 执法程序是否适当；3. 违法事实是否清楚；4. 处罚依据是否准确；5. 处罚金额是否适当。

讨论记录：郑××：××县××加油站安全管理员王××于20××年××月×日入职，入职7个月以来未取得安全生产管理考核合格证。主要证据：现场检查记录，加油站主要负责人谭××、安全管理员王××的询问笔录。该案违法事实清楚，证据确凿，程序合法，按《中华人民共和国安全生产法》第九十七条第二项，拟决定给予1万元罚款。

陈××：此案处罚主体合法，执法程序恰当，违法事实清楚，处罚依据准确，处罚金额适当，我同意给予1万元罚款。

石××：××加油站安全员王××入职已经7个月了，一直没有取得安全生产管理考核合格证，我认为应该从重处理，1万元罚少了。

袁××：按照我省行政处罚自由裁量权基准，危化企业1人没有考核合格擅自上岗作业的，处3万元以下罚款。罚款1万元也是符合裁量权基准的。我觉得，罚款不是目的，主要是让加油站的老板认识到错误，使其重视安全生产工作，能够将安全生产企业主体责任落实到位，所以，我对罚款1万元，没有什么意见。

肖××：××加油站的安全管理员王××没有取得安全生产管理员考核合格证，这个事实是清楚的，没有什么争议。对加油站罚款1万元，我认为，这个加油站的老板态度很好，上次我们检查后，他们马上安排安全管理员参加培训，我们指出问题后，他们能够及时地整改，我觉得也达到了我们的目的，所以，罚款 1 万元是合适的，我同意罚款 1 万元。

黄××：大家都发表了自己的看法，目前大家对这个案件的事实没有争议，适用法律也是正确的。刚才法规股的袁股长也讲了罚款不是目的，主要是通过罚款让加油站老板重视安全生产工作，落实安全生产企业主体责任。那么这个案子，就罚 1 万元。

结论性意见：经讨论研究，决定给予××县××加油站 1 万元罚款。

出席人员签名：黄××、肖××、袁××、陈××、石××、郑××、赵××

例 3－1

行政处罚集体讨论记录

案件名称：××县××加油站安全管理员未经考核合格案

讨论时间：××年××月×日×时×分至 ××年××月×日×时×分

地点：××县应急管理局 206 会议室

主持人：刘××　汇报人：郑××　记录人：赵××

出席人员姓名及职务：

黄××（××县应急管理局局长）、肖××（××县应急管理局副局长）、袁××（××县应急管理局法规股股长）、陈××（××县应急管理局危险化学品股股长）、石××（××县应急管理局危险化学品股科员）

讨论内容：1. 拟处罚主体是否合法；2. 执法程序是否适当；3. 违法事实是否清楚；4. 处罚依据是否准确；5. 处罚金额是否适当。

讨论记录：郑××：××县××加油站安全管理员王××于 20××年××月×日入职，入职 7 个月以来未取得安全生产管理考核合格证。主要证据：现场检查记录，加油站主要负责人谭××、安全管理员王××的询问笔录。该案违法事实清楚，证据确凿，程序合法，按《中华人民共和国安全生产法》第九十七条第二项，拟决定给予 1 万元罚款。

陈××：此案处罚主体合法，执法程序恰当，违法事实清楚，处罚依据准确，处罚金额适当，我同意给予 1 万元罚款。

石××：××加油站安全管理员王××入职已经 7 个月了，一直没有取得安全生产管理考核合格证，我认为应该从重处理，1 万元罚少了。

袁××：按照我省行政处罚自由裁量权基准，危化企业 1 人没有考核合格擅自上岗作业的，处 3 万元以下罚款。罚款 1 万元也是符合裁量权基准的。我觉得，罚款不是目的，主要是让加油站的老板认识到错误，使其重视安全生产工作，能够将安全生产企业主体责任落实到位，所以，我对罚款 1 万元，没有什么意见。

肖××：××加油站的安全管理员王××没有取得安全生产管理员考核合格证，这个事实是清楚的，没有什么争议。对加油站罚款 1 万元，我认为，这个加油站的老板态度很好，上次我们检查后，他们马上安排安全管理员参加培训，我们指出问题后，他们能够及时地整改，我觉得也达到了我们的目的，所以，罚款 1 万元是合适的，我同意罚款 1 万元。

黄××：大家都发表了自己的看法，目前大家对这个案件的事实没有争议，适用法律也是正确的。刚才法规股的袁股长也讲了罚款不是目的，主要是通过罚款让加油站老板重视安全生产工作，落实安全生产企业主体责任。那么这个案子，就罚 1 万元。

结论性意见：经讨论研究，决定同意此次违法处理。

出席人员签名：黄××、肖××、袁××、陈××、石×× 、郑××、赵××

◎ 评析

例 3－1 行政处罚集体讨论记录的主要问题是集体讨论记录没有结论性意见。

结论性意见必须有明确、具体的处理决定。例如，不予处罚，结论性意见为：经讨论研究，决定对××县××加油站不予处罚。又如，给予处罚，罚款 1 万元，结论性意见为：经讨论研究，决定对××县××加油站处罚款 1 万元。

该行政处罚集体讨论记录结论性意见为：经讨论研究决定同意此次违法处理。这样的结论性意见没有明确、具体的处理意见，实际上是没有结论性意见。

例 3 –2（文书示范）

行政处罚集体讨论记录

案件名称：××县××加油站安全管理员未经考核合格案

讨论时间：××年××月×日×时×分至××年××月×日×时×分

地点：××县应急管理局 206 会议室

主持人：刘××　汇报人：郑××　记录人：赵××

出席人员姓名及职务：

黄××（××县应急管理局局长）、肖××（××县应急管理局副局长）、袁××（××县应急管理局法规股股长）、陈××（××县应急管理局危险化学品股股长）、石××（××县应急管理局危险化学品股科员）

讨论内容：1. 拟处罚主体是否合法；2. 执法程序是否适当；3. 违法事实是否清楚；4. 处罚依据是否准确；5. 处罚金额是否适当。

讨论记录：郑××：××县××加油站安全管理员王××于 20××年××月×日入职，入职 7 个月以来未取得安全生产管理考核合格证。主要证据：现场检查记录，加油站主要负责人谭××、安全管理员王××的询问笔录。该案违法事实清楚，证据确凿，程序合法，按《中华人民共和国安全生产法》第九十七条第二项，拟决定给予 1 万元罚款。

陈××：此案处罚主体合法，执法程序恰当，违法事实清楚，处罚依据准确，处罚金额适当，我同意给予 1 万元罚款。

石××：××加油站安全管理员王××入职已经 7 个月了，一直没有取得安全生产管理考核合格证，我认为应该从重处理，1 万元罚少了。

袁××：按照我省行政处罚自由裁量权基准，危化企业 1 人没有考核合格擅自上岗作业的，处 3 万元以下罚款。罚 1 万元也是符合裁量权基准的。我觉得，罚款不是目的，主要是让加油站的老板认识到错误，使其重视安全生产工作，能够将安全生产企业主体责任落实到位，所以，我对罚款 1 万元，没有什么意见。

肖××：××加油站的安全管理员王××没有取得安全生产管理员考核合格证，这个事实是清楚的，没有什么争议。对加油站罚款 1 万元，我认为，这个加油站的老板态度很好，上次我们检查后，他们马上安排安全管理员参加培训，我们指出问题后，他们能够及时地整改，我觉得也达到了我们的目的，所以，罚款 1 万元是合适的，我同意罚款 1 万元。

黄××：大家都发表了自己的看法，目前大家对这个案件的事实没有争议，适用法律也是正确的。刚才法规股的袁股长也讲了罚款不是目的，主要是通过罚款让加油站老板重视安全生产工作，落实安全生产企业主体责任。那么这个案子，就罚 1 万元。

结论性意见：经讨论研究，决定给予××县××加油站 1 万元罚款。

出席人员签名：黄××、肖××、袁××、陈××、石×× 、郑××、赵××

07 行政处罚决定书

行政处罚决定书（单位）

（××）应急执罚单〔××〕××号

被处罚单位：××××　统一社会信用代码：×××××××××

地址：×××××××××　邮　编：××

法定代表人（负责人）：××　职务：××　联系电话：××

违法事实及证据：

____

证据：________________________________

以上事实违反了____________________的规定。依据______________________的规定，决定给予__________的行政处罚。

处以罚款的，罚款自收到本决定书之日起15日内缴至××××××××××××，账号8000－1000－1000－8000－8001，到期不缴每日按罚款数额的3%加处罚款。

如果你单位不服本处罚决定，可以依法在60日内向××县人民政府申请行政复议，或者在6个月内依法向××县人民法院提起行政诉讼，但本决定不停止执行，法律另有规定的除外。逾期不申请行政复议、不提起行政诉讼又不履行的，本机关将依法申请人民法院强制执行或者依照有关规定强制执行。

××县应急管理局

××年××月××日

本文书一式两份：一份由应急管理部门备案，一份交被检查单位。

◎ 评析

行政处罚决定书是对事实清楚、证据确凿的行政违法行为，依法作出的行政处罚决定的文书。

行政处罚决定书应当载明下列事项：(1) 当事人的姓名或者名称、地址；(2) 违反法律、法规、规章的事实和证据；(3) 行政处罚的种类和依据；(4) 行政处罚的履行方式和期限；(5) 申请行政复议、提起行政诉讼的途径和期限；(6) 作出行政处罚决定的行政机关名称和作出决定的日期。

行政处罚决定书必须盖有作出行政处罚决定的行政机关的印章。

行政处罚决定书制作可能存在的主要问题如下：(1) 没有违反法律法规规章的事实；(2) 超越职权处罚；(3) 适用法律错误；(4) 未正确引用条款；(5) 未按法律处罚；(6) 事实不清；(7) 多项违法行为没有分别裁量，合并处罚；(8) 因行政处罚对象陈述加重处罚等。

例 1－1

行政处罚决定书（单位）

（××）应急执罚单〔××〕××号

被处罚单位：××烟花爆竹专卖店 统一社会信用代码：×××××××××

地址：××县××镇××村××号 邮编：××××

法定代表人（负责人）：肖×× 职务：×× 联系电话：××××

违法事实及证据：

××烟花爆竹专卖店存在漏雨现象。

证据：现场检查记录、责令限期整改指令书［（××）安监责改〔20××〕××号］、肖××询问笔录。

以上事实违反了《烟花爆竹经营许可实施办法》第十六条“零售经营者应当符合下列条件：……（六）法律、法规规定的其他条件”（有明线、插座、没有警示标志、房屋漏水、100 米旁边修建学校等不达标的安全条件）的规定。依据《烟花爆竹经营许可实施办法》第三十九条“本办法规定的行政处罚，由安全生产监督管理部门决定，暂扣、吊销经营许可证的行政处罚由发证机关决定”的规定，决定给予责令限期整改，暂扣烟花爆竹经营（零售）许可证的行政处罚。

处以罚款的，罚款自收到本决定书之日起 15 日内缴至 ××××××××××××，账号8000－1000－1000－8000－8001，到期不缴每日按罚款数额的 3% 加处罚款。

如果你单位不服本处罚决定，可以依法在 60 日内向××县人民政府申请行政复议，或者在 6 个月内依法向××县人民法院提起行政诉讼，但本决定不停止执行，法律另有规定的除外。逾期不申请行政复议、不提起行政诉讼又不履行的，本机关将依法申请人民法院强制执行或者依照有关规定强制执行。

××县应急管理局

××年××月××日

本文书一式两份：一份由应急管理部门备案，一份交被处罚人。

◎ 评析

例1－1行政处罚决定书存在的主要问题是杜撰法律法规规章，无处罚依据。

该决定书中的“有明线、插座、没有警示标志、房屋漏水、100米旁边修建学校等不达标的安全条件”是办案人员杜撰的，《烟花爆竹经营许可实施办法》中没有相应的内容。办案人员为了达到处罚的目的，杜撰法律法规规章，这种行为必须禁止。《烟花爆竹经营许可实施办法》第三十九条关于对行政处罚管理权的规定，不是处罚依据。

行政处罚的事实必须是违反法律、法规或者规章的事实，处罚依据必须有法律明文规定。换言之，如果没有明确的处罚法律依据，行政机关就不能实施行政处罚。无处罚依据，处罚无效。

例2－1

行政处罚决定书（单位）

（××）应急执罚单〔××〕××号

被处罚单位：××能源公司 统一社会信用代码：×××××××××
地址：××县××镇××村××号 邮编：××××
法定代表人（负责人）：肖×× 职务：×× 联系电话：××××
违法事实及证据：

无消防验收报告。

证据：现场检查记录、责令限期整改指令书［（××）安监责改〔20××〕××号］、肖××询问笔录。

以上事实违反了《中华人民共和国消防法》第五十六条第一款的规定。依据《中华人民共和国消防法》第五十八条第一款第一项的规定，决定给予责令停产停业，并处3万元罚款的行政处罚。

处以罚款的，罚款自收到本决定书之日起15日内缴至××××××××××××，账号8000－1000－1000－8000－8001，到期不缴每日按罚款数额的3%加处罚款。

如果你单位不服本处罚决定，可以依法在60日内向××县人民政府申请行政复议，或者在6个月内依法向××县人民法院提起行政诉讼，但本决定不停止执行，法律另有规定的除外。逾期不申请行政复议、不提起行政诉讼又不履行的，本机关将依法申请人民法院强制执行或者依照有关规定强制执行。

××县应急管理局
××年××月××日

本文书一式两份：一份由应急管理部门备案，一份交被处罚人。

◎ 评析

例 2－1 行政处罚决定书存在的主要问题是超越法定职权进行处罚。

《中华人民共和国消防法》第五十八条规定："违反本法规定，有下列行为之一的，由住房和城乡建设主管部门、消防救援机构按照各自职权责令停止施工、停止使用或者停产停业，并处三万元以上三十万元以下罚款：（一）依法应当进行消防设计审查的建设工程，未经依法审查或者审查不合格，擅自施工的……"

从上述法律规定可以看出，未进行消防设计审查，未经依法审查或者审查不合格，擅自施工的，是由住房和城乡建设主管部门、消防救援机构按照各自职权进行处罚，应急管理局对该违法行为无管辖权。

例 3－1

行政处罚决定书（单位）

（××）应急执罚单〔××〕××号

被处罚单位：××加油站　统一社会信用代码：×××××××××

地址：××县××镇××村××号　邮编：××××

法定代表人（负责人）：肖××　职务：××　联系电话：××××

违法事实及证据：

××加油站未设置安全生产管理机构，也未配备专职安全管理员。

证据：现场检查记录、责令限期整改指令书、李××询问笔录。

以上事实违反了《中华人民共和国安全生产法》第二十四条第一款的规定。依据《中华人民共和国安全生产法》第九十七条第一项的规定，决定给予警告并处5000元罚款的行政处罚。

处以罚款的，罚款自收到本决定书之日起15日内缴至×××××××××××××，账号8000－1000－1000－8000－8001，到期不缴每日按罚款数额的3%加处罚款。

如果你单位不服本处罚决定，可以依法在60日内向××县人民政府申请行政复议，或者在6个月内依法向××县人民法院提起行政诉讼，但本决定不停止执行，法律另有规定的除外。逾期不申请行政复议、不提起行政诉讼又不履行的，本机关将依法申请人民法院强制执行或者依照有关规定强制执行。

××县应急管理局

××年××月××日

本文书一式两份：一份由应急管理部门备案，一份交被处罚人。

◎ 评析

例 3－1 行政处罚决定书存在的主要问题是未按法律规定进行处罚。

《中华人民共和国安全生产法》第九十七条规定："生产经营单位有下列行为之一的，责令限期改正，处十万元以下的罚款；逾期未改正的，责令停产停业整顿，并处十万元以上二十万元以下的罚款，对其直接负责的主管人员和其他直接责任人员处二万元以上五万元以下的罚款：（一）未按照规定设置安全生产管理机构或者配备安全生产管理人员、注册安全工程师的……"从该条规定来看，处罚措施没有警告处罚。决定给予××加油站警告并处 5000 元罚款的行政处罚，明显是未依法进行处罚两种情形。

未依法进行处罚还包括超处罚幅度进行处罚。超处罚幅度进行处罚分为超过法律规定最高幅度进行处罚和低于法律规定最低幅度进行处罚两种情形。

例3－2（文书示范）

行政处罚决定书（单位）

（××）应急执罚单〔××〕××号

被处罚单位：××加油站　统一社会信用代码：×××××××××
地址：××县××镇××村××号　邮编：××××
法定代表人（负责人）：肖××　职务：××　联系电话：××××
违法事实及证据：

××加油站未设置安全生产管理机构，也未配备安全管理员。

证据：现场检查记录、责令限期整改指令书、李××询问笔录。

以上事实违反了《中华人民共和国安全生产法》第二十四条第一款的规定。依据《中华人民共和国安全生产法》第九十七条第一项的规定，决定给予5000元罚款的行政处罚。

处以罚款的，罚款自收到本决定书之日起15日内缴至×××××××××××××，账号8000－1000－1000－8000－8001，到期不缴每日按罚款数额的3%加处罚款。

如果你单位不服本处罚决定，可以依法在60日内向××县人民政府申请行政复议，或者在6个月内依法向××县人民法院提起行政诉讼，但本决定不停止执行，法律另有规定的除外。逾期不申请行政复议、不提起行政诉讼又不履行的，本机关将依法申请人民法院强制执行或者依照有关规定强制执行。

××县应急管理局
××年××月××日

本文书一式两份：一份由应急管理部门备案，一份交被处罚人。

例 4 – 1

行政处罚决定书（单位）

（××）应急执罚单〔××〕××号

被处罚单位：××烟花爆竹专卖店 统一社会信用代码：×××××××××
地址：××县××镇××村××号　邮编：××××
法定代表人（负责人）：李××　职务：××　联系电话：××××
违法事实及证据：

××烟花爆竹专卖店在××镇××街××号储存“惊天雷”烟花 50 件，鞭炮 120 封。

证据：现场检查记录、查封扣押决定书、责令限期整改指令书、李××、赵××询问笔录。

以上事实违反了《烟花爆竹经营许可实施办法》第二十三条第一款的规定。依据《烟花爆竹经营许可实施办法》第三十一条的规定，决定给予 2 万元罚款，没收“惊天雷”烟花 50 件、鞭炮 120 封，没收违法所得 2000 元的行政处罚。

处以罚款的，罚款自收到本决定书之日起 15 日内缴至××××××××××××，账号8000 – 1000 – 1000 – 8000 – 8001，到期不缴每日按罚款数额的 3% 加处罚款。

如果你单位不服本处罚决定，可以依法在 60 日内向××县人民政府申请行政复议，或者在 6 个月内依法向××县人民法院提起行政诉讼，但本决定不停止执行，法律另有规定的除外。逾期不申请行政复议、不提起行政诉讼又不履行的，本机关将依法申请人民法院强制执行或者依照有关规定强制执行。

××县应急管理局
××年××月××日

本文书一式两份：一份由应急管理部门备案，一份交被处罚人。

◎ 评析

例 4－1 行政处罚决定书的主要问题是违法事实不清。

行政处罚决定书决定没收违法所得 2000 元。在行政处罚决定书事实部分根本没有叙述相应的内容，也没有相应的证据证明。没收违法所得 2000 元从何而来？这明显是事实不清。

在执法实践中，相关问题很普遍，大部分是由于取证困难或者当事人不配合无法取得相关证据。执法人员通过调查，认为存在相应的事实，但没有证据来证明，看到当事人不配合，难免心中气愤，从而在制作行政决定书时，事实部分不敢也不愿去叙述，而是直接作出相应的处罚决定。当事人为了逃避处罚，拒绝配合调查是人性的一种体现，我们难以苛求每个当事人都能配合调查，主动承认违法事实，作为执法者应当正确地对待此类行为。

行政处罚决定书具有确定性和公信力，必须载明违反法律、法规或者规章的事实和证据，否则不能进行处罚。

例4－2（文书示范）

行政处罚决定书（单位）

（××）应急执罚单〔××〕××号

被处罚单位：××烟花爆竹专卖店 统一社会信用代码：×××××××××
地址：××县××镇××村××号　邮编：××××
法定代表人（负责人）：李××　职务：××　联系电话：××××
违法事实及证据：

××烟花爆竹专卖店在××镇××街××号储存“惊天雷”烟花50件，鞭炮120封。

证据：现场检查记录、查封扣押决定书、责令限期整改指令书、李××、赵××询问笔录。

以上事实违反了《烟花爆竹经营许可实施办法》第二十三条第一款的规定。依据《烟花爆竹经营许可实施办法》第三十一条的规定，参照××自由裁量权基准，决定给予2万元罚款，没收“惊天雷”烟花50件、鞭炮120封的行政处罚。

处以罚款的，罚款自收到本决定书之日起15日内缴至×××××××××××××，账号8000－1000－1000－8000－8001，到期不缴每日按罚款数额的3%加处罚款。

如果你单位不服本处罚决定，可以依法在60日内向××县人民政府申请行政复议，或者在6个月内依法向××县人民法院提起行政诉讼，但本决定不停止执行，法律另有规定的除外。逾期不申请行政复议、不提起行政诉讼又不履行的，本机关将依法申请人民法院强制执行或者依照有关规定强制执行。

××县应急管理局
××年××月××日

本文书一式两份：一份由应急管理部门备案，一份交被处罚人。

例 5－1

行政处罚决定书（单位）

（××）应急执罚单〔××〕××号

被处罚单位：××加油站　统一社会信用代码：×××××××××

地址：××县××镇××村××号　邮编：××××

法定代表人（负责人）：李××　职务：××　联系电话：××××

违法事实及证据：

××加油站加油员李××于××年8月6日入职，安全生产教育和培训档案记录李××于××年7月3日参加安全生产教育和培训。

证据：现场检查记录、安全生产教育和培训档案、赵××、李××询问笔录。

以上事实违反了《中华人民共和国安全生产法》第二十八条的规定。依据《中华人民共和国安全生产法》第九十七条的规定，参照××自由裁量权基准，决定给予1万元罚款的行政处罚。

处以罚款的，罚款自收到本决定书之日起15日内缴至×××××××××××××，账号8000－1000－1000－8000－8001，到期不缴每日按罚款数额的3%加处罚款。

如果你单位不服本处罚决定，可以依法在60日内向××县人民政府申请行政复议，或者在6个月内依法向××县人民法院提起行政诉讼，但本决定不停止执行，法律另有规定的除外。逾期不申请行政复议、不提起行政诉讼又不履行的，本机关将依法申请人民法院强制执行或者依照有关规定强制执行。

××县应急管理局

××年××月××日

本文书一式两份：一份由应急管理部门备案，一份交被处罚人。

◎ 评析

例5－1行政处罚决定书的主要问题是引用法律没有至条、款、项、目。

《中华人民共和国安全生产法》第二十八条规定："生产经营单位应当对从业人员进行安全生产教育和培训，保证从业人员具备必要的安全生产知识，熟悉有关的安全生产规章制度和安全操作规程，掌握本岗位的安全操作技能，了解事故应急处理措施，知悉自身在安全生产方面的权利和义务。未经安全生产教育和培训合格的从业人员，不得上岗作业。

"生产经营单位使用被派遣劳动者的，应当将被派遣劳动者纳入本单位从业人员统一管理，对被派遣劳动者进行岗位安全操作规程和安全操作技能的教育和培训。劳务派遣单位应当对被派遣劳动者进行必要的安全生产教育和培训。

"生产经营单位接收中等职业学校、高等学校学生实习的，应当对实习学生进行相应的安全生产教育和培训，提供必要的劳动防护用品。学校应当协助生产经营单位对实习学生进行安全生产教育和培训。

"生产经营单位应当建立安全生产教育和培训档案，如实记录安全生产教育和培训的时间、内容、参加人员以及考核结果等情况。"

第九十七条规定："生产经营单位有下列行为之一的，责令限期改正，处十万元以下的罚款；逾期未改正的，责令停产停业整顿，并处十万元以上二十万元以下的罚款，对其直接负责的主管人员和其他直接责任人员处二万元以上五万元以下的罚款：（一）未按照规定设置安全生产管理机构或者配备安全生产管理人员、注册安全工程师的；（二）危险物品的生产、经营、储存、装卸单位以及矿山、金属冶炼、建筑施工、运输单位的主要负责人和安全生产管理人员未按照规定经考核合格的；（三）未按照规定对从业人员、被派遣劳动者、实习学生进行安全生产教育和培训，或者未按照规定如实告知有关的安全生产事项的；（四）未如实记录安全生产教育和培训情况的；（五）未将事故隐患排查治理情况如实记录或者未向从业人员通报的；（六）未按照规定制定生产安全事故应急救援预案或者未定期组织演练的；（七）特种作业人员未按照规定经专门的安全作业培训并取得相应资格，上岗作业的。”

《中华人民共和国安全生产法》第二十八条一共有四款。安全生产教育培训档案没有如实记录参加人员，违反的是第二十八条第四款。在引用时，应写明是违反《中华人民共和国安全生产法》第二十八条第四款。

《中华人民共和国安全生产法》第九十七条只有一款，但是有七项。安全生产教育培训档案没有如实记录安全生产教育和培训情况，处罚依据是第九十七条第四项，在引用时，应写明是违反《中华人民共和国安全生产法》第九十七条第四项。《中华人民共和国安全生产法》第九十七条只有一款，可以不写第几款，直接写成第九十七条第四项，如果引用的法律条文有两款，必须写清楚条、款、项。

处罚依据所引用的法律条文条、款、项、目不准确，属于适用法律不当。

例 5－2（文书示范）

行政处罚决定书（单位）

（××）应急执罚单〔××〕××号

被处罚单位：××加油站　统一社会信用代码：×××××××××
地址：××县××镇××村××号　邮编：××××
法定代表人（负责人）：李××　职务：××　联系电话：××××
违法事实及证据：

××加油站加油员李××于××年 8 月 6 日入职，安全生产教育和培训档案记录李××于××年 7 月 3 日参加安全生产教育和培训。

证据：现场检查记录、安全生产教育和培训档案、赵××、李××询问笔录。

以上事实违反了《中华人民共和国安全生产法》第二十八条第四款的规定。依据《中华人民共和国安全生产法》第九十七条第四项的规定，参照××自由裁量权基准，决定给予1 万元罚款的行政处罚。

处以罚款的，罚款自收到本决定书之日起 15 日内缴至 ×××××××××××××，账号8000－1000－1000－8000－8001，到期不缴每日按罚款数额的 3% 加处罚款。

如果你单位不服本处罚决定，可以依法在 60 日内向××县人民政府申请行政复议，或者在 6 个月内依法向××县人民法院提起行政诉讼，但本决定不停止执行，法律另有规定的除外。逾期不申请行政复议、不提起行政诉讼又不履行的，本机关将依法申请人民法院强制执行或者依照有关规定强制执行。

××县应急管理局
××年××月××日

本文书一式两份：一份由应急管理部门备案，一份交被处罚人。

例 6－1

行政处罚决定书（单位）

（××）应急执罚单〔××〕××号

被处罚单位：××加油站　统一社会信用代码：×××××××××

地址：××县××镇××村××号　邮编：××××

法定代表人（负责人）：肖××　职务：××　联系电话：××××

违法事实及证据：

××加油站于××年6月10日至15日，在没有办理危险化学品经营许可证的情况下，非法经营汽油。销售金额1.2万元，现场查获汽油1.2吨。

证据：现场检查记录、鉴定报告、销售金额账单、肖××、李××询问笔录。

以上事实违反了《湖南省安全生产条例》第二十六条第一项的规定。依据《湖南省安全生产条例》第五十二条的规定，参照××自由裁量权基准，决定给予没收违法所得1.2万元、汽油1.2吨，并处6万元罚款的行政处罚。

处以罚款的，罚款自收到本决定书之日起15日内缴至×××××××××××××，账号8000－1000－1000－8000－8001，到期不缴每日按罚款数额的3%加处罚款。

如果你单位不服本处罚决定，可以依法在60日内向××县人民政府申请行政复议，或者在6个月内依法向××县人民法院提起行政诉讼，但本决定不停止执行，法律另有规定的除外。逾期不申请行政复议、不提起行政诉讼又不履行的，本机关将依法申请人民法院强制执行或者依照有关规定强制执行。

××县应急管理局

××年××月××日

本文书一式两份：一份由应急管理部门备案，一份交被处罚人。

◎ 评析

例6－1行政处罚决定书的主要问题是处罚依据错误。

《中华人民共和国安全生产法》第一百条规定，未经依法批准，擅自生产、经营、运输、储存、使用危险物品或者处置废弃危险物品的，依照有关危险物品安全管理的法律、行政法规的规定予以处罚；构成犯罪的，依照刑法有关规定追究刑事责任。根据该条规定，未经依法批准，擅自经营危险物品的只能适用法律、行政法规的规定予以处罚，这排除了地方性法规的适用。例6－1行政处罚决定书依据地方性法规进行处罚，属于处罚依据错误。

例 6－2（文书示范）

行政处罚决定书（单位）

（××）应急执罚单〔××〕××号

被处罚单位：××加油站　统一社会信用代码：×××××××××

地址：××县××镇××村××号　邮编：××××

法定代表人（负责人）：肖××　职务：××　联系电话：××××

违法事实及证据：

××加油站于××年6月10日至15日，在没有办理危险化学品经营许可证的情况下，非法经营汽油。销售金额1.2万元，现场查获汽油1.2吨。

证据：现场检查记录、鉴定报告、销售金额账单、肖××、李××询问笔录。

以上事实违反了《危险化学品安全管理条例》第三十三条第一款的规定。依据《危险化学品安全管理条例》第七十七条第三款的规定，参照××自由裁量权基准，决定给予没收违法所得1.2万元、汽油1.2吨，并处10万元罚款的行政处罚。

处以罚款的，罚款自收到本决定书之日起15日内缴至××××××××××××，账号8000－1000－1000－8000－8001，到期不缴每日按罚款数额的3%加处罚款。

如果你单位不服本处罚决定，可以依法在60日内向××县人民政府申请行政复议，或者在6个月内依法向××县人民法院提起行政诉讼，但本决定不停止执行，法律另有规定的除外。逾期不申请行政复议、不提起行政诉讼又不履行的，本机关将依法申请人民法院强制执行或者依照有关规定强制执行。

××县应急管理局
××年××月××日

本文书一式两份：一份由应急管理部门备案，一份交被处罚人。

例 7－1

行政处罚决定书（单位）

（××）应急执罚单〔××〕××号

被处罚单位：××加油站　统一社会信用代码：×××××××××

地址：××县××镇××村××号　邮编：××××

法定代表人（负责人）：李××　职务：××　联系电话：××××

违法事实及证据：

××加油站加油员李××于××年 8 月 6 日入职，安全生产教育和培训档案记录李××于同年 7 月 3 日参加安全生产教育和培训。

证据：现场检查记录、安全生产教育培训档案、赵××、李××询问笔录。

以上事实违反了《中华人民共和国安全生产法》第二十八条第四款的规定。依据《中华人民共和国安全生产法》第九十七条第四项的规定，参照××自由裁量权基准，决定给予责令限期整改并处 1 万元罚款的行政处罚。

处以罚款的，罚款自收到本决定书之日起 15 日内缴至×××××××××××××，账号8000－1000－1000－8000－8001，到期不缴每日按罚款数额的 3% 加处罚款。

如果你单位不服本处罚决定，可以依法在 60 日内向××县人民政府申请行政复议，或者在 6 个月内依法向××县人民法院提起行政诉讼，但本决定不停止执行，法律另有规定的除外。逾期不申请行政复议、不提起行政诉讼又不履行的，本机关将依法申请人民法院强制执行或者依照有关规定强制执行。

××县应急管理局

××年××月××日

本文书一式两份：一份由应急管理部门备案，一份交被处罚人。

◎ 评析

例 7－1 行政处罚决定书的主要问题是将责令限期整改视为行政处罚。

《中华人民共和国安全生产法》第九十七条规定："生产经营单位有下列行为之一的，责令限期改正，处十万元以下的罚款；逾期未改正的，责令停产停业整顿，并处十万元以上二十万元以下的罚款，对其直接负责的主管人员和其他直接责任人员处二万元以上五万元以下的罚款：……（四）未如实记录安全生产教育和培训情况的；……"

从上述法律规定来看，生产经营单位存在未如实记录安全生产教育和培训情况的违法行为，应当责令限期改正，处 10 万元以下的罚款。但是责令限期改正不是行政处罚，不能写成决定给予责令限期改正的行政处罚，在行政处罚决定书中另行写明即可。《中华人民共和国行政处罚法》第二十八条第一款规定，行政机关实施行政处罚时，应当责令当事人改正或者限期改正违法行为。"实施行政处罚时"是动态过程，不是指下达行政处罚决定书时。如果在行政处罚决定书作出之前已经下达责令限期改正指令书，在行政处罚决定书中不用再写。

例 7 - 2（文书示范）

行政处罚决定书（单位）

（××）应急执罚单〔××〕××号

被处罚单位：××加油站　统一社会信用代码：×××××××××

地址：××县××镇××村××号　邮编：××××

法定代表人（负责人）：李××　职务：××　联系电话：××××

违法事实及证据：

××加油站加油员李××于××年 8 月 6 日入职，安全生产教育和培训档案记录李××于同年 7 月 3 日参加安全生产教育和培训。

证据：现场检查记录，安全生产教育和培训档案，赵××、李××询问笔录。

以上事实违反了《中华人民共和国安全生产法》第二十八条第四款的规定。依据《中华人民共和国安全生产法》第九十七条第四项的规定，参照××自由裁量权基准，责令改正未如实记录安全生产教育和培训的行为，决定给予1 万元罚款的行政处罚。

处以罚款的，罚款自收到本决定书之日起 15 日内缴至 ××××××××××××，账号8000 - 1000 - 1000 - 8000 - 8001，到期不缴每日按罚款数额的 3% 加处罚款。

如果你单位不服本处罚决定，可以依法在 60 日内向××县人民政府申请行政复议，或者在 6 个月内依法向××县人民法院提起行政诉讼，但本决定不停止执行，法律另有规定的除外。逾期不申请行政复议、不提起行政诉讼又不履行的，本机关将依法申请人民法院强制执行或者依照有关规定强制执行。

××县应急管理局

××年××月××日

本文书一式两份：一份由应急管理部门备案，一份交被处罚人。

例8－1

行政处罚决定书（单位）

（××）应急执罚单〔××〕××号

被处罚单位：××采石场　统一社会信用代码：×××××××××

地址：××县××镇××村××号　邮编：××××

法定代表人（负责人）：李××　职务：××　联系电话：××××

违法事实及证据：

1．2019年未开展应急救援演练。

2．＋310平台高15.6米（设计高度为10米）。

证据：现场检查记录，现场照片，《安全生产验收评价报告》，赵××、李××询问笔录。

以上事实违反了《中华人民共和国安全生产法》第八十一条、《生产安全事故应急条例》第八条第二款、《小型露天采石场安全管理与监督检查规定》第十五条第二款的规定。依据《中华人民共和国安全生产法》第九十七条第六项、《小型露天采石场安全管理与监督检查规定》第三十九条的规定，参照××自由裁量权基准，决定给予警告并处4万元罚款的行政处罚。

处以罚款的，罚款自收到本决定书之日起15日内缴至××××××××××××，账号8000－1000－1000－8000－8001，到期不缴每日按罚款数额的3%加处罚款。

如果你单位不服本处罚决定，可以依法在60日内向××县人民政府申请行政复议，或者在6个月内依法向××县人民法院提起行政诉讼，但本决定不停止执行，法律另有规定的除外。逾期不申请行政复议、不提起行政诉讼又不履行的，本机关将依法申请人民法院强制执行或者依照有关规定强制执行。

××县应急管理局

××年××月××日

本文书一式两份：一份由应急管理部门备案，一份交被处罚人。

◎ 评析

例8－1行政处罚决定书的主要问题是多个违法行为没有分别裁量。

该案例有两个违法行为：（1）2019年未开展应急救援演练。（2）＋310平台高15.6米（设计高度为10米）。未开展应急救援演练，依据《中华人民共和国安全生产法》第九十七条第六项处10万元以下罚款。台阶超过设计高度依据《小型露天采石场安全管理与监督检查规定》第三十九条给予警告，并处1万元以上3万元以下的罚款。例8－1行政处罚决定书对各个违法行为的处罚决定没有写明，直接决定给予警告并处4万元罚款的行政处罚。如果对未开展应急救援演练的违法行为罚款5000元，那么对台阶超过设计高度的违法行为罚款金额是35000元，这样超过了处3万元以下罚款的上限。同时，对每一项违法行为都应当依法作出处罚决定。因此，对于多个违法行为在处罚时必须分别裁量，合并处罚。

例 8－2（文书示范）

行政处罚决定书（单位）

（××）应急执罚单〔××〕××号

被处罚单位：××采石场　统一社会信用代码：××××××××

地址：××县××镇××村××号　邮编：××××

法定代表人（负责人）：李××　职务：××　联系电话：××××

违法事实及证据：

1. 2019 年未开展应急救援演练。

2. ＋310 平台高 15.6 米（设计高度为 10 米）。

证据：现场检查记录，现场照片，《安全生产验收评价报告》，赵××、李××询问笔录。

以上事实第一项违法行为违反了《中华人民共和国安全生产法》第八十一条、《生产安全事故应急条例》第八条第二款，第二项违法行为违反了《小型露天采石场安全管理与监督检查规定》第十五条第二款的规定。依据《中华人民共和国安全生产法》第九十七条第六项的规定决定给予第一项违法行为 2 万元罚款的行政处罚；依据《小型露天采石场安全管理与监督检查规定》第三十九条的规定，对第二项违法行为，决定给予警告并处 2 万元罚款的行政处罚。对以上两项违法行为合并处罚，决定给予警告并处 4 万元罚款的行政处罚。

处以罚款的，罚款自收到本决定书之日起 15 日内缴至××××××××××××，账号8000－1000－1000－8000－8001，到期不缴每日按罚款数额的 3% 加处罚款。

如果你单位不服本处罚决定，可以依法在 60 日内向××县人民政府申请行政复议，或者在 6 个月内依法向××县人民法院提起行政诉讼，但本决定不停止执行，法律另有规定的除外。逾期不申请行政复议、不提起行政诉讼又不履行的，本机关将依法申请人民法院强制执行或者依照有关规定强制执行。

××县应急管理局

××年××月××日

本文书一式两份：一份由应急管理部门备案，一份交被处罚人。

例9－1

行政处罚决定书（单位）

（××）应急执罚单〔××〕××号

被处罚单位：××加油站 统一社会信用代码：×××××××××

地址：××县××镇××村××号 邮编：××××

法定代表人（负责人）：李×× 职务：×× 联系电话：××××

违法事实及证据：

××加油站危险化学品经营许可证于××年××月××日到期，到期后未办理延期手续。××年××月××日执法人员检查发现该加油站正在对外销售92#汽油。执法人员当场查封汽油0.5吨，××年××月××日至××月××日销售92#汽油金额为1万元。

证据：现场检查记录、现场照片、发票、赵××、李××询问笔录。

以上事实违反了《危险化学品安全管理条例》第三十三条第一款的规定。依据《危险化学品安全管理条例》第七十七条第三款的规定，参照××自由裁量权基准，决定给予11万元罚款、没收汽油0.5吨、没收违法所得1万元的行政处罚。

处以罚款的，罚款自收到本决定书之日起15日内缴至×××××××××××××，账号8000－1000－1000－8000－8001，到期不缴每日按罚款数额的3%加处罚款。

如果你单位不服本处罚决定，可以依法在60日内向××县人民政府申请行政复议，或者在6个月内依法向××县人民法院提起行政诉讼，但本决定不停止执行，法律另有规定的除外。逾期不申请行政复议、不提起行政诉讼又不履行的，本机关将依法申请人民法院强制执行或者依照有关规定强制执行。

××县应急管理局

××年××月××日

本文书一式两份：一份由应急管理部门备案，一份交被处罚人。

例9－2

行政处罚告知书

（××）应急告〔××〕××号

××加油站：

现查明，你（单位）存在下列行为：××加油站危险化学品经营许可证于××年××月××日到期，到期后未办理延期手续。××年××月××日执法人员检查发现该加油站正在对外销售92#汽油。执法人员当场查封汽油0.5吨，××年××月××日至××月××日销售92#汽油金额为2万元。

以上事实主要证据如下：现场检查记录、现场照片、发票、赵××、李××询问笔录。

以上事实违反了《危险化学品安全管理条例》第三十三条第一款的规定，依据《危险化学品安全管理条例》第七十七条第三款的规定，拟对你（单位）作出10万元罚款、没收汽油0.5吨、没收违法所得2万元的行政处罚。

如对上述处罚有异议，根据《中华人民共和国行政处罚法》第三十一条和第三十二条的规定，你（单位）有权在收到本告知书之日起3日内向××县应急管理局进行陈述和申辩，逾期不提出申请的，视为放弃上述权利。

应急管理部门地址：××县××街××号

联系人：李×× 联系电话：156××××6699 邮政编码：4××××

××县应急管理局

××年××月××日

本文书一式两份：一份由应急管理部门备案，一份交被处罚人。

例 9－3

当事人陈述申辩笔录

时间：××年×月×日×时×分至 ××年×月×日×时×分

地点：××××××××

陈述申辩人：李××　性别：男　职务：法人代表

工作单位：××加油站　电话：131××××1256

联系地址：×××××　邮编：4×××××

承办人：李××、刘××　记录人：王××

我们是××县应急管理局的行政执法人员李××、刘××，证件号码为06××××6、06××××9，这是我们的证件（出示证件）。现对××加油站非法经营一案听取你（单位）的陈述申辩。

陈述申辩记录：我们收到处罚告知书了，上面说我们违法所得是 2 万元，实际上只有 1 万元，另外 1 万元是在许可证有效期内，我们向××公司卖了 1 万元的油，5 月 28 日，他们来结账，我给他们公司开发票。我们的许可证马上就办好了，请从轻处理。

陈述申辩人（签名）：李××

承办人（签名）：李××、刘××

记录人（签名）：王××

××年×月×日

◎ 评析

例9-1至例9-3中行政处罚决定书的主要问题是因行政处罚对象陈述而加重处罚。

行政处罚告知书的处罚是：10万元罚款、没收汽油0.5吨、没收违法所得2万元。行政处罚决定书的处罚是：11万元罚款、没收汽油0.5吨、没收违法所得1万元。违法所得从2万元变成1万元，罚款却从10万元变成11万元。从总数来看，没有增加也没有减少，但是罚款增加了1万，这就属于加重处罚。

《中华人民共和国行政处罚法》第四十五条规定，当事人有权进行陈述和申辩。行政机关必须充分听取当事人的意见，对当事人提出的事实、理由和证据，应当进行复核；当事人提出的事实、理由或者证据成立的，行政机关应当采纳。行政机关不得因当事人陈述、申辩而给予更重的处罚。办案人员应当严格按照法律规定，不得因当事人申辩而加重处罚。

例 9－4（文书示范）

行政处罚决定书（单位）

（××）应急执罚单〔××〕××号

被处罚单位：××加油站　统一社会信用代码：×××××××××

地址：××县××镇××村××号　邮编：××××

法定代表人（负责人）：李××　职务：××　联系电话：××××

违法事实及证据：

××加油站危险化学品经营许可证于××年××月××日到期，到期后未办理延期手续。××年××月××日，执法人员检查发现该加油站正在对外销售92#汽油。执法人员当场查封汽油0.5吨，××年××月××日至××月××日的销售92#汽油金额为1万元。

证据：现场检查记录，现场照片，发票，赵××、李××询问笔录。

以上事实违反了《危险化学品安全管理条例》第三十三条第一款的规定。依据《危险化学品安全管理条例》第七十七条第三款的规定，参照××自由裁量权基准，决定给予10万元罚款、没收汽油0.5吨、没收违法所得1万元的行政处罚。

处以罚款的，罚款自收到本决定书之日起15日内缴至×××××××××××××，账号8000－1000－1000－8000－8001，到期不缴每日按罚款数额的3%加处罚款。

如果你单位不服本处罚决定，可以依法在60日内向××县人民政府申请行政复议，或者在6个月内依法向××县人民法院提起行政诉讼，但本决定不停止执行，法律另有规定的除外。逾期不申请行政复议、不提起行政诉讼又不履行的，本机关将依法申请人民法院强制执行或者依照有关规定强制执行。

××县应急管理局

××年××月××日

本文书一式两份：一份由应急管理部门备案，一份交被处罚人。

例 10－1

行政处罚决定书（单位）

（××）应急执罚单〔××〕××号

被处罚单位：××加油站　统一社会信用代码：×××××××××

地址：××县××镇××村××号　邮编：××××

法定代表人（负责人）：肖五　职务：××　联系电话：××××

违法事实及证据：

××加油站加油员李四于××年××月××日入职，安全生产教育和培训档案记录李四于同年××月××日到××月××日参加安全生产岗前培训。

证据：现场检查记录，安全生产教育和培训档案复印件，工资表复印件，员工花名册复印件，赵二、李四、肖五询问笔录。

以上事实违反了《中华人民共和国安全生产法》第二十八条第一款、第四款的规定。依据《中华人民共和国安全生产法》第九十七条第三项、第四项的规定，参照××自由裁量权基准，决定给予未对新员工进行培训的行为处罚款1万元，对培训记录造假的行为处罚款1万元，合并处2万元罚款的行政处罚。

处以罚款的，罚款自收到本决定书之日起15日内缴至×××××××××××××，账号8000－1000－1000－8000－8001，到期不缴每日按罚款数额的3%加处罚款。

如果你单位不服本处罚决定，可以依法在60日内向××县人民政府申请行政复议，或者在6个月内依法向××县人民法院提起行政诉讼，但本决定不停止执行，法律另有规定的除外。逾期不申请行政复议、不提起行政诉讼又不履行的，本机关将依法申请人民法院强制执行或者依照有关规定强制执行。

××县应急管理局

××年××月××日

本文书一式两份：一份由应急管理部门备案，一份交被处罚人。

◎ 评析

例 10－1 行政处罚决定书的主要问题是没有对执法过程、违法事实、处罚理由进行充分说明，也就是处罚决定书没有采用说理式方式书写。[1]

国务院《全面推进依法行政实施纲要》规定，行政机关行使自由裁量权的，应当在行政决定中说明理由。行政机关在作出行政决定时，应当充分说明理由，这是行政机关的义务。充分地说明处罚理由，有利于处罚对象相信处罚对他是公正的；有利于缓和处罚对象的对抗情绪；有利于行政处罚的执行。

---

① 因篇幅、内容等限制，本书其他列举的行政处罚决定书未采取说理式方式进行书写。

例 10－2（文书示范）

行政处罚决定书（单位）

（××）应急执罚单〔××〕××号

被处罚单位：顺风加油站　统一社会信用代码：×××××××××
地址：××县××镇××村××号　邮编：××××
法定代表人（负责人）：肖五　职务：××　联系电话：××××
违法事实及证据：

××年 8 月 15 日，我局执法人员王××、孙××到顺风加油站进行执法检查，发现顺风加油站加油员李四于××年 6 月入职，安全生产教育和培训档案记录李四于同年 5 月 22 日到 6 月 5 日参加安全生产岗前培训。8 月 16 日，我局对其进行立案调查。

8 月 17 日，我局执法人员王××、孙××到顺风加油站调取了顺风加油站工资发放表、员工花名册。工资发放表显示，李四的工资从 6 月 9 日开始计算。当天对李四、加油站站长赵二、加油站法定代表人肖五进行询问。李四陈述：我于 6 月 5 日到顺风加油站应聘，肖老板（肖五）叫我第二天来上班，但是，我家里有点事，所以，说好 6 月 9 日来上班。上班前，没有参加岗前培训，上班当天，赵站长（赵二）教我如何加油，如何收钱，那些很简单，我一下就学会了。我到这里上班两个月了，赵站长（赵二）也给我们上过安全生产的课，但没有正式考核过。赵二陈述：李四是 6 月 9 日上班的，他一边上班，我一边给他上安全生产课，告诉他要注意安全。没有对他进行专门的考核，但是，他早就知道怎么加油了。安全生产教育和培训档案记录李四于××年 5 月 22 日到 6 月 5 日参加安全生产岗前培训是我为了应付检查写的。肖五陈述：我们加油站缺人手，所以我叫李四快点来上班，当时李四说家里有点事要处理，我们讲好是 6 月 9 日来上班。他的工资也是从那天开始计算的，李四上班后，我也安排赵站长给他上了安全生产课。我觉得他现在加油已经很熟练了。安全生产教育和培训档案记录李四于××年 5 月 22 日到 6 月 5 日参加培训是赵站长写的，这个确实不应该，我会批评他的。

××年 8 月 22 日，我局向顺风加油站下达行政处罚告知书拟对顺风加油站未对新进加油员李四进行岗前安全生产教育和培训行为处罚款 1 万元，对安全生产教育和培训记录造假行为处罚款 1 万元，对以上两个违法行为合并处罚款 2 万元。法定代表人肖五当天签收文书后，口头向执法人员王××和孙××陈述：加油站的赵站长（赵二）多次对李四进行了安全生产教育和培训，现在李四加油很熟练，平常也没有在安全生产方面出事，希望不要罚款了，我们以后会改的。

我局认为，《中华人民共和国安全生产法》第二十八条第一款规定，对新进员工不仅要进行岗前安全生产教育和培训，还要培训合格后才能上岗。李四对加油操作熟练并不能代表李四具备加油员必要的安全生产知识，了解事故应急处理措施，知悉自身在安全生产方面的权利和义务。加油站对李四在岗安全生产教育不能代替岗前安全生产教育和培训。加油站作为高危行业，加油员在上岗前必须掌握相应的安全生产知识、安全操作规程等。安全生产教育和培训是安全生产管理的基础性工作，是预防生产安全事故、及时发现、及时处置生产安全事故的重要能力保障。顺风加油站不仅未对新进员工李四进行岗前培训，而且还对安全生产培训记录造假，违反了《中华人民共和国安全生产法》第二十八条第四款的规定。根据《生产经营单位安全培训规定》第二十八条的规定，安全生产教育和培训责任落实不到位、有关从业人员未经培训合格的，应当视为生产安全事故隐患。顺风加油站没有认识到安全生产教育培训的重要性，对于安全生产工作而言，最大的安全事故隐患就是思想的麻痹。对于顺风加油站的违法行为，需要依法进行处罚。

证据：现场检查记录，安全生产教育培训档案复印件，员工花名册复印件，工资表复印件，赵二、李四、肖五询问笔录。

以上事实违反了《中华人民共和国安全生产法》第二十八条第一款、第四款的规定。依据《中华人民共和国安全生产法》第九十七条第三项、第四项的规定，参照××自由裁量权基准，决定给予未对新进加油员李四进行岗前安全生产培训的违法行为处罚款 1 万元，对安全生产培训记录造假的违法行为处罚款 1 万元，合并处罚款 2 万元的行政处罚。

处以罚款的，罚款自收到本决定书之日起 15 日内缴至×××××××××××，账号8000－1000－1000－8000－8001，到期不缴每日按罚款数额的3%加处罚款。

如果你单位不服本处罚决定，可以依法在60日内向××县人民政府申请行政复议，或者在6个月内依法向××县人民法院提起行政诉讼，但本决定不停止执行，法律另有规定的除外。逾期不申请行政复议、不提起行政诉讼又不履行的，本机关将依法申请人民法院强制执行或者依照有关规定强制执行。

××县应急管理局

××年××月××日

本文书一式两份：一份由应急管理部门备案，一份交被处罚人。

第四章
行政诉讼典型案例剖析

01 蔡某诉A市交通委员会二审案

◎ 案例导读

1. 法治对于公众而言，其基本原则为“法无禁止即可为”。法律没有禁止性规定，公民可以自由地行使自己的权利，不受干涉。对于行政机关而言，其基本原则为“法无授权即禁止”。行政机关的权力来源于法律的授权，所作出的行政处罚必须有法律依据。面对尚无法律、法规或者规章规范的“滴滴打车”这一新生事物，行政机关可以从提供服务或者指引的角度，引导公民、法人或者其他组织有序经营。在没有法律依据的情况下，不能以监管之名，对当事人科以义务。这不是依法履职，而是存在滥用权力之嫌。

2. 公平是行政处罚的基本要义。网络平台运营商、司机以及乘客是网络预约出租汽车这一新的共享经济模式的三方参与主体，前两者为共同不可分割的一方主体，向第三方即乘客提供预约运输服务。仅对提供服务的司机作出处罚，而未对网络平台运营商作出处理，这存在选择性执法的问题。

广州铁路运输中级法院

行 政 判 决 书[①]

(2017) 粤71行终786号

上诉人（原审被告）A市交通委员会，住所地广东省A市××路1号；法定代表人陈某钢，主任；委托代理人袁某涛，该单位工作人员。

---

① 访问网址：https：//wenshu. court. gov. cn/website/wenshu/181107ANFZ0BXSK4/index. html？docId＝0441b6621563477b9e0aa7d90098852b。访问时间：2021年7月1日。

被上诉人（原审原告）蔡某，男，1979年8月18日出生，汉族，住所地四川省××市。

原审被告A市人民政府，住所地广东省A市××区××路1号；法定代表人温某辉，市长；委托代理人何某，该政府工作人员。

上诉人A市交通委员会（以下简称A市交委）因与被上诉人蔡某、原审被告A市人民政府（以下简称A市政府）行政处罚及复议纠纷一案，不服广州铁路运输第一法院（2016）粤7101行初1979号行政判决，向本院提起上诉。本院依法组成合议庭，并于2017年6月23日公开开庭对本案进行了审理，上诉人A市交委委托代理人袁某涛、被上诉人蔡某、原审被告A市政府委托代理人何某到庭参加诉讼。本案现已审理终结。

原审法院查明，2016年4月17日，一名乘客通过某打车软件与蔡某取得联系，约定蔡某驾车将该乘客从A市海珠区琶洲附近运送至A市天河区棠下村，由乘客支付车费。当蔡某驾驶自己所有的小汽车（车牌号为粤H×××××，车辆使用性质为非营运），将该乘客送至A市天河区棠下村时，被A市交委执法人员发现。经当场调查，某打车软件平台乘客端显示当次车费为16.7元，蔡某无法向A市交委执法人员出示车辆的道路运输经营许可证。A市交委执法人员当场制作了《现场笔录》及《询问笔录》，并作出“粤穗交强措（2016）××××号”《行政强制措施决定书》，依据《中华人民共和国道路运输条例》第六十三条的规定，对涉案车辆予以扣押。蔡某拒绝在上述文书上签名。同月20日，A市交委向蔡某送达“粤穗交违通（2016）××××号”《违法行为通知书》，告知蔡某涉嫌未取得道路客运经营许可，擅自从事道路客运经营，拟处以3万元罚款。同日，蔡某向A市交委提交陈述申辩。2016年5月13日，A市交委作出“粤穗交强处（2016）××××号”《行政强制措施处理决定书》，决定解除粤H×××××号车辆的扣押，并通过EMS邮寄当天送达给原告蔡某。5月16日，A市交委作出“粤穗交罚（2016）××××号”《行政处罚决定书》，认定蔡某未取得道路客运经营许可，擅自从事道路客运经营，违反了《中华人民共和国道路运输条例》第十条、《道路旅客运输及客运站管理规定》第十二条之规定，依据《中华人民共和国道路运输条例》第六十四条及《道路旅客运输及客运站管理规定》第八十四条第一项的规定，决定给予蔡某责令停止经营，处3万元罚款的行政处罚。蔡某不服，于2016年5月24日向A市政府申请复议。A市政府于7月21日作出“穗府行复（2016）××××号”行政复议决定，根据《中华人民共和国行政复议法》第二十八条第一款第一项的规定，决定维持A市交委2016年5月16日作出的“粤穗交罚（2016）××××号”行政处罚决定。蔡某不服，遂向原审法院提起行政诉讼，请求依法撤销被告A市交委和A市政府分别作出的行政处罚决定和行政复议决定。

原审法院经审理认为，根据《中华人民共和国道路运输条例》第七条第二款、第三款规定，县级以上地方人民政府交通主管部门负责组织领导本行政区域的道路运输管理工作。县级以上道路运输管理机构负责具体实施道路运输管理工作。《广东省出租汽车管理办法》第三条第一款规定，县级以上人民政府交通运输主管部门负责本行政区域内的出租汽车行业管理工作。被告A市交委作为A市交通运输行政主管部门，具有履行行政区域内的道路运输及出租汽车行业的行政执法职责。

本案中，原告蔡某与乘客通过网络约车软件（某打车软件）取得联系后，使用未取得运营证的车辆将乘客从广州市海珠区琶洲附近送至广州市天河区棠下村，网络约车软件计算了待支付车费。被告A市交委针对该网约车的运输经营行为，以原告违反了《中华人民共和国道路运输条例》第十条及《道路旅客运输及客运站管理规定》第十二条的规定，给予了行政处罚。本案涉及三个主要问题：一是原告行为的性质；二是原告的行为是否构成违法；三是原告违法行为的法律责任承担问题。

第一，关于原告行为的性质问题。网络预约车经营行为的定性问题是本案的重点，直接关系到本案的法律适用和责任承担。《中华人民共和国道路运输条例》第二条第二款中规定，道路运输经营包括道路旅客运输经营和道路货物运输经营；《道路旅客运输及客运站管理规定》第三条第一款中规定，道路客运经营是指用客车运送旅客、为社会公众提供服务、具有商业性质的道路客运活动，包括班车（加班车）客运、包车客运、旅游客运；《中华人民共和国道路运输条例》第八十二条明确规定，出租车客运和城市公共汽车客运的管理办法由国务院另行规定。《国务院办公厅关于深化改革推进出租汽车行业健康发展的指导意见》（国办发〔2016〕58号）认为，出租汽车服务主要包括巡游、网络预约等方式，明确将网络预约车经营行为定性为出租汽车服务经营范围；交通运输部、工信部等七部委联合发布的《网络预约出租汽车经营服务管理暂行办法》，将网约车经营服务定义为以互联网技术为依托构建服务平台，整合供需信息，使用符合条件的车辆和驾驶员，提供非巡游的预约出租汽车服务的经营活动；《广东省出租汽车管理办法》第二条第二款中规定，出租汽车，是指具有合法营运资格，按照乘客意愿提供客运服务，以行驶里程或者时间计费的5座以下的小型客车。从上述规定可以看出，网络预约车经营属于预约出租汽车营运，依照《中华人民共和国道路运输条例》第八十二条的规定，出租车客运管理不属于《中华人民共和国道路运输条例》调整范围。被告认为原告蔡某的行为违反了《中华人民共和国道路运输条例》第十条和《道路旅客运输及客运站管理规定》第十二条的规定属于定性错误，依据《中华人民共和国道路运输条例》第六十四条和《道路旅客运输及客运站管理规定》第八十四条第一项的规定对原告蔡某作出行政处罚，属于适用法律错误。

第二，关于原告的行为是否构成违法的问题。《广东省出租汽车管理办法》第十二条规定，出租汽车经营者应当持道路运输经营许可证，依法向工商行政管理部门办理有关登记手续。未取得出租汽车经营许可并办理工商登记的，不得从事出租汽车经营活动。《广州市出租汽车客运管理条例》第十条规定，从事出租汽车经营的，应当依法取得市交通行政主管部门核发的出租汽车经营资格证、车辆运营证，出租汽车驾驶员应当依法取得市交通行政主管部门核发的驾驶员客运资格证。本案原告蔡某既未取得市交通行政主管部门核发的出租汽车经营资格证、车辆运营证，也未取得驾驶员客运资格证，其运营行为违反了上述法律的规定，构成违法。

第三，关于原告违法行为的法律责任承担问题。网络预约出租车是传统的出租汽车行业与“互联网+”相融合的新的商业模式，网络预约出租车经营行为是司机个体与网约车平台共同实施的行为。本案原告以自己所有的私家车加入某打车平台，在该平台注册成功后，通过该平台提供的供需信息，以该平台提供的联系方式联系乘客，搭载乘客，并通过该平台结算费用，乘客支付的费用由该平台与原告蔡某依协议分成提取，原告的经营行为由该打车平台和作为驾驶员的原告两个主体共同完成，该打车平台是运输服务的提供者，应该承担承运人责任和相应的法律责任。原告蔡某作为提供网约车服务的驾驶员，仅实施了出租车客运经营行为中的部分行为，被告A市交委对该打车平台与原告共同实施和完成的违法经营行为进行查处时，完全忽视了对该打车平台的调查和处理，将违法经营行为的责任和后果全部归咎于原告一方，既事实不清，又显失公平。

网约车客运与传统的巡游出租汽车客运一样，应当受到有效的监管，确保在法律框架内依法有序地发展，对发现的违法行为，应当依法予以处罚。行政处罚应当以事实为依据，法律责任与违法行为的事实、性质、情节以及社会危害程度相当，应当遵循比例原则。《中华人民共和国行政处罚法》第二十七条规定："当事人有下列情形之一的，应当依法从轻或者减轻行政处罚：(一)主动消除或者减轻违法行为危害后果的；(二)受他人胁迫有违法行为的；(三)配合行政机关查处违法行为有立功表现的；(四)其他依法从轻或者减轻行政处罚的。违法行为轻微并及时纠正，没有造成危害后果的，不予行政处罚。"因此，对于网约车的行政处罚应当综合考虑网约车这种共享经济新业态的特殊背景，即使经营者有非法营运的行为，但该行为的社会危害性较小，在处罚时应综合考虑其从事该行业的背景、时间、订单数、总金额等因素。在网络预约出租车的市场占有率、获利情况、对传统巡游出租车的影响等因素均不明朗的情形下，被告A市交委没有衡量在资源重新配置中获益者与受损者之间利益比例，对网络预约出租车驾驶员进行处罚，由其成为全部的受损方，明显不当。

网络预约出租车是一种新的服务业态，是传统的出租汽车行业与"互联网+"相融合的新商业模式。一直以来，相关法律对网约车的规定不明确，网络预约出租车这种新的交通服务模式在交通管理领域处于一种模糊发展状态。直至2016年，国务院办公厅出台《关于深化改革推进出租汽车行业健康发展的指导意见》(国办发〔2016〕58号)，致力于积极稳妥地推进出租汽车的行业改革，推动了传统巡游出租车和网络预约出租车经营两种业态的融合发展。随后，交通运输部、工信部等七部委联合发布的《网络预约出租汽车经营服务管理暂行办法》明确了网约车的发展定位，确定有序发展网约车；交通监管部门对网络预约出租车的发展一直持支持、鼓励与引导的态度。对这种伴随科技进步与市场经济发展而出现的被广大老百姓普遍接受且没有社会危害性的新型行业，应当给予适度的理解和宽容。出租汽车是城市综合交通运输体系的组成部分，是城市公共交通的补充。为了构建多样化、差异化出行服务体系，更好地满足人民群众的出行需求，国家一直在推进出租汽车行业结构改革。A 市网络预约出租车的出现，为 A 市市民提供了安全、便捷、舒适、经济的出行服务，较好地解决了 A 市市民出行难的问题，也缓解了 A 市公共交通压力。在法律规定不明确、监管规范不到位、社会负面影响不明显的情况下，不宜从严定性、从重处理，将新生事物抹杀在成长过程中不利于社会主义市场经济的发展和社会的进步。

综上，被告 A 市交委对原告蔡某作出的行政处罚事实不清，定性错误，适用法律错误，处罚明显不当，应予撤销。被告 A 市政府作出维持原行政处罚的行政复议决定错误，应当予以撤销。依照《中华人民共和国行政诉讼法》第七十条第二项、第六项，第七十九条的规定，判决如下：一、撤销被告 A 市交委作出的粤穗交罚（2016）××××号行政处罚决定；二、撤销被告 A 市政府作出的穗府行复（2016）××××号行政复议决定。

上诉人 A 市交委不服，向本院提起上诉称：一、原审判决引用事后文件及法规认定上诉人适用法律错误，做法不适当。本案案发时间为 2016 年 4 月 17 日，同年 5 月 16 日上诉人作出处罚决定，而原审判决引用的《国务院办公厅关于深化改革推进出租汽车行业健康发展的指导意见》（国办发〔2016〕58 号）、交通运输部等七部委联合发布的《网络预约出租汽车经营服务管理暂行办法》印发时间分别是 2016 年 7 月 26 日、27 日，实施时间均为同年 11 月 1 日。按照“法不溯及既往”原则，原审判决引用上述文件及规章作为对过去行为的认定依据并不适当。二、将本案的网约车运营行为认定为出租车客运依据不足。在关于网约车相关规定出台前，A 市出租车行业管理的主要法规为《广州市出租汽车客运管理条例》和《广东省出租汽车管理办法》。当时出租车客运仅有巡游出租汽车一种模式，未将网约车纳入出租汽车管理，因此原审判决将本案发生时的网约车运营行为定性为出租汽车客运行为依据不足，我委根据《中华人民共和国道路运输条例》《道路旅客运输及客运站管理规定》认定为道路旅客运输在当时是准确的，并无不当。三、本案的法律责任界定清晰，原审判决关于法律责任共同承担的认定并不准确。案发时，没有相关法律法规将网约车平台界定为承运人，即便按照最新的网约车规定也是网约车平台与驾驶员各自承担法律责任。四、《中华人民共和国道路运输条例》第六十四条对于未经许可擅自从事道路旅客运输的处罚额度为“没有违法所得或者违法所得不足2万元的，处3万元以上10万元以下的罚款”，上诉人对被上诉人的处罚3万元是依据处罚下限处理，并未违反“比例原则”对其从重处罚。五、原审判决中网约车“较好地缓解了出行难问题”“将新生事物抹杀在成长过程中不利于社会主义市场经济的发展和社会的进步”的判断存在片面性。实际上，网约车存在明显安全问题，网约车的无序发展增加了城市交通拥堵。上诉人作为交通行业的主管部门，在国家相关管理规定未明晰前对网约车加强监管，是履行自身职责的体现。综上，上诉人作出的行政处罚并无不当。请求二审法院撤销原审判决，维持上诉人依法作出的行政处罚决定。

被上诉人蔡某未向本院提交书面的答辩意见，其在庭审过程中口头答辩称，自己并没有非法营运，而是以非营利为目的顺路搭载他人，也没有收取乘客费用。A市交委作出的行政处罚决定没有依据，原审判决撤销其处罚决定正确，应予维持。

原审被告A市政府也未向本院提交书面答辩意见，其在庭审中表示，自己的意见与A市交委上诉意见一致。

庭审中，蔡某称其是通过下载网约车平台APP，经由该打车平台分配，以个人所有的小汽车搭载乘客的，A市交委对此并不否认。

另外，对原审法院查明和认定的其他事实，各方当事人没有异议，本院予以确认。

本院认为，对于原审判决中有关上诉人A市交委职权职责的认定，各方当事人并未提出异议，本院亦认为原判决认定正确，故不再重复论证。

诚如一审判决所言，网络预约出租汽车是近年来城市客运领域中出现的一种新的服务业态，是基于资源共享理念，以互联网技术为依托，通过整合私有小汽车资源和公众出行需求，使用符合条件的车辆和驾驶员，为公众提供非巡游的预约汽车服务，实现二者快速有效匹配的一种新型共享经济模式。网络平台运营商、私有小汽车业主或者驾驶员，以及乘客是这一新型共享经济模式的三个基本主体要素。相较传统的巡游出租汽车经营模式，网络预约出租汽车无疑是一种全新的出租汽车服务模式，必然对现行的城市客运出租汽车市场产生各种积极或者消极的影响。上诉人作为对城市汽车客运市场负有管理职责的行政机关，其对网络预约出租汽车这一新生事物进行严格依法规范管理，本院持毫无保留地支持和鼓励态度。但是，基于以下两个原因，本院对于上诉人 A 市交委作出的涉案行政行为不能支持：

第一，网络预约出租汽车是在“互联网 +”理念下形成的一种新型的共享经济模式，司机通过网络平台获取服务信息，并且在提供运输服务后通过网络平台分配收益。在这种模式下，司机虽然没有取得相应的旅客运输行政许可，但是其与传统的未取得旅客运输行政许可而从事旅客运输活动的单个非法营运行为（俗称黑车）存在重要区别：对于后者，早已有相应的法规规章予以约束和规范；而对于前者这种新型的出租汽车服务模式，本案争议行政行为作出当时并没有任何相应的法律、法规、规章，甚至规范性文件进行规范。对于这一点，上诉人也在上诉状中坦承，“上诉人对被上诉人作出处罚决定是在2016 年5 月16 日，而此时国家及省、市网约车相关文件及规章均未出台”。上诉人并认为，将本案的网约车运营行为认定为出租车客运，依据不足。法治对于公众而言，其基本原则为“法无禁止即可为”，面对尚无法律、法规或者规章、文件规范的新生事物，作为行政机关的上诉人可以从提供服务或者指引的角度，引导公民、法人或者其他组织有序经营。而上诉人直接将刚刚出现、法律性质并不明确的网络预约出租汽车这一新生事物定性为“非法营运”，并适用《中华人民共和国道路运输条例》第六十四条的规定，将被上诉人的营运行为混同为一般违法从事客运经营的行为作出处罚，并不符合法治的基本原理和原则。基于同样的理由，《广州市出租汽车客运管理条例》仅仅是规范传统巡游出租汽车运营行为的法律依据，并无涉及网络预约出租汽车这一新生事物的内容，故原审判决适用该条例，认定被上诉人蔡某的载客行为违法亦属不当，应予纠正。

第二，网络平台运营商、司机以及乘客是网络预约出租汽车这一新的共享经济模式的三方参与主体，前两者为共同不可分割的一方主体，向第三方即乘客提供预约运输服务。根据上诉状的内容，上诉人对于蔡某从事的网络预约出租汽车服务这一事实应当十分清楚，但其仅对提供服务的司机作出处罚，而至今未对网络平台运营商作出处理，存在选择性执法的问题。上诉人认为，“本案发生时，国家、省、市网约车相关规定并未出台，没有相关法律法规规定将网约车界定为承运人。若当时将网约车平台和原告（按二审被上诉人）都界定为运输服务提供方，并共同承担未经许可从事道路客运经营的法律责任，法律依据不足”。本院认为，上诉人的上述认识，正好说明了其已经意识到，对网络预约出租汽车服务的提供者作出处罚缺乏充分的法律依据，但其仍将网约车平台运营商和司机割裂开来，仅对司机一方作出处理，是错误的。

当然，本院业已注意到原审判决存在的不当之处。除前已提到的错误适用《A市出租汽车客运管理条例》，认为被上诉人的营运行为违法外，原审判决还对网络预约出租汽车作出了较大篇幅过于主观的评价，并以主观评价为根据，适用行政法上的比例原则，认为上诉人作出的行政处罚明显不当。根据本判决前文所论，被上诉人的行为既不存在违法问题，本案也就没有了适用比例原则的空间，原审判决的该部分内容存在理据不够充分和评价不适当的问题，本院予以指出。但是，原审判决撤销上诉人作出的行政处罚决定，以及原审被告作出的行政复议决定结果正确，应予维持。

综上，上诉人的上诉理由不能成立，不予支持。原审判决认定事实清楚，实体处理适当，依照《中华人民共和国行政诉讼法》第八十九条第一款第一项之规定，判决如下：

驳回上诉，维持原判。

二审案件受理费50元由上诉人A市交通委员会负担。

本判决为终审判决。

◎ 案例要旨剖析

一、公正是行政处罚的基本要义

行政执法的威慑力不在于处罚的严酷性，而在于违法行为承担违法后果的不可避免性。换言之，行政处罚必须以事实为依据，以法律为准绳，对违法行为，应当一视同仁地依法进行处罚。

本判例中，法院认为，网络平台运营商、司机以及乘客是网络预约出租汽车这一新的共享经济模式的三方参与主体，前两者为共同不可分割的一方主体，向第三方即乘客提供预约运输服务。仅对提供服务的司机作出处罚，而未对网络平台运营商作出处理，存在选择性执法的问题。

选择性执法是对法律权威的挑战，是对法治秩序的破坏。选择性执法容易产生“破窗效应”，向社会传递错误信息，违法没有关系，反正不会受到处罚。安全生产执法同样存在选择性执法的问题。一些生产安全事故的发生，就是因为存在选择性执法的行为。安全生产监管部门对执法中发现的安全隐患，总是责令企业整改，多次发现，多次整改，就是不依法处罚，甚至有些执法人员对发现的安全隐患视而不见。这导致企业有恃无恐，安全生产企业主体责任得不到落实。行政处罚不仅具有惩罚性，同时具有指引性，让企业明白哪些行为可为（合法），哪些行为不可为（违法）。企业实施了违法行为，就应承担被行政处罚的法律后果，这将促使企业主动履行安全生产责任。因此，严格执法是预防生产安全事故发生的重要手段。

二、法无禁止即可为、法无授权即禁止

法律谚语：“法无禁止即可为、法无授权即禁止。”其表达的意思是，对于公众而言，法律没有禁止性规定，公民可以自由地行使自己的权利，不受干涉。对于行政机关而言，行政机关的权力来源于法律的授权，所作出的行政行为必须有法律依据，法律法规中没有授权，就是禁止的。

本判例中，法院认为，面对尚无法律、法规或者规章规范的网络预约出租汽车这一新生事物，行政机关可以从提供服务或者指引的角度，引导公民、法人或者其他组织有序经营。在没有法律依据的情况下，不能以监管之名，对当事人科以义务。这不是依法履职，而是存在滥用权力之嫌。

处罚法定原则是行政处罚的基本原则。《中华人民共和国行政处罚法》(2021 年修订）第四条规定，公民、法人或者其他组织违反行政管理秩序的行为，应当给予行政处罚的，依照本法由法律、法规、规章规定，并由行政机关依照本法规定的程序实施。第三十八条规定，行政处罚没有依据或者实施主体不具有行政主体资格的，行政处罚无效。违反法定程序构成重大且明显违法的，行政处罚无效。从上述规定可以看出，处罚法定原则主要包含：处罚依据法定、处罚主体法定、处罚程序法定。在安全生产执法过程中存在未依据法律进行处罚和不按法定程序进行处罚的行为。例如，顺风加油站未对新进员工赵二进行安全生产教育和培训，就让其上岗作业。甲县应急管理局依据《中华人民共和国安全生产法》第九十七条第三项对顺风加油站责令停产停业整顿，并处 12 万元罚款的处罚。《中华人民共和国安全生产法》第九十七条第三项规定，生产经营单位有下列行为之一的，责令限期改正，处 10 万元以下的罚款；逾期未改正的，责令停产停业整顿，并处 10 万元以上 20 万元以下的罚款，对其直接负责的主管人员和其他直接责任人员处 2 万元以上 5 万元以下的罚款：未按照规定对从业人员、被派遣劳动者、实习学生进行安全生产教育和培训，或者未按照规定如实告知有关的安全生产事项的。根据上述规定，只有在逾期未改正的情况下，才能责令停产停业整顿，并处 10 万元以上 20 万元以下的罚款，对其直接负责的主管人员和其他直接责任人员处 2 万元以上 5 万元以下的罚款。甲县应急管理局对顺风加油站的处罚决定未依法作出，违反处罚法定原则。又如，甲县迎春采石场发生生产安全事故，造成 2 人死亡。甲县应急管理局下发通知，要求全县所有非煤矿矿山企业停业整顿，经甲县应急管理局同意后，方可生产。停产停业是重大行政处罚行为，前提是有违法行为，且经过法定程序才能作出。即使是现场处理措施决定暂时停产停业，也必须在重大事故隐患排除前或者排除过程中无法保证安全的前提条件下，才能依法作出。甲县应急管理局下发通知，要求全县所有非煤矿矿山企业停业整顿，没有法律依据，未按法定程序作出，违反处罚法定原则。

02　毛某1诉A市自然资源局行政处罚案

◎ 案例导读

1. 本案中，涉案行政处罚决定的内容是责令退还非法占用土地，限期拆除非法占用土地上新建的（建）构筑物，涉及上诉人重大财产权益，属于较重的行政处罚，应当经过集体讨论才能决定实施。被上诉人未提交证据证实本案所涉行政处罚经过集体讨论决定；在作出行政处罚决定之前，从事审核的汤某系初次从事行政处罚决定审核的人员，未通过国家统一法律职业资格考试取得法律职业资格，不具有对行政处罚决定审核资格。故被上诉人作出的涉案行政处罚决定，违反法定程序。

2. 行政法上的比例原则，是指行政权力所采取的措施与其所达到目的之间必须合比例或相称。具体而言，要求行政主体执行职务时，面对多种可能选择之处置，应就方法与目的的关系权衡更有利者而为之；该原则是从“价值取向”角度规范行政权力与其所采取的措施之间的比例关系的。

上诉人的违法行为与被上诉人的行政处罚明显不相符。如果被上诉人的错误行政处罚不能得到纠正，上诉人拆房建房的房屋被强拆，将导致上诉人住无定所的后果。如果上诉人房屋被强拆后，又向被上诉人申请批准在原址重建房屋，根据上诉人的实际情况，被上诉人也应依法批准上诉人建房。但如果按照这样处理，上诉人将来即使能获得被上诉人批准建房，上诉人也没有资金建房，被上诉人仅依据上诉人没有获批的行为，就作出如此严重的行政处罚，没有任何公平性。

被上诉人应考虑上诉人的实际情况，在维护法律尊严的前提下，区别对待，采取相应的补救措施。被上诉人直接作出责令退还非法占用土地，限期拆除房屋的处罚决定，与土地管理法律、法规的立法目的不相符，亦违反了行政比例原则，处罚明显不当。

湖南省湘潭市中级人民法院
行政判决书[①]

（2020）湘03行终125号

上诉人（原审原告）毛某1，男，1970年4月27日出生，汉族，湖南省A市人，住A市。

委托代理人周某军，某律师事务所律师。

被上诉人（原审被告）A市自然资源局，住所地A市B镇××路14号。

法定代表人彭某光，局长。

委托代理人贺某，该局工作人员。

上诉人毛某1因与被上诉人A市自然资源局行政处罚决定一案，不服湖南省湘潭市雨湖区人民法院（2020）湘0302行初21号行政判决，向本院提起上诉。本院受理后，依法组成合议庭审理了本案，现已审理终结。

原审判决认定，原告毛某1、毛某2、毛某3三人系兄弟关系。1990年6月，毛某2经原A市国土管理局批准颁发韶集建（1990）字第××××号《建房用地许可证》许可其建房，建筑占地78平方米，其中西面墙与毛某1屋共墙。1994年9月12日，毛某2经A市某乡人民政府批准建房占地面积为40平方米。1992年5月28日，原告毛某1经A市某乡人民政府批准建房占地面积为17.9平方米，房屋结构砖木，韶土管字（92）第××号《A市某乡建房用地许可证》上载明：注意事项……4. 未经批准，不能再扩建。2010年8月1日，原告毛某1经A市人民政府批准颁发韶集用（2010）第××××《土地使用权证》，该证载明的主要内容为：拨用农村宅基地96.60平方米。2010年8月31日，原告毛某1经原A市房产管理局批准取得韶房权证韶山字第××号《房屋所有权证》，该证载明的主要内容为：房屋层数2层，建筑面

① 访问网址：https：//wenshu. court. gov. cn/website/wenshu/181107ANFZ0BXSK4/index. html？docId=e2744417f2f54cc7b7e0ac4301814d55。访问时间：2021年7月1日。

积为189.27平方米。2017年11月20日，原告毛某1向A市某乡人民政府申请农村宅基地，在原宅基地上全部拆除重建，A市某乡某村民委员会、某派出所进行了审核盖章，但未获国土部门批准。2018年2月5日、11月14日，因某乡进行美丽乡建设，原告毛某1、毛某2、毛某3三兄弟向A市某乡人民政府共计缴纳美丽乡村自筹款30000元，用于涉案地块上房屋的改造，该栋房屋由毛某3负责建造。2019年3月12日，被告A市自然资源局发现原告毛某1及毛某2在原址建房，向原告毛某1发出《接受调查通知书》；2019年3月20日，向原告毛某1发出《责令停止违法行为通知书》；2019年4月，湖南省有色地质勘查局某总队接受被告A市自然资源局申请对原告毛某1及毛某2混建的房屋进行勘测定界，经该局全数字化测绘，得出原告毛某1及毛某2混建的房屋宗地面积为410.79平方米。2019年6月25日，被告A市自然资源局向原告毛某1发出《行政处罚告知书》，告知原告毛某1享有听证等权利并依法送达给了原告毛某1。同日，被告A市自然资源局就原告毛某1、毛某2建房一事对原告毛某1进行询问，原告毛某1在本次询问中陈述，两兄弟因配合美丽乡村建设在对原址房屋进行维修改造过程中，因雨水冲刷，导致房屋于2019年3月倒塌，故在未办理建房批准手续的情况下在原址上重建房屋。原告毛某1在收到被告作出的《责令停止违法行为通知书》后，在重建房屋的过程中，原告毛某1按被告的要求停工并拆除了一部分房屋。2019年7月17日，被告A市自然资源局以原告毛某1未经批准在涉案地块上建房的行为违法，对原告毛某1作出韶自然资执罚〔2019〕××号《行政处罚决定书》，责令原告毛某1退还非法占用的土地，限期15日内拆除非法占用面积为204.09平方米土地上新建的建（构）筑物。该处罚决定书于2019年7月18日邮寄送达给了原告毛某1。原告毛某1对此不服，遂诉至法院。

原审判决认为，人民法院审理行政案件对行政行为是否合法进行审查。本案重点要审查的是：被告以原告未批先建在集体土地上建房的行为作出《行政处罚决定》责令原告退还非法占用的土地并限期拆除，其事实认定是否清楚，适用法律是否正确，程序是否合法。

《中华人民共和国土地管理法》第六十二条第三款规定："农村村民住宅用地，经乡（镇）人民政府审核，由县级人民政府批准；其中，涉及占用农用地的，依照本法第四十四条的规定办理审批手续。”第七十七条规定：“农村村民未经批准或者采取欺骗手段骗取批准，非法占用土地建住宅的，由县级以上人民政府土地行政主管部门责令退还非法占用的土地，限期拆除在非法占用的土地上新建的房屋。超过省、自治区、直辖市规定的标准，多占的土地以非法占用土地论处。”原告毛某1为了配合美丽乡村建设对房屋进行修缮改造，但是在改造过程中，未依法办理批准手续重建房屋，又超出原有宅基地的用地面积，被告A市自然资源局依据上述法律的规定，对原告毛某1作出的韶自然资执罚〔2019〕××号《行政处罚决定书》事实认定清楚，程序合法，适用法律正确。原告毛某1认为其房屋在修缮改造中因自然灾害倒塌而被迫重建，但其房屋倒塌不是其未批新建、扩建的法定理由，其诉讼主张依法不能成立，该院依法不予支持。据此，该院根据《中华人民共和国行政诉讼法》第六十九条的规定，判决驳回原告毛某1的诉讼请求。本案受理费50元，由原告毛某1负担。

毛某1不服该判决，向本院提起上诉称，一、被上诉人对上诉人行政处罚，其认定事实不清楚，适用法律不当，原审法院对其具体行为合法性定性错误。1. 1989年，上诉人建有200平方米砖混结构两层楼房，当时依法办理了相关手续。2019年3月，整栋楼房成为危房，上诉人在原有的地基上拆房建房，上诉人拆房建房符合建房条件，也在办理审批手续，只是没有通过被上诉人的审批就先建房。上诉人为配合美丽乡村建设，所以认为边建房边完善审批手续，不会达到非法占用土地的后果，也不会因为未经批准所建房产就会被拆除。上诉人未依法办理批准手续重建房屋，确实有违法行为，被上诉人认定事实仅强调上诉人未获批准建房，但对上诉人建房的宅基地是旧址，符合一户一宅政策，且上诉人重新建房标准没有超标的事实都没有全面调查，上诉人拆房建房的行为，本质上不会构成非法占用土地的行为，被上诉人作出的行政处罚决定认定事实不全面、不客观、不清楚。2. 被上诉人适用法律错误。上诉人没有违反《中华人民共和国土地管理法》第六十三条第一款、第二款规定。虽然上诉人拆房建房没有获得被上诉人审批，但并非被上诉人认为没有审批一律可以认定其就是非法占用土地的行为。被上诉人依据《中华人民共和国土地管理法》第七十七条作出行政处罚决定亦适用法律不当，上诉人符合一户一宅的条件，其拆房建房所占用土地没有超标，被上诉人机械性套用法律，明显不当。

二、上诉人的违法行为与被上诉人的行政处罚明显不相符。如果被上诉人的错误行政处罚不能得到纠正，上诉人拆房建房的房屋被强拆，将导致上诉人住无定所的后果。如果上诉人房屋被强拆后，再向被上诉人申请批准在原址重建房屋，根据上诉人的实际情况，被上诉人也应依法批准上诉人建房。但如果按照这样处理，上诉人将来即使能获得被上诉人批准建房，上诉人也没有资金建房，被上诉人仅依据上诉人没有获批的行为，就作出如此严重的行政处罚，没有任何公平性。

三、被上诉人处罚程序不合法，被上诉人在行政处罚中未送达行政处罚听证告知书，而是采用行政处罚告知书的形式代替，违反了国土行政处罚程序的规定。上诉人询问了被上诉人的代理人，被上诉人在行政处罚案件中进行案件审核时，是由该局法规股长汤某进行审核的，而汤某系初次从事行政处罚决定审核人员，没有通过国家统一司法考试取得法律职业资格，被上诉人作出的行政处罚决定违反了法律规定。涉案房屋系上诉人与妻子共同建造，被上诉人未查明庞某辉系涉案行政行为当事人，涉案行政处罚决定与庞某辉存在直接的利害关系，却未能依据行政处罚法的规定保障庞某辉的各项权利。被上诉人认定事实不清，程序违法。

综上所述，一审法院没有纠正被上诉人的不正确行政行为，一审判决错误。请求二审法院判决撤销一审判决和被上诉人作出的涉案行政处罚决定，并由被上诉人承担一、二审案件诉讼费用。

被上诉人A市自然资源局答辩称，一、关于听证告知书以行政处罚告知代替的问题，根据国土资源违法案件查处工作规程，答辩人已将申请听证的权利告知上诉人，通过行政处罚告知书的形式符合法律规定，可以不单独制作听证告知书，没有侵害上诉人权利。二、关于法制审核人员汤某的资质问题情况属实，但不影响行政处罚程序的合法性。经查实原宅基地系登记在上诉人名下，属家庭共有，上诉人作为户主，答辩人对其下达相关处罚文书，程序合法，违法当事人的认定正确，未侵害其妻子庞某辉的权利。一审法院认定事实清楚，程序合法，适用法律正确，判决正确。请求二审法院支持一审判决。

经本院二审审理查明，上诉人毛某1与案外人毛某2、毛某3系兄弟关系。上诉人毛某1在A市的房屋与毛某2所建房屋共墙。1992年5月28日，A市某乡人民政府为上诉人毛某1颁发韶土管（92）第××号《A市某乡建房用地许可证》，批准用地面积为17.9平方米，砖木结构一栋两层，并载明未经批准，不能再扩建。2010年8月16日，A市人民政府颁发韶集用（2010）第××××号《集体土地建设用地使用证》，载明：土地使用权人为上诉人毛某1，房屋用途为农村宅基地，房屋坐落于韶山，使用权面积为96.6平方米。2010年8月31日，原A市房产管理局颁发韶房权证韶山字第××号《房屋所有权证》，载明：房屋所有权人为毛某1，房屋坐落A市韶山，建筑面积为189.27平方米。2017年11月20日，上诉人毛某1以全部拆除重建为由申请农村宅基地建房。某宾馆滴水洞景区管理部在申请表四邻意见上加盖公章，但未签署意见。村民组负责人在该表上签署“该户系我组集体经济组织成员，建房位置权属清楚，使用权由我组确定给该建房户使用，选址无异议”的意见。村委会在该申请表上签署“该户在籍农业人口数属实，在我村范围无其他宅基地，承诺不会发生一户多宅的情况，同意该户建房”的意见，并加盖了村委会公章。A市公安局某派出所在该申请表上签署“经湖南省人口系统查询，某村长冲组9号户成员有毛某1、庞某辉、毛某麟、毛某麒共肆人”的意见，加盖了派出所公章。但上诉人毛某1的农村宅基地建房申请未获得其他部门的审批。2018年2月5日、11月14日，毛某1、毛某2、毛某3共向A市某乡人民政府缴纳美丽乡村建设自筹款30000元。2019年3月，上诉人毛某1未经批准擅自拆除原宅基地上房屋，重建房屋。2019年3月12日，被上诉人A市自然资源局向上诉人毛某1发出《接受调查通知书》，通知上诉人毛某1在2019年3月15日前携带有关材料去该局接受调查。2019年3月20日，被上诉人A市自然资源局向毛某1发出韶自然资执停〔2019〕××号《责令停止违法行为通知书》，认定上诉人未经相关部门批准擅自占用A市某乡某村长冲组集体土地建房，占地面积为204.09平方米；责令上诉人毛某1立即停止上述违法行为，限期15日内拆除在非法占用的土地上新建的建（构）筑物。2019年4月，被上诉人A市自然资源局申请湖南省有色地质勘查局某总队对毛某1、毛某2建设的房屋进行勘测定界，经勘测，毛某1、毛某2建设的房屋面积为410.79平方米，其中毛某1在建的建筑物面积为204.09平方米。2019年6月25日，被上诉人A市自然资源局作出韶自然资执告〔2019〕××号《行政处罚告知书》，告知上诉人拟作出“责令退还占用的土地，限期十五日内拆除在非法占用的204.09平方米的土地上新建的建（构）筑物”的行政处罚，并告知上诉人有陈述、申辩和申请听证的权利。上诉人毛某1在收到该告知书后未提出申述、申辩意见，也未申请听证。2019年7月17日，被上诉人A市自然资源局作出韶自然资执罚〔2019〕××号《行政处罚决定书》，认定上诉人毛某1于2019年3月未经批准擅自在韶山的集体土地上建房（占地面积为204.09平方米，占用地类为宅基地）的行为，违反了《中华人民共和国土地管理法》第六十二条第三款的规定。根据该法第七十七条的规定，决定责令上诉人退还非法占用的土地，限期15日内拆除在非法占用的204.09平方米土地上新建的建构（筑）物；并告知当事人不服该处罚决定可以提起行政复议或行政诉讼的救济途径。上诉人毛某1不服该行政处罚决定，向人民法院提起行政诉讼。

本院认为，一、1.《中华人民共和国行政处罚法》第三十八条第二款、第三款规定，“对情节复杂或者重大违法行为给予较重的行政处罚，行政机关的负责人应当集体讨论决定。在行政机关负责人作出决定之前，应当由从事行政处罚决定审核的人员进行审核。行政机关中初次从事行政处罚决定审核的人员，应当通过国家统一法律职业资格考试取得法律职业资格”。本案中，涉案行政处罚决定的内容是责令退还非法占用土地，限期拆除非法占用土地上新建的（建）构筑物，涉及上诉人重大财产权益，属于较重的行政处罚，应当经过集体讨论才能决定实施。被上诉人未提交证据证实本案所涉行政处罚经过集体讨论决定；在作出行政处罚决定之前，从事审核的汤某系初次从事行政处罚决定审核的人员，未通过国家统一法律职业资格考试取得法律职业资格，不具有对行政处罚决定审核资格。中华人民共和国国土资源部令第60号《国土资源行政处罚办法》第三十二条规定，“国土资源主管部门应当自立案之日起六十日内作出行政处罚决定。案情复杂，不能在规定期限内作出行政处罚决定的，经本级国土资源主管部门负责人批准，可以适当延长，但延长期限不得超过三十日，案件特别复杂的除外”。本案中，被上诉人进行调查取证的时间至其作出行政处罚决定，明显超过法定的处理期限，且被上诉人未向本院提交立案行政文书、延长期限批准文书等证据予以证实，违反上述规定。故被上诉人作出的涉案行政处罚决定，违反法定程序。

2.《中华人民共和国行政处罚法》第四十二条规定：“行政机关作出责令停产停业、吊销许可证或者执照、较大数额罚款等行政处罚决定之前，应当告知当事人有要求举行听证的权利；当事人要求听证的，行政机关应当组织听证。当事人不承担行政机关组织听证的费用……”《国土资源听证规定》第十二条规定：“有下列情形之一的，主管部门应当组织听证：（一）拟定或者修改基准地价；（二）编制或者修改土地利用总体规划和矿产资源规划；（三）拟定或者修改区域性征地补偿标准。有下列情形之一的，直接涉及公民、法人或者其他组织的重大利益的，主管部门根据需要组织听证：（一）制定规章和规范性文件；（二）主管部门规定的其他情形。”第十九条规定：“有下列情形之一的，主管部门在报批之前，应当书面告知当事人有要求举行听证的权利：（一）拟定拟征地项目的补偿标准和安置方案的；（二）拟定非农业建设占用基本农田方案的。有下列情形之一的，主管部门在作出决定之前，应当书面告知当事人有要求举行听证的权利：（一）较大数额罚款、责令停止违法勘查或者违法开采行为、吊销勘查许可证或者采矿许可证等行政处罚的；（二）国有土地使用权、探矿权、采矿权的许可直接涉及申请人与他人之间重大利益关系的；（三）法律、法规或者规章规定的其他情形。”根据上述规定，被上诉人在涉及国土资源行政执法过程中，应当举行听证有依职权和依申请两种情形。本案中，被上诉人A市自然资源局作出的涉案行政处罚决定，并不符合上述两种应当举行听证的情形，且被上诉人为了充分保障上诉人的合法权益，在行政处罚告知书中，明确告知了上诉人享有申请听证的权利，被上诉人的听证告知行为，并无不当。上诉人毛某1认为应当制作行政处罚听证告知书，没有依据，本院不予支持。

二、行政法上的比例原则，是指行政权力所采取的措施与其所达到目的之间必须合比例或相称。具体来说，要求行政主体执行职务时，面对多种可能选择之处置，应就方法与目的的关系权衡更有利者而为之；该原则是从“价值取向”上来规范行政权力与其所采取的措施之间的比例关系的。其中包含最少侵害原则，即行政主体实施行政行为不能超越实现行政目的的必要程度。也就是说，行政主体在实施行政行为时，有多种可供选择的手段可以达到行政目的，行政主体应该尽可能采取对相对人损害最小的手段。我国土地管理法律、法规针对农村村民未经批准擅自占用集体土地建房的行为作出禁止性规定的目的，旨在强化土地管理，保护和合理利用土地，促进社会经济的可持续发展。本案中，上诉人毛某1为了配合美丽乡村建设对房屋进行修缮改造，其向A市某乡人民政府申请在原宅基地上全部拆除重建房，所在村民小组、A市某乡某村民委员会、A市公安局某派出所进行了审核盖章，虽然上诉人拆旧建房未取得有权机关的审批，也超出原有宅基地的用地面积，但上诉人的建房申请审批手续已在进行中，有权机关至今未对上诉人的申请作出是否同意建房的决定。上诉人作为本村的常住农业户籍人口，在没有其他宅基地的情况下，在原宅基地上拆旧重新建房，符合一户一宅的建房条件。上诉人在收到责令停止违法行为通知后，在已投入较大建房成本的情况下，已按被上诉人的要求停止建设。此种情形下，被上诉人应考虑上诉人的实际情况，在维护法律尊严的前提下，区别对待，采取相应的补救措施。被上诉人直接作出责令退还非法占用土地，限期拆除房屋的处罚决定，与土地管理法律、法规的立法目的不相符，亦违反了行政比例原则，处罚明显不当。

综上，被上诉人A市自然资源局作出的韶自然资执罚〔2019〕××号《行政处罚决定书》，程序违法，且明显不当，依法应当予以撤销。上诉人毛某1的上诉请求成立，本院予以支持。原审认定事实基本清楚，程序合法，但适用法律错误，处理不当。依照《中华人民共和国行政诉讼法》第七十条第三项、第六项，第八十九条第一款第二项之规定，判决如下：

一、撤销湖南省湘潭市雨湖区人民法院〔2020〕湘0302行初21号行政判决；

二、撤销被上诉人A市自然资源局作出的韶自然资执罚〔2019〕××号《行政处罚决定书》；

三、责令被上诉人A市自然资源局在本判决生效之日起60日内依法重新作出处理。

一、二审案件受理费各50元，共计100元，由被上诉人A市自然资源局负担。

本判决为终审判决。

◎ 案例要旨剖析

一、比例原则理解与适用

比例原则起源于19世纪初的德国警察法，被称为“帝王原则”。行政法的比例原则包括三项子原则：（1）行政手段符合目的的适当性原则，又称妥当性原则；（2）行政手段所造成损害最小的必要性原则，又称损害最少原则；（3）行政手段所造成的损害与产出的社会利益相均衡原则，又称狭义的比例原则。比例原则的作用在于控制行政自由裁量的滥用。

本判例中，法院认为，如果上诉人房屋被强拆后，又向被上诉人申请批准在原址重建房屋，根据上诉人的实际情况，被上诉人也应依法批准上诉人建房。但如果按照这样处理，上诉人将来即使能获得被上诉人批准建房，上诉人也没有资金建房，被上诉人仅依据上诉人没有获批的行为，就作出如此严重的行政处罚，没有任何公平性。毫无疑问，该法院考虑到了房屋强拆给上诉人所造成的损害和影响，而这种损害和影响同上诉人的违法行为相比不具有任何公平性，违反行政手段所造成损害最小的必要性原则。

《中华人民共和国安全生产法》第六十五条第一款第三项规定赋予了应急管理部门现场处理措施决定权。应急管理部门可以责令从危险区域内撤出作业人员，责令暂时停产停业或者停止使用相关设施、设备。这些措施对企业造成的损失和影响是严重的。而且，现场处理措施决定权不同于行政处罚行为。行政处罚行为有严格的法定程序。例如，责令停产停业属于重大行政处罚行为，要经过集体讨论、法制审查，当事人有陈述、申辩、申请听证的权力。现场处理措施决定权是法律的特殊授权，可以当场作出，没有相应程序的制约。这意味着，安全生产执法人员拥有极大的自由裁量权。正因如此，安全生产执法人员在行使这项权力时要充分考虑措施的适当性和必要性。例如，某县应急管理局执法人员到顺风制造厂检查时，发现正在作业的电焊工没有取得特种操作作业证。执法人员当场作出现场处理措施决定，责令顺风制造厂暂时停产停业。责令暂时停产停业的措施对企业造成的损失和影响是严重的。在这种情况下，责令没有特种操作作业证的电焊工停止作业就能达到目的，没有必要责令顺风制造厂暂时停产停业。这样的现场处理措施决定明显违反比例原则。

二、法制审核

根据行政处罚法的规定，在行政机关负责人对复杂、重大行政处罚作出决定之前，应当由从事行政处罚决定法制审核的人员进行法制审核；未经法制审核或者审核未通过的，不得作出决定。

（一）法制审核是法定程序

法制审核是复杂、重大行政处罚的法定程序，未经法制审核，构成程序违法。《中华人民共和国行政处罚法》（2021 年修订）第五十八条规定了法制审核的范围：（1）涉及重大公共利益的；（2）直接关系当事人或者第三人重大权益，经过听证程序的；（3）案件情况疑难复杂、涉及多个法律关系的；（4）法律、法规规定应当进行法制审核的其他情形，都要进行法制审核。

（二）法制审核机构和人员资格

根据《国务院办公厅关于全面推行行政执法公示制度执法全过程记录制度重大执法决定法制审核制度的指导意见》（国办发〔2018〕118 号）的规定，“各级行政执法机关要明确具体负责本单位重大执法决定法制审核的工作机构，确保法制审核工作有机构承担、有专人负责……要充分发挥法律顾问、公职律师在法制审核工作中的作用，特别是针对基层存在的法制审核专业人员数量不足、分布不均等问题，探索建立健全本系统内法律顾问、公职律师统筹调用机制，实现法律专业人才资源共享”。初次从事行政处罚决定法制审核的人员，应当通过国家统一法律职业资格考试取得法律职业资格。在 2018 年 1 月 1 日之前，已经在行政机关从事法制审核的人员，未取得法律职业资格，可以继续从事。2018 年 1 月 1 日之后，初次从事法制审核的人员，应当取得法律职业资格。即，“老人老办法、新人新办法”。

（三）法制审核文书

法制审核意见是在行政处罚审批表内增加一栏，加注法制审核意见，还是采用独立的书面格式，行政处罚法对此并未作出明确规定。法制审核意见作为独立的法定程序，一般采用独立的书面格式。应急管理部发布的安全生产行政执法文书式样采用独立的行政执法决定法制审核意见书。

03 郴州某矿业有限公司诉某部行政复议决定案

◎ 案例导读

1. 国务院《全面推进依法行政实施纲要》规定，行政机关行使自由裁量权的，应当在行政决定中说明理由。行政复议决定和复议卷宗也应当依法说明理由，以此表明复议机关已经全面客观地查清了事实，综合衡量了与案情相关的全部因素，而非轻率或者武断地作出决定。不说明裁量过程和没有充分说明理由的决定，既不能说服行政相对人，也难以有效控制行政裁量权，还会给嗣后司法审查带来障碍。

2. 被诉复议决定援引《中华人民共和国行政复议法》第二十八条第一款第三项作为法律依据时，未明确具体适用该项五种违法情形的具体类型，更未阐明具体理由，给当事人依法维权和人民法院合法性审查造成了障碍，构成适用法律不当。

3. 本案中，某部门于 2006 年可以裁量不设定矿区范围垂直投影重叠的采矿权，也可以不颁发相应的采矿许可证，但其一旦实施了首次许可，那么在其后的延续许可，以至行政复议机关、人民法院对延续许可合法性进行审查时，则既要考虑首次许可的适法性，也要考虑维持许可是否必然损害公共利益，以及是否有必要的措施防范可能带来的不利影响并保障被许可人的信赖利益等问题。

不能认为只要 2006 年行政许可存在违法性问题，就必然要对 2011 年行政许可的合法性作出否定性评价。

4. 部分违法不能推导成全部违法，合法部分依然受法律保护。

中华人民共和国最高人民法院
行政判决书[①]

（2018）最高法行再6号

再审申请人（一审原告、二审上诉人）：郴州B矿业有限公司

被申请人（一审被告、二审被上诉人）：中华人民共和国某部

被申请人（一审第三人、二审被上诉人）：C矿业有限公司

再审申请人郴州B矿业有限公司（以下简称B公司）诉被申请人中华人民共和国某部（以下简称某部）国土资源行政复议决定一案，北京市第一中级人民法院于2015年7月1日作出（2015）一中行初字第839号行政判决，驳回B公司的诉讼请求。B公司不服提起上诉后，北京市高级人民法院于2016年3月2日作出（2015）高行终字第3209号行政判决，驳回上诉，维持一审判决。B公司仍不服，向本院申请再审。本院于2017年12月28日作出（2016）最高法行申1002号行政裁定，提审本案，并依法组成合议庭，对本案进行了审理，现已审理终结。

某部国土资复议〔2014〕455号行政复议决定（以下简称被诉复议决定）主要内容如下：

第一，湖南省某厅（以下简称湖南省某厅）授权郴州市某局（以下简称郴州市某局）颁发本案采矿许可证不符合有关规定。按照《矿产资源开采登记管理办法》、原中华人民共和国地质矿产部《关于授权颁发勘查许可证采矿许可证的规定》（地发〔1998〕48号，以下简称地发〔1998〕48号文件）以及某部《关于规范勘查许可证采矿许可证权限有关问题的通知》（国土资发〔2005〕200号，以下简称国土资发〔2005〕200号文件）[②] 的规定，本案涉

---

① 访问网址：https://wenshu.court.gov.cn/website/wenshu/181107ANFZ0BXSK4/index.html?docId=b50ebdb2d20a4a17b35fa8b200bf4b81。访问时间：2021年7月1日。

② 该规定于2020年5月27日废止。

及的小规模铅、锌、银等矿种由国务院地质矿产主管部门授权省级某部门审批发证，并且不得再行授权。湖南省某厅根据原湖南省地质矿产厅《关于委托审批登记颁发采矿许可证的通知》（湘地行发〔1998〕6号，以下简称湘地行发〔1998〕6号文件）的规定，将小规模铅、锌、银等矿种的审批发证权限下放至市级某部门。本案中2006年××××号《采矿许可证》（以下简称2006年《采矿许可证》）由郴州市某局颁发，湖南省某厅认可该发证行为。湘地行发〔1998〕6号文件和湖南省某厅的该授权行为与上述文件规定不符。第二，本案采矿许可证不符合采矿权审批发证的有关规定。根据有关地质资料，本案D矿、B矿等存在矿权范围垂直投影重叠，尽管在立体空间上采矿权没有重叠与交叉，但垂直投影重叠已经实质构成了矿产资源管理中的矿业权重叠。

根据《国务院办公厅转发某部〈关于进一步治理整顿矿产资源管理秩序的意见〉的通知》（国办发〔2001〕85号，以下简称〔2001〕85号文件）[①]第二条“一个矿山原则上只能审批一个采矿主体。不能违法重叠和交叉设置探矿权、采矿权”的规定，湖南省某厅在2006年3月24日授权郴州市某局向B公司颁发2006年《采矿许可证》时，C矿业有限公司的采矿权已经合法存在，湖南省某厅该发证行为违反了有关矿业权重叠与交叉的禁止性规定。

决定：根据上述事实和理由，依据《中华人民共和国行政复议法》（以下简称《行政复议法》）第二十八条第一款第三项规定，撤销湖南省某厅向B公司颁发的2011年××××号《采矿许可证》（以下简称2011年《采矿许可证》）。

北京市第一中级人民法院审理查明以下事实：

2006年1月16日，湖南省某厅向郴州市C矿业有限公司颁发××××号《采矿许可证》，矿山名称为“郴州市C矿业有限公司D矿”，开采矿种为“锡矿、钨、砷”，有效期限为2006年1月至2010年1月。D矿原为某国有企业D矿区。2005年该国有企业改制，通过招拍挂处置矿业权，郴州市C矿业有限公司竞得该采矿权。2009年，矿山与某集团合作，成立C矿业有限公司作为经营主体，并于2010年在湖南省某厅办理转让和变更（延续）登记手续，采矿权人变更为C矿业有限公司。由于锡矿储量达到中型以上，2010年

---

① 该通知于2015年11月27日废止。

11月和2011年10月，C矿业有限公司在某部办理了采矿许可延续登记手续，证号为××××。经延续，该采矿证的有效期为2011年10月7日至2012年10月7日，发证日期为2011年12月26日。同时，某部在该采矿许可证上标注："请在本证有效期内解决重叠问题，重叠问题解决后，再申请办理延续登记。否则不再予以延续。"

2006年3月24日，郴州市某局颁发2006年《采矿许可证》，矿山名称为"苏仙区B北段有色金属矿"，开采矿种为"铅矿、锌、银"，有效期限为2006年3月至2011年3月。2010年12月，郴州市某局进行换证，证号变更为××××。2011年该证到期后，由湖南省某厅办理采矿权延续登记手续，并将开采矿种变更为"锡矿、铅、锌，综合回收钨、银、铜"。同时，由于原矿山企业不具备法人资格，矿山重新登记成立了B公司作为新的采矿权人，并办理了变更登记手续，证号不变，即2011年《采矿许可证》。经延续和变更登记，该采矿许可证的有效期限为2011年9月1日至2014年9月1日。

据地质资料和矿山储量核实，D矿与B矿存在矿区垂直投影重叠。2010年起，为了确保矿山安全生产，郴州市人民政府和郴州市苏仙区人民政府将D矿区列为重点整合矿区，拟通过资源整合彻底解决矿区矿山设置过密及部分矿区范围垂直投影重叠等问题。2011年5月16日，B公司与C矿业有限公司签订承诺书，双方承诺在采矿生产过程中保证做到合法开采、安全生产，不超深越界。

因在采矿许可证有效期内无法解决重叠问题，C矿业有限公司于2012年11月向某部提出行政复议申请，以湖南省某厅授权郴州市某局向B公司颁发《采矿许可证》违法、湖南省某厅在该公司矿业权坐标范围内重叠、交叉向B公司设置采矿权侵权、湖南省某厅授权郴州市某局向B公司颁发《采矿许可证》违反法定程序等为由，请求：撤销湖南省某厅（授权郴州市某局）于2006年向B公司颁发、于2011年又经湖南省某厅延续的2011年《采矿许可证》的具体行政行为。2012年12月12日，某部决定受理C矿业有限公司提出的复议申请，并通知B公司参加行政复议。因认为需要进一步查明有关事实和依据，某部于2013年1月30日中止该案的审理。2014年7月14日，某部恢复该案审理，并于同日作出被诉复议决定。B公司不服，提起本案行政诉讼。

北京市第一中级人民法院一审认为：

一、关于2006年采矿许可是否属于2011年采矿许可合法性审查要素的问题

从权利来源来看，B公司最初系通过挂牌出让方式取得B矿的采矿权。对此，郴州市某局核发2006年《采矿许可证》，对该采矿权予以登记。2010年12月，郴州市某局进行换证。2011年该证到期后，由湖南省某厅办理采矿权延续和变更手续，向B公司颁发2011年《采矿许可证》。由此可知，2011年《采矿许可证》系由2006年《采矿许可证》延续变更而来。虽然两者的发证机关、矿种和生产规模有所区别，但这无法否定两者之间的权利延续关系。从权利内容来看，前者是后者的基础，后者是对前者的延续。前者在有效期届满后，权利内容被后者继承与吸收。因此，对湖南省某厅向B公司颁发2011年《采矿许可证》的合法性审查应当包含以下几个要素：一是2011年《采矿许可证》记载的采矿权设立的合法性；二是采矿权延续手续的合法性；三是采矿权变更手续的合法性。其中，第一项要素包含许可实施机关、条件、程序和期限等方面内容的审查，这与郴州市某局颁发《采矿许可证》的合法性审查并无区别。因此，从结果上来看，郴州市某局向B公司颁发2006年《采矿许可证》的合法性，属于湖南省某厅向B公司颁发2011年《采矿许可证》的合法性审查要素。

二、关于湖南省某厅委托郴州市某局向B公司颁发《采矿许可证》是否违法的问题

根据《矿产资源开采登记管理办法》第三条第一款的规定，2011年《采矿许可证》中记载的“锡矿、铅、锌，综合回收钨、银、铜”等，属于国务院地质矿产主管部门审批发证矿种。同时，根据该办法第三条第三款第二项，地发〔1998〕48号文件第二条，国土资发〔2005〕200号文件第十条、第十一条、第十七条等规定，2011年《采矿许可证》所涉及的矿种属于某部授权省某厅审批发证的范围，而省某厅不得再行授权。本案中，湖南省某厅委托郴州市某局为B公司颁发采矿许可证违反了上述禁止性规定，该颁证行为违法，作为郴州市某局所颁发的采矿许可证的延续，2011年《采矿许可证》亦存在上述违法问题。

三、关于B公司与C矿业有限公司的采矿权是否存在重叠，是否足以导致涉案采矿许可证被撤销的问题

B公司与C矿业有限公司的采矿权矿区范围在空间上相互独立，但存在垂直投影重叠之情形。对此，〔2001〕85号文件第二条第一项规定，对未按照法定程序和权限颁发的勘查许可证、采矿许可证，向不符合法定条件的申请者颁发的勘查许可证、采矿许可证，违法设置的相互重叠或交叉的勘查许可证、采矿许可证，都要依法抓紧进行纠正。该吊销的要依法吊销，该注销的要坚决注销，该协调处理的要妥善处理。第二条第四项规定，一个矿山原则上只能审批一个采矿主体。不能违法重叠和交叉设置探矿权、采矿权。由上可知，B公司与C矿业有限公司的采矿权存在矿区范围垂直投影重叠的问题，不符合上述规定的要求，应当依法予以纠正。而且，从权利产生的时间而言，B公司的采矿权系出让取得，并于2006年3月24日由郴州市某局颁证；而C矿业有限公司的采矿权系转让取得，并于2006年1月16日由湖南省某厅颁证。C矿业有限公司的采矿权取得在先，属于在先权利。当B公司取得的采矿权与C矿业有限公司的在先采矿权发生冲突时，某部依据上述规定撤销B公司的采矿权并无不当。

四、关于C矿业有限公司申请行政复议是否超过法定期限、是否符合行政复议受理条件的问题

《行政复议法》第九条规定："公民、法人或者其他组织认为具体行政行为侵犯其合法权益的，可以自知道该具体行政行为之日起六十日内提出行政复议申请；但是法律规定的申请期限超过六十日的除外。因不可抗力或者其他正当理由耽误法定申请期限的，申请期限自障碍消除之日起继续计算。"从本案证据来看，C矿业有限公司申请复议时已经超出六十日的复议期限。但鉴于C矿业有限公司一直在积极主张权利，一方面，向湖南省某厅反映矿区重叠问题，要求予以解决，当地政府及某部门也确实在进行协调。另一方面，某部在为C矿业有限公司办理采矿许可证延续时明确指出，需在有效期内解决重叠问题，否则不再予以延续。C矿业有限公司出于对当地政府及某部门的信任，一直等待其协调解决问题。因在有效期内无法协调解决，C矿业有限公司在无法办理延续手续的情况下，其在合理期限内提出复议申请，并不

存在怠于行使权利之情形，应当认为其具有正当理由，某部受理其提出的行政复议申请并无不当。

因此，北京市第一中级人民法院依照《中华人民共和国行政诉讼法》第六十九条之规定，判决驳回B公司的诉讼请求。B公司不服一审判决，向北京市高级人民法院提起上诉。

北京市高级人民法院二审审理查明的事实与一审审理查明的事实基本一致。

北京市高级人民法院二审认为：

一、关于行政复议审查对象确定的问题

根据《中华人民共和国行政许可法》（以下简称《行政许可法》）的相关规定，行政许可的行为样态包括行政机关对行政许可的准予、变更、延续、撤回、注销和撤销等，这些行为样态相对独立，均可以成为行政复议的审查对象。本案中，C矿业有限公司申请行政复议的对象为"湖南省某厅（授权郴州市某局）于2006年向B公司颁发、于2011年又经湖南省某厅延续的2011年《采矿许可证》的具体行政行为"，某部在被诉复议决定中将C矿业有限公司的复议请求归纳为"请求撤销湖南省某厅向B公司颁发2011年《采矿许可证》的行为"，其作出被诉复议决定的结果是"撤销湖南省某厅向B公司颁发的2011年《采矿许可证》"。因此，本案中被复议审查的对象应为湖南省某厅向B公司颁发2011年《采矿许可证》的行为，从而亦将某部对上述行政许可进行行政复议的行为，作为本案行政审判审理对象。

二、关于行政复议申请期限认定的问题

根据《行政复议法》第九条、《中华人民共和国行政复议法实施条例》（以下简称《复议法实施条例》）第十七条的规定，本案中，湖南省某厅颁发2011年《采矿许可证》的行为对C矿业有限公司的权利、义务可能产生不利影响，但湖南省某厅并未举证证明其已告知C矿业有限公司申请行政复议的权利、行政复议机关和行政复议申请期限。由于《行政复议法》和《复议法实施条例》并未明确行政机关未履行《行政复议法实施条例》第十七条所规定的告知义务情况下行政复议申请期限如何计算，鉴于行政复议在权利救济方面的准司法性质，可以参照当时有效的《最高人民法院关于执行〈中华人民共和国行政诉讼法〉若干问题的解释》第四十一条第一款的规定，将此种情况下申请复议的期限计算问题解释为：从相对人知道或者应当知道复议权利或者复议期限之日起计算，但从知道或者应当知道具体行政行为内容之日起最长不得超过适当的期限。就本案而言，湖南省某厅为B公司颁发2011年《采矿许可证》的日期为2011年9月1日，某部在向C矿业有限公司颁发的《采矿许可证》上标注“请在本证有效期内解决重叠问题”的日期为2011年12月26日，2012年C矿业有限公司多次向湖南省某厅提出撤销重叠采矿权的申请。而且，在此期间相关政府部门组织各方进行整顿整合。因此，C矿业有限公司于2012年11月对2011年《采矿许可证》申请行政复议，应认定未超过适当期限，故某部受理C矿业有限公司的行政复议申请并无不当。

三、关于2006年《采矿许可证》是否存在重大明显违法的问题

结合《最高人民法院关于审理行政许可案件若干问题的规定》第七条的规定，行政复议机关在对行政行为进行复议审查时，发现作为被审查行政行为基础的其他行政决定存在明显缺乏事实根据、明显缺乏法律依据、超越职权或者其他重大明显违法情形的，可以据此对被申请审查的行政行为作出相应处理。本案中，湖南省某厅颁发的2011年《采矿许可证》，属于对郴州市某局颁发的2006年《采矿许可证》的变更、延续。相对于2011年采矿许可而言，2006年采矿许可处于基础行政决定的法律地位。某部在对2011年采矿许可进行复议审查时，发现2006年采矿许可存在重大明显违法情形，可以对2011年采矿许可进行相应处理。本案某部撤销2011年采矿许可的理由分别为湖南省某厅授权郴州市某局作出采矿许可违法，以及郴州市某局作出采矿许可违反有关矿业权重叠与交叉的禁止性规定。对此，分别作出如下认定：

（一）湖南省某厅委托郴州市某局作出采矿许可是否属于重大明显违法

根据《中华人民共和国矿产资源法》等系列规定，本案中对于B公司的采矿许可应由湖南省某厅作出，且国务院地质矿产主管部门明确要求不得再行授权。《行政许可法》第二十四条规定：“行政机关在其法定职权范围内，依照法律、法规、规章的规定，可以委托其他行政机关实施行政许可。委托机关应当将受委托行政机关和受委托实施行政许可的内容予以公告。委托行政机关对受委托行政机关实施行政许可的行为应当负责监督，并对该行为的后果承担法律责任。受委托行政机关在委托范围内，以委托行政机关名义实

施行政许可；不得再委托其他组织或者个人实施行政许可。”

本案中，2006 年采矿许可作出时无法律、法规、规章规定湖南省某厅可以委托郴州市某局颁发采矿许可证，原湖南省某厅通过制发湘地行发〔1998〕6 号文件的形式，将颁发 2006 年《采矿许可证》的权限委托郴州市某局行使，郴州市某局颁发采矿许可也未以湖南省某厅的名义作出。因此，上述委托行为不符合《行政许可法》的规定。但鉴于 2006 年《采矿许可证》确系郴州市某局受湖南省某厅委托向 B 公司颁发，而湖南省某厅本身具有作出采矿许可的主体资格，且其以颁发 2011 年《采矿许可证》的行为实际追认了郴州市某局颁发 2006 年《采矿许可证》的行为。

综合上述情况，本案中湖南省某厅委托郴州市某局以后者名义颁发 2006 年《采矿许可证》并不构成重大明显违法。至于上述委托行为违法问题，可通过其他途径予以责任追究。因此，某部以湖南省某厅委托郴州市某局颁发 2006 年《采矿许可证》违法作为撤销湖南省某厅颁发 2011 年《采矿许可证》的理由之一，属于不当。

（二）郴州市某局违反垂直投影重叠禁止性规定颁发《采矿许可证》是否属于重大明显违法

根据某部提交的《D 矿区矿权设置平面位置关系图》《D 矿区矿权设置剖面位置关系图》，以及 B 公司在行政复议程序中提交的《行政复议答辩书》等材料，可以认定本案存在垂直投影部分重叠的情况，被诉复议决定认定重叠的事实清楚。

根据《中华人民共和国矿产资源法实施细则》第五条，《矿产资源开采登记管理办法》第五条第一款、第三十二条第一款的规定，申请采矿许可所指向的矿区范围，应是立体空间区域。但对于矿区范围之间能否存在垂直投影重叠，2006 年《采矿许可证》颁发时的相关法律、法规、规章未予规定。根据〔2001〕85 号文件第二条的规定，违法设置的相互重叠或交叉的采矿许可证，都要依法抓紧进行纠正。该吊销的要依法吊销，该注销的要坚决注销，该协调处理的要妥善处理；一个矿山原则上只能审批一个采矿主体。不能违法重叠和交叉设置采矿权。上述通知系经国务院办公厅转发的并由国务院地质矿产主管部门制发的规范性文件，下级地质矿产主管行政机关在行政执法中应予执行，其中有关不能违法设置相互重叠的采矿权的规定不与上位法相抵触，且具有矿产行政管理的实际必要性，主管行政机关在颁发采矿许可证时不应违反。

本案中，郴州市某局在向 B 公司颁发 2006 年《采矿许可证》时，〔2001〕85 号文件已经颁布施行，在垂直投影范围内已存在在先采矿权的情况下，郴州市某局颁发 2006 年《采矿许可证》的行为违反了该文件中“不能违法重叠设置采矿权”的相关规定。故本案应参照上述规范性文件的规定，认定郴州市某局颁发 2006 年《采矿许可证》存在重大明显违法。某部以此作为理由之一撤销 2011 年采矿许可行为，适用法律正确。

四、关于湖南省某厅颁发 2011 年《采矿许可证》是否存在违法的问题

2011 年 1 月 20 日，某部制发的《关于进一步完善采矿权登记管理有关问题的通知》(国土资发〔2011〕14 号，以下简称〔2011〕14 号文件）第十四条明确规定：“除同属一个矿业权人的情形外，矿业权在垂直投影范围内原则上不得重叠。涉及和石油、天然气等特定矿种的矿业权重叠的，应当签署互不影响，确保安全生产的协议后，办理采矿许可证。”本案中，湖南省某厅颁发 2011 年《采矿许可证》的日期为 2011 年 9 月 1 日，应适用上述〔2001〕85 号文件和〔2011〕14 号文件有关采矿权垂直投影重叠禁止性规定。但在存在垂直投影重叠的情况下，湖南省某厅仍通过颁发 2011 年《采矿许可证》的形式将 2006 年《采矿许可证》予以延续和变更，违反了上述规范性文件的规定。需要指出的是，某部并未将湖南省某厅颁发 2011 年《采矿许可证》存在此项违法情形，在被诉复议决定中直接而明显地予以体现，属于适用法律不全面的情况，应予指正。

五、关于被诉复议决定引用法律条文是否具体的问题

行政机关作出行政行为有对应法律条文可以援引的，应当写明法律依据及具体条款。本案中，被诉复议决定系适用《行政复议法》第二十八条第一款第三项，该项包括“1. 主要事实不清、证据不足的；2. 适用依据错误的；3. 违反法定程序的；4. 超越或者滥用职权的；5. 具体行政行为明显不当的”等 5 目，但某部并未在被诉复议决定中引用具体的目，存在引用法律条文不具体的情况，对此应予指出，某部应在以后的行政执法中避免出现上述情况。

另外，在接到C矿业有限公司的行政复议申请后，某部履行了受理、通知、调查取证、中止、作出决定等法定步骤，履行行政复议程序并无不当。

因此，北京市高级人民法院认为某部撤销湖南省某厅向B公司颁发2011年《采矿许可证》的主要理由成立，主要法律依据充分，遂依照《中华人民共和国行政诉讼法》第八十九条第一款第一项之规定，判决驳回上诉，维持一审判决。

再审申请人B公司在法定期限内向本院申请再审，请求：

1. 撤销一、二审法院判决；2. 撤销被诉复议决定；3. 判令某部依法重新作出行政复议决定；4. 判令由某部承担一、二审诉讼费用。主要理由为：

一、二审法院判决认定事实不清，主要证据不足。一、二审法院对审查对象认定严重错误，二审法院表面认定被复议审查对象应为湖南省某厅向B公司颁发2011年《采矿许可证》的行为，实际上仍然以郴州市某局颁发2006年《采矿许可证》为基础进行合法性审查。一、二审法院在没有明确依据的情形下，仅依据矿区范围存在垂直投影重叠的事实就认定存在违法重叠，明显证据不足。〔2001〕85号文件与〔2011〕14号文件的相关规定均属于原则性规定，对违法重叠的认定，规范性文件本身规定不明确，没有当然的法律效力。相关规定既为原则性规定，即是属于自由裁量的范畴，湖南省某厅作为发证机关享有自由裁量权，其基于自由裁量权而做出的发证行为及后来一系列的协调行为，并不存在违反法律规定的情形。被诉复议决定对B公司和C矿业有限公司的采矿权构成垂直投影重叠的事实、程度、影响等未进行认定，没有进行任何分析。

二、二审法院判决违反法定程序、适用法律错误。一、二审法院超越权限违法裁判，将本应由某部在行政复议中作出的决定直接在判决中作出，违反法律规定，将C矿业有限公司自主选择放弃申请复议的行为视为超过复议申请期限的正当理由，属适用法律错误。

三、二审法院违反客观公正原则，影响公正审判。二审法院在明知被诉复议决定引用法律不全面的情况下，不仅仍然认定被诉复议决定合法，还在判决书中提到“某部……存在引用法律条文不具体的情况，对此本院应予指出，某部应在以后的行政执法中避免出现上述情况”等内容，明显偏向某部。

被诉复议决定无视行政相对人的信赖利益，严重损害了再审申请人的合法权益。

被申请人某部向本院提出意见，请求驳回B公司的再审申请。主要理由为：1. 郴州市某局2006年许可行为违反有关矿产资源颁证权限的相关规定，属越权执法行为。2. 郴州市某局2006年许可行为、湖南省某厅2011年许可行为，均违反了垂直投影重叠的禁止性规定，属重大明显违法的行政行为，依法应予撤销。3. C矿业有限公司申请行政复议没有超过法定期限，湖南省某厅于2011年9月1日作出行政许可行为，C矿业有限公司于2012年11月申请行政复议，且C矿业有限公司在行政许可作出后，曾多次提出要求撤销重叠的采矿权申请，相关政府部门也组织多方进行整合协调，因而C矿业有限公司不存在怠于行使复议申请权的情形。

被申请人C矿业有限公司向本院提出意见，请求驳回B公司的再审申请。主要理由为：1. 被诉复议决定及一、二审法院判决认定事实清楚、证据确实充分、审查对象正确。作为涉案采矿许可证取得基础的拍卖行为违法，采矿权设置违法重叠，拍卖标的依法不具有可处分性。违法重叠，既包括立体空间重叠，也包括垂直投影重叠，采矿权重叠将明显对矿山生产安全造成隐患。郴州市某局2006年许可行为不仅程序违法，而且实体违法，但鉴于该行为已被湖南省某厅2011年行政许可行为所替代，可以不予撤销。湖南省某厅2011年行政许可是对郴州市某局2006年行政许可的延续和变更，其没有纠正违法重叠设置的采矿权，同样构成违法，依法应予撤销。2. C矿业有限公司申请行政复议没有超过法定期限，符合法定申请条件，某部受理C矿业有限公司的行政复议申请符合法律规定。

本院对一、二审法院审理查明的事实依法予以确认。

本院另查明：2016年10月26日，郴州市人民政府给某部《关于支持郴州市苏仙区D矿区资源整合工作的请示》（郴政〔2016〕71号）载明："20世纪90年代中后期，郴州市苏仙区D等矿区因乡镇、村多头发包，多头管理，乱采乱挖严重，非法矿点达255个。2001年起，苏仙区政府开展了D等矿区的矿业秩序整治工作。截至2003年，有色金属矿点由原来的255个整治保留到56个，由于这些矿山基本上未办理采矿登记或延续登记手续，未取得合法采矿权或者合法采矿权已废止，引发多人向中央、省、市有关部门上访。为逐步化解历史遗留问题，苏仙区政府编制了《郴州市苏仙区有色矿遗留问题矿山矿产资源开发利用专项规划》，明确D矿属于国有矿山企业予以保留，B矿和白沙垄矿虽然与D矿存在部分垂直投影重叠，但有各自独立的空间范围，经区政府组织有关主管部门及D矿等协调，同意将这2个矿山作为新设采矿权公开挂牌出让。该专项规划于2005年11月获湖南省某厅批复（湘国土资办函〔2005〕138号）。”

本院组织各方当事人勘验现场后还查明：根据相关政府部门要求，B公司和C矿业有限公司的涉案矿区至今仍处于停止生产状态。

本院审理期间，曾多次组织各方当事人并邀请湖南省某厅、郴州市人民政府、前期曾经签订整合并购协议的相关公司参与协调整合事宜，但因故协调未果。

本院认为，本案审查的标的是被诉行政复议决定是否合法。结合被诉复议决定、一、二审法院判决以及各方当事人在再审期间的诉辩意见，本院对被诉复议决定是否合法、一、二审法院判决是否正确，从以下五个方面分述之：

一、关于某部受理C矿业有限公司行政复议申请是否合法的问题

国家对矿产资源的开采利用实行许可证制度，并实行采矿权有偿取得的矿产资源产权制度。根据《矿产资源开采登记管理办法》第六条、第十三条之规定，通常情况下，采矿权的设立和取得，是行政机关与相对人多阶段、多步骤、多个行为共同作用的结果：地质矿产行政主管部门确定采矿权类型与矿区范围，发布招标公告并根据择优原则确定中标人，中标人缴纳采矿权出让费用并签订出让合同，中标人取得相关行政机关的相关联行政许可，并取得相应年限的采矿许可证。其中，采矿许可证是地质矿产行政主管部门代表国家向采矿权申请人颁发的、授予采矿权申请人行使开采矿产资源权利的法律凭证，但并非唯一法律文件。采矿权人开采矿产资源权利的取得，虽以有权机关颁发采矿许可证为标志，但采矿权出让合同依法生效后即使未取得采矿许可证，也仅表明受让人暂时无权进行开采作业，除此之外的其他占有性权利仍应依法予以保障。同样，采矿许可证规定的期限届满，仅仅表明采矿权人在未经延续前不得继续开采相应的矿产资源，采矿权人其他依法可以

独立行使的权利仍然有效。

《矿产资源开采登记管理办法》第七条第二款规定:“采矿权人逾期不办理延续登记手续的,采矿许可证自行废止。”该条规定的“自行废止”,不能理解为所有矿产资源产权权益一并丧失。而且,本案C矿业有限公司在采矿许可证到期之前已经提出延续登记手续,仅仅是因为重叠问题未解决,采矿许可证暂未得到延续,并不具备采矿许可证自行废止的条件,也不影响其基于采矿权出让合同等已经取得的矿产资源权利,更不应以采矿许可证事后未得到延续的事实,来否定其与在先的采矿许可行为的利害关系。

因此,虽然C矿业有限公司采矿许可证在2012年10月7日期限届满后未得到延续,但基于C矿业有限公司已经取得的矿产资源等权益,其与湖南省某厅2011年的许可行为,仍具有法律上的利害关系,有权以自己的名义申请行政复议。由于B公司、C矿业有限公司双方客观存在采矿许可证范围垂直投影重叠的问题,某部、湖南省某厅、当地政府及职能部门等多次举行专题协调会推进整合事宜;某部2011年12月26日向C矿业有限公司颁发的《采矿许可证》也明确标注:“请在本证有效期内解决重叠问题,重叠问题解决后,再申请办理延续登记。否则不再予以延续。”

因此,C矿业有限公司基于等待当地政府和某部门推动整合等考虑,于2012年11月申请行政复议,即使存在申请超过法定期限情形,也应当认为属于有“正当理由”。

因此,一、二审法院结合全案情况,对某部依法受理C矿业有限公司的行政复议申请予以支持,有法律依据。

二、关于2006年行政许可行为违法是否必然影响2011年行政许可行为合法性的问题

本院注意到C矿业有限公司提交的行政复议申请曾对2006年《采矿许可证》合法性提出质疑,但被诉复议决定并未将该许可行为的合法性直接作为审查标的,一、二审法院亦仅将某部对颁发2011年《采矿许可证》复议的行为作为本案审理对象。但是,不论是被诉复议决定还是一、二审法院判决,在对2011年采矿许可的合法性作出否定性评价时,又均将2006年采矿许可的违法性作为主要理由之一。因此,对行政复议决定合法性的审查,仍需全

面考虑前后两次行政许可的合法性问题。具体而言，湖南省某厅2011年行政许可，系对郴州市某局2006年行政许可的承继和延续，因而对2011年行政许可的合法性审查，也必然会涉及对2006年行政许可甚至采矿权设立行为、拍卖出让行为的合法性评价。但是，不能认为只要2006年行政许可存在合法性问题，就必然影响2011年行政许可的合法性。而且，对2006年行政许可合法性的审查与对2011年行政许可合法性的审查，其审查标准应当有所不同。一方面，2006年行政许可已经超过法定申请行政复议和提起行政诉讼的期限，具有不可争力。因而，不能认为只要2006年行政许可存在违法性问题，就必然要对2011年行政许可的合法性作出否定性评价；只有在2006年行政许可存在重大明显违法或者存在显而易见的违法且无法补正的情况下，才可能直接影响到2011年行政许可的合法性。另一方面，不论是行政许可机关、行政复议机关还是人民法院，对首次许可与延续许可行为合法性的判断标准与审查重点均应有所不同。对许可期限届满的行政许可，许可机关在延续时，既会考虑原许可的适法性问题，也必然会考虑法律规范的变化对是否延续的影响，甚至会考虑基于公共利益需要是否能够延续的问题。但显然，行政系统作出首次许可、许可延续以及撤销许可时，裁量幅度应当有所不同。首次许可时，许可机关可以依法裁量不予许可，但是否延续许可的裁量和判断，则应受首次许可的约束，兼顾信赖利益保护问题。即使首次许可存在瑕疵或者违法，许可机关仍应审慎行使不予延续职权。同理，行政复议机关或者人民法院对许可机关裁量权进行审查时，亦应秉持谦抑原则，尊重许可机关对自身裁量权的限缩，除非这种限缩性裁量明显不合理或者违背了立法目的，抑或构成滥用裁量权。

本案中，某部门于2006年可以裁量不设定矿区范围垂直投影重叠的采矿权，也可以不颁发相应的采矿许可证，但其一旦实施了首次许可，那么在其后的延续许可，以至行政复议机关、人民法院对延续许可合法性进行审查时，则既要考虑首次许可的适法性，也要考虑维持许可是否必然损害公共利益，以及是否有必要的措施防范可能带来的不利影响并保障被许可人的信赖利益等问题。

因此，不能简单以首次许可存在适法性问题，即否定许可延续行为的合法性。易言之，在审查许可延续行为的合法性时，只有首次许可具有重大明显违法或者存在显而易见的违法且无法补正情形的，复议机关才可以撤销延续许可。

具体到本案，郴州市某局2006年许可行为，系根据湘地行发〔1998〕6号文件进行。该通知授权市级某部门以自己名义而非以湖南省某厅的名义审批并颁发采矿许可证，虽违反地发〔1998〕48号文件和国土资发〔2005〕200号文件中有关应当由省级某部门审批发证并不得再行授权的规定，但湖南省某厅将审批发证权限违法下放至市级某部门的法律责任，不应全部由B公司承担。B公司持有的2006年《采矿许可证》，系通过采矿权公开挂牌拍卖出让、签订采矿权出让合同、缴纳采矿权价款、办理相关行政许可手续等法定程序依法取得，其合法的矿产资源权益应当受到法律保护。尤为重要的是，郴州市某局颁发的2006年《采矿许可证》于2011年到期后，延续许可的审批主体已经由郴州市某局变更为湖南省某厅，并由湖南省某厅以自己的名义颁发了2011年《采矿许可证》。

因此，2006年许可行为存在的越权情形，已经得到2011年许可行为的治愈，其越权颁证的后果已经消除，并不构成违法性继承问题。C矿业有限公司有关2011年《采矿许可证》系从2006年《采矿许可证》发展而来，2006年颁证越权违法，2011年颁证亦属违法的主张，不能成立；被诉复议决定将此作为撤销湖南省某厅颁发2011年《采矿许可证》的理由，亦不能成立。二审法院认定被诉复议决定将此作为撤销2011年采矿许可的理由不当，符合法律规定，本院予以支持。

三、关于采矿权矿区范围垂直投影能否重叠的问题

正如一、二审法院查明，对于能否重叠问题，现行法律、法规、规章并无明确规定；对于何为重叠，也缺少明确的认定方法和处理程序。一般认为，采矿权矿区范围垂直投影重叠，是指两个分别处于上、下位置的采矿权矿区范围，虽然不发生物理交叉，但垂直投影后在平面上形成重叠。由于可供开采的矿产资源分布于地表上下，不同种类矿藏可能在不同深度的垂直空间分层分布，采矿权矿区范围垂直投影重叠也就难以完全避免。某部复议决定撤销2011年《采矿许可证》所援引的最主要的依据为〔2001〕85号文件，但

该文也仅规定“一个矿山原则上只能审批一个采矿主体。不能违法重叠和交叉设置探矿权、采矿权”。该文件既未对何为“一个矿山”予以明确，也未对何为“重叠”作出界定，更未明确违法重叠设置矿业权的法律责任。某部在其后的答辩中虽又补充提供〔2011〕14号文件作为不得重叠的依据，但该文件中也仅规定“除同属一个矿业权人的情形外，矿业权在垂直投影范围内原则上不得重叠”。上述文件规定，符合矿业管理实际需要，且不违反上位法规定，某部门在设定采矿权、划定矿区范围和颁发采矿许可证时应当执行。但上述规定的目的，并非在于绝对不能设立重叠的采矿权，而是在于强调设定和出让重叠的采矿权时，应当采取适当措施，确保采矿权由同一采矿权人取得，以便于安全生产并统筹开采时序。〔2001〕85号文件与〔2011〕14号文件，均未规定重叠设置的采矿权只能予以撤销，且均强调对因历史原因形成重叠且采矿权人不同一时，应当逐步妥善处理。而如果进一步考察矿产资源的共生和伴生过程，以及不同类型的矿产资源可能分别蕴藏于不同的垂直分层这一地质现象，如果简单强调在同一矿区范围已经存在采矿权的情况下，不考虑矿产资源种类和开采工艺的差别，对垂直投影重叠的其他采矿权一律不予设置，或者要一律撤销已经设立的重叠的采矿权，既不利于推进有限矿产资源的全面节约与循环高效利用，也与某部既有规定不一致。《关于矿产资源勘查登记、开采登记有关规定的通知》（国土资发〔1998〕7号）附件二《矿产资源开采登记有关规定》第一条规定：“……（三）划定矿区范围……审批机关在划定矿区范围时，应依据以下原则确定……4. 保护已有探矿权、采矿权人利益。申请人申请划定的矿区范围，其地面投影或地表塌陷区与已设立探矿权、采矿权的区块范围、矿区范围重叠或有其他影响的，采矿登记管理机关在审批矿区范围时应以不影响已有的探矿权人或采矿权人权益为原则。采矿权申请人应与已有的探矿权人或采矿权人就可能造成对探矿权或采矿权影响的诸方面签有协议。探矿权人或采矿权人同意开采的，采矿登记管理机关可划定矿区范围；探矿权人或采矿权人认为有影响且出具充分证明的，采矿登记管理机关可以组织技术论证。论证结果确有影响且无法进行技术处理的，不予划定矿区范围。”此规定说明，在同一立体空间依法可以存在两个采矿权（或探矿权），在不影响已有采矿权、已有采矿权人同意开采的情况下，采矿登记管理机关审核后，可以依法划定重叠的矿区范围。此即说明现行立法并未完全禁止设立区分矿业权或者重叠矿业权。总之，基于特定的矿藏以及不同开采工艺水平限制等因素考虑，强调在特定历史时期，垂直投影重叠的采矿权原则上由同一个矿业权人拥有，有其积极意义，应当得到支持。而在现行法律、法规并未禁止设立垂直投影重叠的采矿权的情形下，某部门对因历史原因已经设立的部分重叠的采矿权，则应在不影响安全生产和环境保护且更有利于不同种类矿产资源全面节约利用的前提下，综合衡量矿产资源形成状态和地质条件，尊重不同矿业权人的不同开采意向、开采能力与开采工艺以及矿藏的开发规律等因素，区别进行处理。

四、关于重叠采矿许可证的处理与撤销的条件问题

现行法律、法规、规章以及被诉复议决定所引用的相关规范性文件，对类似于本案因历史原因形成的重叠的采矿权撤销程序、步骤、方法及具体情形均无具体规定。〔2001〕85号文件对于违法设置的相互重叠或者交叉的采矿许可，要求依法抓紧进行纠正，而纠正的方式包括“该吊销的要依法吊销，该注销的要坚决注销，该协调处理的要妥善处理”。实践中，解决重叠有多种方式，包括将不同采矿权主体推动整合为同一采矿权主体、调整并缩小采矿许可证范围以解决重叠问题、在不同采矿权主体间建立开采协调机制、区分矿产资源开发时序且在确保安全生产的前提下签订承诺协议、撤销一方采矿许可并通过补偿或者赔偿等方式弥补损失，等等。据此，对因采矿权主体不同一且采矿权重叠之情形，处理方式是多重的且可以综合运用，撤销重叠的采矿许可仅为其中一种处理方式。

本案存在部分重叠属实，而能否仅凭部分重叠即撤销采矿权人已经依法取得的采矿许可，则应全面、客观、历史地看待。由于历史和管理水平等原因，涉案郴州市苏仙区D矿区存在区、乡镇和村多头发包、矿业秩序混乱的现实问题。《国务院关于全面整顿和规范矿产资源开发秩序的通知》（国发〔2005〕28号）下发后，经对原来的持证矿山和发包矿山实行停产整顿，湖南省某厅又于2005年11月25日下发了《关于郴州市苏仙区遗留问题矿山专项规划的批复》（湘国土资办函〔2005〕138号）。根据有关专项规划，C矿业有限公司采矿权（原D矿）属于保留矿山招标出让，B矿属于招拍挂出让。

根据双方的《采矿许可证》记载，位于上方的B公司开采铅锌银矿，位于下方的C矿业有限公司开采锡钨砷矿。在立体上，两矿没有重叠与交叉，B矿开采标高为790米至1200米，C矿开采标高为370米至760米，两矿之间安全隔离层30米。双方均取得了湖南省安全生产监督管理局颁发的《安全生产许可证》，且双方也曾就安全生产等问题于2011年签订有关承诺书。

同时，各方当事人对重叠的比例及计算方法存有不同意见。即使按某部在作出复议决定后答辩主张的垂直投影部分重叠面积占57%，B公司2011年《采矿许可证》仍有43%面积不构成重叠。被诉复议决定既未认定重叠的比例和计算方法，也未认定现有重叠是否存在影响安全生产等情形，又未征求安全生产等行政主管部门意见或者专业机构鉴定意见，即简单以构成重叠为由作出撤销决定，未能全面认定事实，属于认定事实不清。

五、关于被诉复议决定说明理由义务问题

国务院《全面推进依法行政实施纲要》规定，行政机关行使自由裁量权的，应当在行政决定中说明理由。行政复议决定是复议机关居中行使准司法权进行的裁决，且行使上级行政机关专业判断权，人民法院对行政复议决定判断与裁量及理由说明，应当给予充分尊重。与此相对应，行政复议决定和复议卷宗也应当依法说明理由，以此表明复议机关已经全面客观地查清了事实，综合衡量了与案情相关的全部因素，而非轻率或者武断地作出决定。因为只有借助书面决定和卷宗记载的理由说明，人民法院才能知晓决定考虑了哪些相关因素以及是否考虑了不相关因素，才能有效地审查和评价决定的合法性。不说明裁量过程和没有充分说明理由的决定，既不能说服行政相对人，也难以有效控制行政裁量权，还会给嗣后司法审查带来障碍。

就本案而言，颁发采矿许可证属于典型的许可类授益性行政行为，撤销采矿许可必须考虑被许可人的信赖利益保护，衡量撤销许可对国家、他人和权利人造成的利益损失大小问题。确需撤销的，还应当坚持比例原则，衡量全部撤销与部分撤销的关系问题。同时，被复议撤销的2011年《采矿许可证》有效期自2011年至2014年9月；某部2014年7月14日作出被诉复议决定时，该《采矿许可证》的有效期已经临近届满。在许可期限即将届满，双方均已经因整合需要停产且不存在安全生产问题的情况下，被诉复议决定也未能说明撤销的紧迫性和必要性，反而使B公司在可能的整合中处于明显不利地位，加大整合并购的难度。

坚持依法行政和有错必纠是法治的基本要求，但法治并不要求硬性地、一概无例外地撤销已经存续的、存在瑕疵的甚至是违法情形的行政行为，而是要求根据不同情况作出不同处理。《行政复议法》第二十八条第一款第三项规定，复议机关对违法的行政行为，可以作出撤销、变更或者确认违法等行政复议决定。因此，复议机关应当审慎选择适用复议决定的种类，权衡撤销行政行为对法秩序的维护与撤销对行政行为权利人合法权益造成损害的程度以及采取补救措施的成本等诸相关因素；认为撤销行政行为存在不符合公共利益等情形时，可以决定不予撤销行政行为而选择确认行政行为违法等复议结果；确需撤销行政行为的，还需指明因撤销许可而给被许可人造成的损失如何给予以及给予何种程度的补偿或者赔偿问题。如此，方能构成一个合法的撤销决定。在对案涉采矿权重叠问题有多种处理方式以及可能存在多种复议结论的情况下，某部选择作出撤销决定，更应充分说明理由。但是，从复议机关所提供的证据与全案卷宗情况来看，被诉复议决定并未体现相应的衡量因素，也未进行充分说理，仅简单以构成重叠即作出撤销决定，难以得到人民法院的支持。人民法院认为复议机关所提供的证据材料不能满足司法审查需要，复议机关未完全履行说明理由义务的，可以要求复议机关重新调查处理，并提供可以进行审查的证据、依据以及相应的理由说明。

同时，被诉复议决定援引《行政复议法》第二十八条第一款第三项作为法律依据时，未明确具体适用该项五种违法情形的具体类型，更未阐明具体理由，给当事人依法维权和人民法院合法性审查造成了障碍，构成适用法律不当。

综上，C矿业有限公司在申请行政复议时，虽然其《采矿许可证》开采期限已经届满，但仍然拥有除开采矿产资源外的其他合法权益，具备行政复议申请人资格；某部受理C矿业有限公司的行政复议申请，符合《行政复议法》有关行政复议受理条件规定。湖南省某厅委托郴州市某局颁发2006年《采矿许可证》的行为虽然存在瑕疵，但该瑕疵已经因为2011年湖南省某厅以自己的名义颁证而得到纠正和治愈，被诉复议决定以2006年颁证行为违法作为撤销2011年颁证行为的理由不能成立。B公司2011年《采矿许可证》

与C矿业有限公司相应《采矿许可证》载明的矿区范围存在部分垂直投影重叠情形属实，但被诉复议决定未全面查清案件事实与重叠情形，在对重叠问题有多种处理方式、有多种复议决定结论可供选择的情况下，未履行充分说明理由义务，也未能提供有关撤销的必要性和紧迫性的相应证据，径行撤销2011年采矿许可，且援引法律规范不明确不具体，依法应予纠正。一、二审法院支持行政复议决定的裁判结果不当，亦应一并予以纠正。

当然，某部在重新作出复议决定时，如经相应专业机构认定B公司与C矿业有限公司的《采矿许可证》矿区范围和各自的开采工艺存在确属不能重叠的情形，或者B公司非重叠部分不能独立设立采矿权，或者重叠部分已经影响到C矿业有限公司的安全生产且无法通过采取其他防范措施的方法予以解决，又无法通过整合、并购等方式实现采矿权主体同一的，某部仍可依据所查明事实和相应鉴定意见，在衡量全案各种因素和处理结果且充分说明理由的情况下，正确援引法律规范，依法作出撤销行政许可的复议决定；B公司对其合法产权受到的损失则可依法申请国家赔偿。

综上，依照《中华人民共和国行政诉讼法》第八十九条第一款第二项，《最高人民法院关于适用〈中华人民共和国行政诉讼法〉的解释》第一百一十九条第一款、第一百二十二条之规定，判决如下：

一、撤销北京市高级人民法院（2015）高行终字第3209号行政判决和北京市第一中级人民法院（2015）一中行初字第839号行政判决；

二、撤销中华人民共和国某部国土资复议〔2014〕455号行政复议决定；

三、责令中华人民共和国某部重新作出行政复议决定；

四、二审案件受理费共计100元，由被申请人中华人民共和国某部负担。

本判决为终审判决。

◎ 案例要旨剖析

一、信赖利益保护原则理解与适用

信赖利益保护原则是行政法的基本原则。信赖利益保护原则主要体现在《中华人民共和国行政许可法》第八条和第六十九条的规定中。以信赖利益保护认定行政行为违法的案例少之又少，此案堪称典范。最高人民法院在此案中认为："不能认为只要2006年行政许可存在违法性问题，就必然要对2011年行政许可的合法性作出否定性评价""既要考虑首次许可的适法性，也要考虑维持许可是否必然损害公共利益，以及是否有必要的措施防范可能带来的不利影响并保障被许可人的信赖利益等问题"。从中可以看出即使许可行为存在违法性，也不能随意变更或撤回，要考虑许可是否损害公共利益。同时，行政机关要尽量采取措施防范可能的不利影响并保障被许可人的信赖利益。

在进行安全生产许可时，也会经常遇到此类问题。例如，烟花爆竹批发（生产）公司取得许可后，监管人员认为储存仓库安全系数不高，要求对储存仓库进行更改重建。在许可时，储存仓库是经过应急管理部门现场验收、批准同意才投入使用的，在相应安全标准没有变化的情况下，要求烟花爆竹批发（生产）公司对储存仓库进行更改重建，这势必会给被许可人造成重大的经济损失。毫无疑问，这样的行为违反了信赖保护原则，使被许可人的信赖利益得不到保障。又如，因禁炮范围的调整，原有烟花爆竹店经营地址不符合要求。面对这种情况，有些应急管理部门总是一味地要求其搬迁或关闭，对于不搬迁的，采取扣证或者处罚措施。面对此类问题，应急管理部门不能简单地采取强制措施。应当充分考虑对被许可人的不利影响，因公共利益的需要撤回许可，也要采取措施减少被许可人的损失，并对被许可人进行补偿。

二、说理式执法文书

行政机关在作出行政决定时，应当充分说明理由，这是行政机关的义务。本判例认为未引用到具体法律条文，未阐明作出行政复议决定的具体理由，给当事人依法维权和人民法院合法性审查造成障碍，构成适用法律不当。

给予决定的理由是行政相对人最质朴的要求。说理式执法文书是通过叙事的方式，将案件的事理、法理、道理讲清楚，让行政处罚对象了解违法事实、处罚依据、处罚结果。说理式执法文书能够促使执法人员查清违法事实和增强对法条的理解和运用，避免其草率地作出决定。同时有利于提升行政处罚决定行为的公信力，让行政处罚对象相信其在案件当中得到了正确的对待，从而减少对抗情绪，进而理解处罚行为、配合处罚决定的执行。

为了规范执法，应急管理部统一了安全生产执法文书格式。目前，办案人员在制作行政处罚决定书时，违法事实和证据部分只是简单地写明违法事实和列举证据，很少说明理由，甚至有不少行政处罚决定书中的违法事实直接用法律条文来代替。例如，顺风加油站未如实记录安全生产教育和培训情况。看到这样的表述，除执法人员外，应该没人明白，发生了什么事，有什么具体违法行为。安全生产执法人员应当详细叙述违法事实，充分说明理由，保障处罚对象的知情权。

三、正确引用法律

法律一般由编、章、节、条、款、项、目组成。行政决定引用法律条文，一般情况下引用法律的条、款、项、目即可，但是必须完整地引用到法律的条、款、项、目。

本判例中，被申请人在行政复议决定书中引用《中华人民共和国行政复议法》第二十八条规定，“行政复议机关负责法制工作的机构应当对被申请人作出的具体行政行为进行审查，提出意见，经行政复议机关的负责人同意或者集体讨论通过后，按照下列规定作出行政复议决定：（一）具体行政行为认定事实清楚，证据确凿，适用依据正确，程序合法，内容适当的，决定维持；（二）被申请人不履行法定职责的，决定其在一定期限内履行；（三）具体行政行为有下列情形之一的，决定撤销、变更或者确认该具体行政行为违法；决定撤销或者确认该具体行政行为违法的，可以责令被申请人在一定期限内重新作出具体行政行为：1. 主要事实不清、证据不足的；2. 适用依据错误的；3. 违反法定程序的；4. 超越或者滥用职权的；5. 具体行政行为明显不当的。（四）被申请人不按照本法第二十三条的规定提出书面答复、提交当初作出具体行政行为的证据、依据和其他有关材料的，视为该具体行政行为没有证据、依据，决定撤销该具体行政行为。行政复议机关责令被申请人重新作出具体行政行为的，被申请人不得以同一的事实和理由作出与原具体行政行为相同或者基本相同的具体行政行为”。

《中华人民共和国行政复议法》第二十八条共有二款，第一款有四项，第三项有五目。被申请人引用到第二十八条第一款第三项，却没有引用到第几目，被最高人民法院认定为适用法律不当。正确的表述应该是，依据《中华人民共和国行政复议法》第二十八条第一款第三项第四目。

04　胡某峰诉A市政府、B省政府安全生产事故案

◎ 案例导读

1. A市政府根据《生产安全事故报告和调查处理条例》第三十二条的规定，对安监部门的事故调查报告作出批复，涉案事故的原因和性质、当事人在其中要承担的责任，已被明确、清晰地确定，并对后续处理产生拘束，对当事人权利义务产生了实际影响。据已查明事实，检察机关以胡某峰涉嫌犯重大责任事故罪提起公诉，案涉批复是否合法有效是认定胡某峰是否构成重大责任事故罪的主要证据，该批复行为对胡某峰的权利义务产生了直接影响，故属于行政诉讼受案范围。

2. 胡某峰有停止作业或拒绝作业的义务，然而在C公司未提供安全生产环境且其客观上并不具备安全生产条件即组织生产的情况下，将组织安全生产的义务转移至吊车司机胡某峰，于法无据。胡某峰作为吊车司机，负有按照现场指挥进行相关作业的义务，若将防范安全事故发生寄托于吊车司机拒绝作业，而不是安全生产企业建立全面的安全保障，于理不合，即便胡某峰在作业过程中存在过失，调查报告科以其对安全事故负主要责任，对其要求过于苛刻。

吉林省高级人民法院
行政判决书[①]

（2019）吉行终 204 号

上诉人（原审原告）胡某峰，男，汉族，1973 年 12 月 12 日生，司机，现住 B 省 A 市。委托代理人丁某峰，某律师事务所律师。

被上诉人（原审被告）A 市人民政府，住所地 A 市沿江东路 339 号。法定代表人王某联，市长。委托代理人曲某红，A 市人民政府法制办公室行政复议应诉科科长。委托代理人孟某辉，A 市安全生产监督管理局主任科员。

被上诉人（原审被告）B 省人民政府，住所地 C 市新发路 329 号。法定代表人景某海，省长。委托代理人朱某来，B 省人民政府法制办地区案件审查处副处长。委托代理人张某会，B 省人民政府法制办地区案件审查处主任科员。

上诉人胡某峰与被上诉人 A 市人民政府（以下简称 A 市政府）、B 省人民政府（以下简称 B 省政府）死亡事故报告的行政批复及行政复议决定一案，A 市政府不服 B 省 A 市中级人民法院作出的（2017）吉 07 行初 4 号行政判决，向本院提出上诉，本院作出（2017）吉行终 338 号行政裁定，撤销原审判决发回重审。B 省 A 市中级人民法院作出（2018）吉 07 行初 66 号行政判决，胡某峰不服，向本院提出上诉。本院依法组成合议庭，公开开庭进行了审理，胡某峰及其委托代理人丁某峰，A 市政府委托代理人曲某红、孟某辉，B 省政府委托代理人朱某来、张某会到庭参加诉讼。本案现已审理终结。

一审法院经审理查明：

2016 年 9 月 9 日，依法成立的事故调查组经会议讨论后形成《A 市 C 房地产开发有限公司“8·23”死亡事故调查报告》（以下简称《报告》）。该报

---

① 访问网址：https：//wenshu. court. gov. cn/website/wenshu/181107ANFZ0BXSK4/index. html? docId＝4438ddf6cf3041209fe5ab0900b54d00。访问时间：2021 年 7 月 1 日。

告对事故发生经过认定如下：A市C房地产开发有限公司（以下简称C公司）开发的C小区项目主体施工已全部完毕，现进入供热管线施工阶段。2016年8月23日7点30分，由车牌吉××××挂车将该公司订购的供热管运至C小区施工现场，公司总工程师杨某臣打电话通知财务张某萍供热管已到施工现场，需要公司雇用吊车负责卸车，费用由公司承担，张某萍告诉杨某臣联系吊车和工人卸车，卸车结束后到财务结算。杨某臣在8点左右找到车牌吉××××吊车，经过与吊车司机胡某峰谈价定为300元车费，又在该小区工地找了郭某田和王某二名力工。9点左右，吊车司机胡某峰驾驶吊车进入现场，将吊车车头朝东侧停放，然后把吊车四条支臂支好后，到吊车驾驶室启动吊车。郭某田和王某将吊装供热管的两根抱带挂在吊车钩上。郭某田和王某从地面挂车车头部位上到挂车，摘下两根抱带一根放到挂车上，另一根套在10多根供热管一端管头上，因供热管厂家没有收到货款，挂车司机没让卸车，郭某田和王某从挂车上面下来等待卸车。9点30分左右，杨某臣说货款已结算完毕可以卸车了，吊车司机胡某峰启动吊车，把供热管吊起约20厘米后，把吊车熄火。郭某田和王某又从挂车车头部位上到挂车，踩着供热管往挂车尾部走，准备把放在挂车上的抱带从吊起的供热管的中心位置穿过去，郭某田往挂车尾部走时有人提醒他供热管滑，让他小心，但郭某田并没有停下来，继续往挂车尾部走，走到挂车中间位置时，郭某田从挂车上坠落，头部着地。在坠落时郭某田用手抓了一下供热管但没有抓住，他落地后，没抓到的那根供热管也顺势从挂车上掉下来，砸到了郭某田的腿上，造成郭某田头部和腿部受伤。事故发生后，现场人员马上拨打了120救援电话，大约20分钟后，120急救车赶到事发现场，医护人员给郭某田做了心电抢救，经抢救无效后确认郭某田已经死亡。

该报告对事故发生原因和事故性质分析认定如下：（一）事故发生的原因。1. 直接原因。A市C公司在吊装作业时没有按照《建筑施工安全检查标准》规定配备专职信号指挥和司索人员，而是临时在工地找来无司索操作证的郭某田和王某进行卸车。该公司和郭某田、王某在吊装作业前没有按照《建筑施工起重吊装工程安全技术规范》第3.0.4条“起重作业人员必须穿防滑鞋、戴安全帽，高处作业应佩挂安全带，并应系挂可靠，高挂低用”的规定，配发和使用防滑鞋、安全帽，安全带等安全劳动防护用品，导致郭某田在挂车上坠落到地面，头部着地造成重伤，经抢救无效死亡。2. 间接原因。(1) A市C公司总工程师杨某臣在进行吊装供热管施工作业前，没有按照规定编制吊装作业施工组织设计，没有对工人是否有司索操作证进行审查，没有给工人配发防滑鞋、安全帽、安全带等安全劳动防护用品，没有对工人进行岗前安全培训教育和安全技术交底，没有指派安全管理人员对吊装施工作业现场进行安全管理。(2) 吊车司机胡某峰在吊装施工作业前违反了《起重机械安全规程》第5.1.3条"起重一般安全要求"中第a项"指挥信号应明确，并符合规定"和《建筑施工起重吊装工程安全技术规范》第3节"基本规定"第3.0.2条"起重机操作人员、起重信号工、司索工等特种作业人员必须持特种作业资格证书上岗"、第3.0.4条"起重作业人员必须穿防滑鞋、戴安全帽，高处作业应佩挂安全带，并应系挂可靠，高挂低用"。吊装作业现场不具备吊装情况下开始吊装作业，严重违规作业。(3) C公司对安全生产工作督促检查不够，公司安全生产管理制度不完善，安全生产岗位责任制不健全，导致对临时施工作业无章可循。(二) 事故性质。1. 事故类别：高处坠落。2. 事故性质：此事故是一起一般性生产安全责任事故。该报告对事故责任单位认定及事故责任者的处理建议如下：(1) 对事故单位责任认定和处理。A市C公司安全生产管理制度不完善，全员安全生产岗位责任制不健全，疏于对吊装施工作业现场的安全管理。在吊装施工作业前没有认真开展隐患排查，对特种操作人员操作证审查不严，导致工人违规作业，对这起事故应负主要责任。按照《中华人民共和国安全生产法》第一百零九条"发生生产安全事故，对负有责任的生产经营单位除要求其依法承担相应的赔偿等责任外，由安全生产监督管理部门依照下列规定处以罚款"第一项"发生一般事故的，处二十万元以上五十万元以下的罚款"的规定，对该单位处以21万元罚款。(2) 对事故责任者的认定和处理。①C公司法定代表人石某库身为公司的安全生产第一责任人，督促检查公司安全生产工作不够，公司安全生产管理制度不完善，安全生产岗位责任制不健全，导致施工作业无章可循。石某库未能有效履行安全生产管理职责导致事故发生，对这起事故负有主要领导责任。按照《中华人民共和国安全生产法》第九十二条"生产经营单位的主要负责人未履行本法规定的安全生产管理职责，导致发生生产安全事故的，由安全生产监督管理部门依照下列规定处以罚款”第一项“发生一般事故的，处上一年年收入百分之三十的罚款”的规定，对石某库处以上一年年收入30%的罚款。②C公司总工程师杨某臣负责施工现场安全管理，在进行吊装供热管施工作业前，没有按照规定编制吊装作业施工组织设计，没有对工人是否有司索操作证进行审查，没有给工人配发防滑鞋、安全帽、安全带等安全劳动防护用品，没有对工人进行岗前安全培训教育和安全技术交底，没有指派信号指挥和安全管理人员对吊装施工作业现场进行安全管理，对这起事故负有组织和监督管理责任。将杨某臣移交公安机关依法进行处理。③吊车司机胡某峰在吊装施工作业前违反了《起重机械安全规程》第5.1.3条“起重一般安全要求”中第a项“指挥信号应明确，并符合规定”和《建筑施工起重吊装工程安全技术规范》第3节“基本规定”第3.0.2条“起重机操作人员、起重信号工、司索工等特种作业人员必须持特种作业资格证书上岗”、第3.0.4条“起重作业人员必须穿防滑鞋、戴安全帽，高处作业应佩挂安全带，并应系挂可靠，高挂低用”。吊装作业现场不具备吊装情况下开始吊装作业，严重违规作业，对这起事故负有主要责任。将胡某峰移交公安机关依法进行处理。④工人郭某田、王某安全意识不强，在没有司索操作证，又没有按规定使用防滑鞋、安全帽、安全带等安全劳动防护用品的情况下从事危险作业。鉴于郭某田在这起事故中已经死亡，免予追究责任，C公司将王某清除该项目施工队伍。

2016年9月21日，A市安全生产监督管理局向A市政府提交了关于呈报《报告》的请示，2016年9月26日，A市政府对该请示作出批复，批复主要内容为：一、同意事故调查组对这起事故发生原因分析和事故性质的认定；二、同意事故责任单位认定及事故责任者的处理建议；三、同意事故防范和整改措施。胡某峰不服批复中关于“同意吊车司机胡某峰对这起事故负有主要责任”的批复意见，向B省政府申请复议。B省政府以“只对批复行政行为程序进行审查，不对责任认定进行实质性审查”为由，以吉政复地决字〔2016〕17号《行政复议决定》维持了A市政府作出的批复。胡某峰不服，提起行政诉讼。

另查明，公安机关在事故发生的第二天对涉嫌犯罪的当事人杨某臣、胡某峰予以刑事拘留，2017年2月20日检察机关以涉嫌重大责任事故罪提起公诉，二人被取保候审。本院二审查明，刑事一审期间，宁江区人民法院以行政批复是否合法有效是该案主要定罪证据，故于2017年7月20日裁定中止审理，2018年1月3日作出不起诉决定。

一审法院认为，《中华人民共和国安全生产法》第五十二条第一款规定，从业人员发现直接危及人身安全的紧急情况时，有权停止作业或者在采取可能的应急措施后撤离作业场所。根据《起重机械安全规程》第5.1.3条起重一般安全要求第a项的规定，指挥信号应明确，并符合规定。根据《建筑施工起重吊装工程安全技术规范》第3节“基本规定”第3.0.2条规定，起重机操作人员、起重信号工、司索工等特种作业人员必须持特种作业资格证书上岗；第3.0.4条规定，起重作业人员必须穿防滑鞋、戴安全帽，高处作业应佩挂安全带，并应系挂可靠，高挂低用。本案中，胡某峰在现场作业没有指挥人员，没有指挥信号，装卸工在没有安全防护设施和安全保护的情况下，明知存在危险，却没有停止或拒绝作业，而是在不具备安全生产条件的情况下，擅自启动吊车作业程序，违反上述规定。虽然胡某峰强调没有权利要求装卸工佩戴安全帽，穿防滑鞋等防护措施，但是根据安全生产法的规定，胡某峰有停止作业或拒绝作业的义务。其未履行法律赋予的安全生产义务，造成人员伤亡，与事故发生有直接的因果关系。故胡某峰起诉理由不能成立，A市政府松政函〔2016〕189号《A市人民政府关于A市C房地产开发有限公司“8·23”死亡事故的批复》及吉林省人民政府作出的吉政复地决字〔2016〕17号《行政复议决定书》认定事实清楚，适用法律正确，程序合法。依照《中华人民共和国行政诉讼法》第六十九条之规定，判决驳回胡某峰的诉讼请求。

胡某峰上诉称，《中华人民共和国行政诉讼法》第三十四条规定得非常清楚，被告对作出的行政行为负有举证责任，应当提供作出该行政行为的证据和所依据的规范性文件。本案中，胡某峰在将吊钩所吊管子刚刚提起约20厘米的时候，因为收货方没有支付货款而停止卸货，此时吊车的钩子处于停止和静止状态，是等待收货方付货款以后再继续起吊。就在这个时候受害人郭某田和另一员工王某上了装载管子的货车，受害人郭某田因为踩空不慎摔下至头部重伤死亡。根据案件事实，当受害人踩在管子上的时候，胡某峰的吊车已经停止操作近10分钟了。所以，胡某峰所吊起来的20厘米高度与受害人郭某田没有必然的因果关系，不能采取类推的办法强行要求胡某峰承担一定的责任。所以，案涉批复和《行政复议决定书》没有证据证明当受害人郭某田踩到管子上的时候上诉人启动了吊钩。吊车停止状态、起吊状态是不同的，不能不问青红皂白就武断认为只要是在吊车附近受到伤害都是吊车的责任。关于适用法律，在吊车停止、静止状态下，由于第三人因为自己的失误造成伤害致死，虽然发生在吊车附近，但是不是发生在吊车上，吊车操作手并不存在操作失误及操作程序错误，对于这样的情况，吊车操作手是否应当承担责任，行业规范和法律没有相关规定，所以二被上诉人所作出的批复和《行政复议决定书》没有法律依据。请求撤销〔2018〕吉07行初66号行政判决，撤销A市政府松政函〔2016〕189号批复，撤销B省政府吉证复地决字〔2016〕17号《行政复议决定书》。

本院查明的事实同一审一致，本院予以确认。

本院认为，一、关于安全事故报告行政批复是否可诉的问题

本案中，A市政府根据《生产安全事故报告和调查处理条例》第三十二条的规定，对安监部门的事故调查报告作出批复，涉案事故的原因和性质、当事人在其中要承担的责任，已被明确、清晰地确定，并对后续处理产生拘束，对当事人权利义务产生了实际影响。据已查明事实，检察机关以胡某峰涉嫌犯重大责任事故罪提起公诉，批复是否合法有效是认定胡某峰是否构成重大责任事故罪的主要证据，该批复行为对胡某峰的权利义务产生了直接影响，故属于行政诉讼受案范围。

二、关于安全事故报告行政批复的审查范围的问题

《中华人民共和国行政诉讼法》第六条规定，人民法院审理行政案件，对行政行为是否合法进行审查。即行政诉讼的审查范围是被诉具体行政行为的合法性。本案被诉行政行为是A市政府对安监部门呈报事故调查报告的批复，人民法院应当按照合法性审查原则，依照《中华人民共和国安全生产法》《生产安全事故报告和调查处理条例》等法律、法规规定，对事故调查报告及批

复行为的认定事实是否清楚、程序是否合法、适用法律是否正确进行审查，依法作出判决。

三、关于安全事故报告行政批复是否合法合理的问题

《中华人民共和国安全生产法》第十七条规定，生产经营单位应当具备本法和有关法律、行政法规和国家标准或者行业标准规定的安全生产条件；不具备安全生产条件的，不得从事生产经营活动。第二十一条第一款规定，矿山、金属冶炼、建筑施工、道路运输单位和危险物品的生产、经营、储存单位，应当设置安全生产管理机构或者配备专职安全生产管理人员。第二十二条规定，生产经营单位的安全生产管理机构以及安全生产管理人员履行下列职责：(1) 组织或者参与拟订本单位安全生产规章制度、操作规程和生产安全事故应急救援预案；(2) 组织或者参与本单位安全生产教育和培训，如实记录安全生产教育和培训情况；(3) 督促落实本单位重大危险源的安全管理措施；(4) 组织或者参与本单位应急救援演练；(5) 检查本单位的安全生产状况，及时排查生产安全事故隐患，提出改进安全生产管理的建议；(6) 制止和纠正违章指挥、强令冒险作业、违反操作规程的行为；(7) 督促落实本单位安全生产整改措施。第四十一条规定，生产经营单位应当教育和督促从业人员严格执行本单位的安全生产规章制度和安全操作规程；并向从业人员如实告知作业场所和工作岗位存在的危险因素、防范措施以及事故应急措施。第四十二条规定，生产经营单位必须为从业人员提供符合国家标准或者行业标准的劳动防护用品，并监督、教育从业人员按照使用规则佩戴、使用。

从上述规定可见，C公司作为安全生产企业，应当建立健全安全生产规章制度和操作规程，提供安全生产条件，配备专职安全生产管理人员，对工作场所存在的危险因素作出预判并采取相应的防范措施，为从业人员提供劳动防护用品，并监督、教育从业人员按照使用规则佩戴、使用。而从安全监督局对C公司现场负责人杨某臣的询问笔录来看，C公司并没有配备现场指挥人员。从与郭某田同时被雇用的王某的笔录来看，C公司雇用王某、郭某田进入工地特种作业并未核实其是否有司索证，组织卸车时没有让郭某田等人佩戴安全帽和安全带，施工现场也没配备指挥人员和安全管理人员，施工前没有对施工人员进行安全培训教育，随即令其进入施工工地。

事故报告认定胡某峰负有主要责任的法律依据为：《起重机械安全规程》第5.1.3条“起重一般安全要求”中第a项“指挥信号应明确，并符合规定”和《建筑施工起重吊装工程安全技术规范》第3节“基本规定”第3.0.2条“起重机操作人员、起重信号工、司索工等特种作业人员必须持特种作业资格证书上岗”、第3.0.4条“起重作业人员必须穿防滑鞋、戴安全帽，高处作业应佩挂安全带，并应系挂可靠，高挂低用”。上述操作规范的制定目的为保证安全生产，对起重机械的设计、制造、检验、报废、使用与管理等方面的安全要求，作了最基本的规定。事故报告所引用的上述规定所载明的义务主体分别为现场指挥人员、司索员、起重作业人员，并非专门指向吊车司机。综观整个操作规程，对司机设定义务的为第5.1.1条和第5.1.2.2条的安全操作规范指引。在没有证据证明胡某峰不听从现场指挥、盲目作业、强行作业或其他违反上述规定行为的情况下，以该安全规程为依据认定胡某峰违反操作规程，依据不足。据此，B省政府作出的吉政复地决字〔2016〕17号《行政复议决定书》亦依据不足。

原审法院认为，胡某峰有停止作业或拒绝作业的义务，然而在C公司未提供安全生产环境且其客观上并不具备安全生产条件即组织生产的情况下，将组织安全生产的义务转移至吊车司机胡某峰，于法无据。胡某峰作为吊车司机，负有按照现场指挥进行相关作业的义务，若将防范安全事故发生寄托于吊车司机拒绝作业，而不是安全生产企业建立全面的安全保障，于理不合，即便胡某峰在作业过程中存在过失，调查报告科以其对安全事故负主要责任，对其要求过于苛刻。

综上，A市政府作出的《A市人民政府关于A市C房地产开发有限公司“8·23”死亡事故的批复》中关于胡某峰的责任认定适用法律错误，依照《中华人民共和国行政诉讼法》第八十九条第一款二项之规定，判决如下：

一、撤销B省A市中级人民法院〔2018〕吉07行初66号行政判决；

二、撤销A市人民政府作出的《A市人民政府关于A市C房地产开发有限公司“8·23”死亡事故的批复》中关于胡某峰的责任认定部分；

三、撤销B省人民政府吉政复地决字〔2016〕17号《行政复议决定书》；

四、责令A市人民政府在本判决生效之日起30日内对胡某峰的事故责任重新作出批复。

一、二审案件受理费 100 元，由被上诉人 A 市人民政府负担。

本判决为终审判决。

◎ 案例要旨剖析

“法律不强人所难”，是一条法谚，表达的意思是法律不会强求任何人去做不可能做到的事。“法律不强人所难”是“期待可能性”理论通俗的表述。期待可能性，是指从行为时的具体情况看，可以期待行为人做出合法行为。如果不能期待行为人做出合法行为，也就不存在对其加以责任的可能性。

期待可能性理论来源于 1897 年德意志帝国法院第四刑事部所作的癖马案判决。该案基本案情是：被告作为一名马车夫受雇于出租车主。被告驾驭的马车配有两匹马。其中一匹马具有喜欢用尾巴拍打压低缰绳，进而把缰绳夹紧在身体上的癖好。被告和马车雇主都知道这匹马的这个缺点。一日，被告驾驭配有该匹马的马车在公路上行驶，在此过程中，这匹马一直用尾巴夹紧缰绳。后来当被告尝试拉出缰绳而未果时，这匹马变得狂躁起来，被告完全失去了对它的控制。马在狂奔疾驰中冲向在路边行走的铁匠，将其撞翻在地，导致铁匠受伤骨折。

检察官以过失伤害罪提起公诉，但一审法院宣告被告无罪，检察官提起抗诉，德意志帝国法院驳回。其理由是：本案马车夫虽然认识到该马有以尾绕缰的癖性并可能导致伤人的后果，但当他要求更换一匹马时，雇主不但不允，反以解雇相威胁。在这种情况下，很难期待被告不惜失掉工作，违抗雇主的命令而拒绝驾驭该马车。

本判例当中，法院认为，胡某峰作为吊车司机，有停止作业或拒绝作业的义务。若将防范安全事故发生寄托于吊车司机拒绝作业，而不是安全生产企业建立全面的安全保障，于理不合，即便胡某峰在作业过程中存在过失，调查报告科以其对安全事故负主要责任，对其要求过于苛刻。不难看出，法院在判决时，充分考虑吊车司机所处的境地，很难期待由吊车司机来承担防止生产安全事故发生的责任。

应急管理部门无论是在生产安全事故调查还是在行政执法过程中，不仅要考虑法律效果，也要考虑社会效果。在保障社会、公众利益的同时也要充分考虑行政相对人的正当权益。我们要看到安全生产工作的极端重要性，也要看到行政相对人行为的局限性，以及行政权力无限扩张对社会造成的负面影响。例如，农村建房的房主，一般是请一些泥工、木工、电工等来建房。这些泥工、木工、电工不是建筑施工单位也不是施工队，只是以自己的手艺、劳力获取报酬。我们很难期待这些工人或者房主能够掌握足够的安全生产知识，能够保障在建房过程中不出现伤亡事故。很多农村建房的房主用所有的积蓄，甚至负债来建房，泥工、木工、电工以自己的手艺、劳动来养家糊口。如果发生生产安全事故，让他们来承担生产安全事故的行政责任，将使他们不堪重负。

附　录

安全生产监督检查综合事项

序号	检查事项	检查内容	检查依据指引	法律责任指引	备注
1	主要负责人履行职责情况	生产经营单位的主要负责人履行对本单位安全生产工作法定职责	《中华人民共和国安全生产法》第二十一条　生产经营单位的主要负责人对本单位安全生产工作负有下列职责： （一）建立健全并落实本单位全员安全生产责任制，加强安全生产标准化建设； （二）组织制定并实施本单位安全生产规章制度和操作规程； （三）组织制定并实施本单位安全生产教育和培训计划； （四）保证本单位安全生产投入的有效实施； （五）组织建立并落实安全风险分级管控和隐患排查治理双重预防工作机制，督促、检查本单位的安全生产工作，及时消除生产安全事故隐患； （六）组织制定并实施本单位的生产安全事故应急救援预案； （七）及时、如实报告生产安全事故。	《中华人民共和国安全生产法》第九十四条　生产经营单位的主要负责人未履行本法规定的安全生产管理职责的，责令限期改正，处二万元以上五万元以下的罚款；逾期未改正的，处五万元以上十万元以下的罚款，责令生产经营单位停产停业整顿。 生产经营单位的主要负责人有前款违法行为，导致发生生产安全事故的，给予撤职处分；构成犯罪的，依照刑法有关规定追究刑事责任。 生产经营单位的主要负责人依照前款规定受刑事处罚或者撤职处分的，自刑罚执行完毕或者受处分之日起，五年内不得担任任何生产经营单位的主要负责人；对重大、特别重大生产安全事故负有责任的，终身不得担任本行业生产经营单位的主要负责人。	

续表

序号	检查事项	检查内容	检查依据指引	法律责任指引	备注
2	安全投入保障情况	2.1 资金投入保障	《中华人民共和国安全生产法》第二十三条　生产经营单位应当具备的安全生产条件所必需的资金投入，由生产经营单位的决策机构、主要负责人或者个人经营的投资人予以保证，并对由于安全生产所必需的资金投入不足导致的后果承担责任。 ……	《中华人民共和国安全生产法》第九十三条　生产经营单位的决策机构、主要负责人或者个人经营的投资人不依照本法规定保证安全生产所必需的资金投入，致使生产经营单位不具备安全生产条件的，责令限期改正，提供必需的资金；逾期未改正的，责令生产经营单位停产停业整顿。 有前款违法行为，导致发生生产安全事故的，对生产经营单位的主要负责人给予撤职处分，对个人经营的投资人处二万元以上二十万元以下的罚款；构成犯罪的，依照刑法有关规定追究刑事责任。	
		2.2 安全费用提取和使用	《中华人民共和国安全生产法》第二十三条　…… 有关生产经营单位应当按照规定提取和使用安全生产费用，专门用于改善安全生产条件。安全生产费用在成本中据实列支。安全生产费用提取、使用和监督管理的具体办法由国务院财政部门会同国务院应急管理部门征求国务院有关部门意见后制定。 《企业安全生产费用提取和使用管理办法》（财企〔2012〕16 号）	《安全生产违法行为行政处罚办法》第四十三条　生产经营单位的决策机构、主要负责人、个人经营的投资人（包括实际控制人，下同）未依法保证下列安全生产所必需的资金投入之一，致使生产经营单位不具备安全生产条件的，责令限期改正，提供必需的资金，可以对生产经营单位处 1 万元以上 3 万元以下罚款，对生产经营单位的主要负责人、个人经营的投资人处 5000 元以上 1 万元以下罚款；	

续表

序号	检查事项	检查内容	检查依据指引	法律责任指引	备注
2	安全投入保障情况	2.2 安全费用提取和使用		逾期未改正的，责令生产经营单位停产停业整顿： （一）提取或者使用安全生产费用； …… 生产经营单位主要负责人、个人经营的投资人有前款违法行为，导致发生生产安全事故的，依照《生产安全事故罚款处罚规定（试行）》的规定给予处罚。	
		2.3 劳动防护用品配备经费	《中华人民共和国安全生产法》第四十七条　生产经营单位应当安排用于配备劳动防护用品、进行安全生产培训的经费。	《安全生产违法行为行政处罚办法》第四十三条　生产经营单位的决策机构、主要负责人、个人经营的投资人（包括实际控制人，下同）未依法保证下列安全生产所必需的资金投入之一，致使生产经营单位不具备安全生产条件的，责令限期改正，提供必需的资金，可以对生产经营单位处1万元以上3万元以下罚款，对生产经营单位的主要负责人、个人经营的投资人处5000元以上1万元以下罚款；逾期未改正的，责令生产经营单位停产停业整顿： ……	

续表

序号	检查事项	检查内容	检查依据指引	法律责任指引	备注
2	安全投入保障情况	2.3 劳动防护用品配备经费		（二）用于配备劳动防护用品的经费； …… 生产经营单位主要负责人、个人经营的投资人有前款违法行为，导致发生生产安全事故的，依照《生产安全事故罚款处罚规定（试行）》的规定给予处罚。	
		2.4 安全生产教育和培训经费	《中华人民共和国安全生产法》第四十七条　生产经营单位应当安排用于配备劳动防护用品、进行安全生产培训的经费。	《安全生产违法行为行政处罚办法》第四十三条　生产经营单位的决策机构、主要负责人、个人经营的投资人（包括实际控制人，下同）未依法保证下列安全生产所必需的资金投入之一，致使生产经营单位不具备安全生产条件的，责令限期改正，提供必需的资金，可以对生产经营单位处1万元以上3万元以下罚款，对生产经营单位的主要负责人、个人经营的投资人处5000元以上1万元以下罚款；逾期未改正的，责令生产经营单位停产停业整顿： …… （三）用于安全生产教育和培训的经费。 ……	

续表

序号	检查事项	检查内容	检查依据指引	法律责任指引	备注
2	安全投入保障情况	2.4 安全生产教育和培训经费		生产经营单位主要负责人、个人经营的投资人有前款违法行为，导致发生生产安全事故的，依照《生产安全事故罚款处罚规定（试行）》的规定给予处罚。	
3	安全生产管理机构人员设置配备及规章制度制定与执行情况	3.1 高危行业生产经营单位设置机构、配备专职人员；其他生产经营单位设置机构、配备专兼职人员	《中华人民共和国安全生产法》第二十四条　矿山、金属冶炼、建筑施工、运输单位和危险物品的生产、经营、储存、装卸单位，应当设置安全生产管理机构或者配备专职安全生产管理人员。 前款规定以外的其他生产经营单位，从业人员超过一百人的，应当设置安全生产管理机构或者配备专职安全生产管理人员；从业人员在一百人以下的，应当配备专职或者兼职的安全生产管理人员。	《中华人民共和国安全生产法》第九十七条　生产经营单位有下列行为之一的，责令限期改正，处十万元以下的罚款；逾期未改正的，责令停产停业整顿，并处十万元以上二十万元以下的罚款，对其直接负责的主管人员和其他直接责任人员处二万元以上五万元以下的罚款： （一）未按照规定设置安全生产管理机构或者配备安全生产管理人员、注册安全工程师的； ……	
		3.2 危险物品生产经营单位建立专门的安全管理制度，采取可靠的安全措施	《中华人民共和国安全生产法》第三十九条　…… 生产经营单位生产、经营、运输、储存、使用危险物品或者处置废弃危险物品，必须执行有关法律、法规和国家标准或者行业标准，建立专门的安全管理制度，采取可靠的安全措施，接受有关主管	《中华人民共和国安全生产法》第一百零一条　生产经营单位有下列行为之一的，责令限期改正，处十万元以下的罚款；逾期未改正的，责令停产停业整顿，并处十万元以上二十万元以下的罚款，对其直接负责的主管人员和其他直接责任人员处二万元以上五万元以下的罚款；构成	

续表

序号	检查事项	检查内容	检查依据指引	法律责任指引	备注
3	安全生产管理机构人员设置配备及规章制度制定与执行情况	3.2 危险物品生产经营单位建立专门的安全管理制度，采取可靠的安全措施	部门依法实施的监督管理。	犯罪的，依照刑法有关规定追究刑事责任： （一）生产、经营、运输、储存、使用危险物品或者处置废弃危险物品，未建立专门安全管理制度、未采取可靠的安全措施的； ……	
4	从业人员安全生产教育和培训情况	4.1 主要负责人和安全管理人员安全生产知识和管理能力及考核	《中华人民共和国安全生产法》第二十七条　生产经营单位的主要负责人和安全生产管理人员必须具备与本单位所从事的生产经营活动相应的安全生产知识和管理能力。 危险物品的生产、经营、储存、装卸单位以及矿山、金属冶炼、建筑施工、运输单位的主要负责人和安全生产管理人员，应当由主管的负有安全生产监督管理职责的部门对其安全生产知识和管理能力考核合格。考核不得收费。 ……	《中华人民共和国安全生产法》第九十七条　生产经营单位有下列行为之一的，责令限期改正，处十万元以下的罚款；逾期未改正的，责令停产停业整顿，并处十万元以上二十万元以下的罚款，对其直接负责的主管人员和其他直接责任人员处二万元以上五万元以下的罚款： …… （二）危险物品的生产、经营、储存、装卸单位以及矿山、金属冶炼、建筑施工、运输单位的主要负责人和安全生产管理人员未按照规定经考核合格的； ……	

续表

序号	检查事项	检查内容	检查依据指引	法律责任指引	备注
4	从业人员安全生产教育和培训情况	4.2 从业人员安全生产教育培训	《中华人民共和国安全生产法》第二十八条　生产经营单位应当对从业人员进行安全生产教育和培训，保证从业人员具备必要的安全生产知识，熟悉有关的安全生产规章制度和安全操作规程，掌握本岗位的安全操作技能，了解事故应急处理措施，知悉自身在安全生产方面的权利和义务。未经安全生产教育和培训合格的从业人员，不得上岗作业。 生产经营单位使用被派遣劳动者的，应当将被派遣劳动者纳入本单位从业人员统一管理，对被派遣劳动者进行岗位安全操作规程和安全操作技能的教育和培训。劳务派遣单位应当对被派遣劳动者进行必要的安全生产教育和培训。 生产经营单位接收中等职业学校、高等学校学生实习的，应当对实习学生进行相应的安全生产教育和培训，提供必要的劳动防护用品。学校应当协助生产经营单位对实习学生进行安全生产教育和培训。 生产经营单位应当建立安全生产教育和培训档案，如实记录安全生产教育和培训的时间、内容、参加人员以及考核结果等情况。	《中华人民共和国安全生产法》第九十七条　生产经营单位有下列行为之一的，责令限期改正，处十万元以下的罚款；逾期未改正的，责令停产停业整顿，并处十万元以上二十万元以下的罚款，对其直接负责的主管人员和其他直接责任人员处二万元以上五万元以下的罚款： …… （三）未按照规定对从业人员、被派遣劳动者、实习学生进行安全生产教育和培训，或者未按照规定如实告知有关的安全生产事项的； （四）未如实记录安全生产教育和培训情况的； ……	

续表

序号	检查事项	检查内容	检查依据指引	法律责任指引	备注
4	从业人员安全生产教育和培训情况	4.3 从业人员“四新”培训	《中华人民共和国安全生产法》第二十九条　生产经营单位采用新工艺、新技术、新材料或者使用新设备，必须了解、掌握其安全技术特性，采取有效的安全防护措施，并对从业人员进行专门的安全生产教育和培训。	《中华人民共和国安全生产法》第九十七条　生产经营单位有下列行为之一的，责令限期改正，处十万元以下的罚款；逾期未改正的，责令停产停业整顿，并处十万元以上二十万元以下的罚款，对其直接负责的主管人员和其他直接责任人员处二万元以上五万元以下的罚款： …… （三）未按照规定对从业人员、被派遣劳动者、实习学生进行安全生产教育和培训，或者未按照规定如实告知有关的安全生产事项的； ……	
		4.4 培训时间	《安全生产培训管理办法》第十一条　生产经营单位从业人员的培训内容和培训时间，应当符合《生产经营单位安全培训规定》和有关标准的规定。	《安全生产培训管理办法》第三十六条　生产经营单位有下列情形之一的，责令改正，处3万元以下的罚款： （一）从业人员安全培训的时间少于《生产经营单位安全培训规定》或者有关标准规定的； ……	

续表

序号	检查事项	检查内容	检查依据指引	法律责任指引	备注
4	从业人员安全生产教育和培训情况	4.5 告知从业人员安全生产事项	《中华人民共和国安全生产法》第四十四条　生产经营单位应当教育和督促从业人员严格执行本单位的安全生产规章制度和安全操作规程；并向从业人员如实告知作业场所和工作岗位存在的危险因素、防范措施以及事故应急措施。 ……	《中华人民共和国安全生产法》第九十七条　生产经营单位有下列行为之一的，责令限期改正，处十万元以下的罚款；逾期未改正的，责令停产停业整顿，并处十万元以上二十万元以下的罚款，对其直接负责的主管人员和其他直接责任人员处二万元以上五万元以下的罚款： …… （三）未按照规定对从业人员、被派遣劳动者、实习学生进行安全生产教育和培训，或者未按照规定如实告知有关的安全生产事项的； ……	
		4.6 新招矿山井下、危险物品作业人员实习上岗	《安全生产培训管理办法》第十三条 …… 矿山新招的井下作业人员和危险物品生产经营单位新招的危险工艺操作岗位人员，除按照规定进行安全培训外，还应当在有经验的职工带领下实习满 2 个月后，方可独立上岗作业。	《安全生产培训管理办法》第三十六条　生产经营单位有下列情形之一的，责令改正，处 3 万元以下的罚款： …… （二）矿山新招的井下作业人员和危险物品生产经营单位新招的危险工艺操作岗位人员，未经实习期满独立上岗作业的； ……	

续表

序号	检查事项	检查内容	检查依据指引	法律责任指引	备注
5	特种作业人员持证上岗情况	5.1 特种作业人员培训取证	《中华人民共和国安全生产法》第三十条　生产经营单位的特种作业人员必须按照国家有关规定经专门的安全作业培训，取得相应资格，方可上岗作业。 特种作业人员的范围由国务院应急管理部门会同国务院有关部门确定。	《中华人民共和国安全生产法》第九十七条　生产经营单位有下列行为之一的，责令限期改正，处十万元以下的罚款；逾期未改正的，责令停产停业整顿，并处十万元以上二十万元以下的罚款，对其直接负责的主管人员和其他直接责任人员处二万元以上五万元以下的罚款： …… （七）特种作业人员未按照规定经专门的安全作业培训并取得相应资格，上岗作业的。	
		5.2 特种作业人员证书真实性	《特种作业人员安全技术培训考核管理规定》第三十六条　…… 特种作业人员不得伪造、涂改、转借、转让、冒用特种作业操作证或者使用伪造的特种作业操作证。	《特种作业人员安全技术培训考核管理规定》第四十二条　特种作业人员伪造、涂改特种作业操作证或者使用伪造的特种作业操作证的，给予警告，并处1000元以上5000元以下的罚款。 特种作业人员转借、转让、冒用特种作业操作证的，给予警告，并处2000元以上1万元以下的罚款。	

续表

序号	检查事项	检查内容	检查依据指引	法律责任指引	备注
6	建设项目安全评价及建设项目安全设施“三同时”情况	6.1 高危建设项目安全评价	《中华人民共和国安全生产法》第三十二条　矿山、金属冶炼建设项目和用于生产、储存、装卸危险物品的建设项目，应当按照国家有关规定进行安全评价。 《建设项目安全设施“三同时”监督管理办法》第七条　下列建设项目在进行可行性研究时，生产经营单位应当按照国家规定，进行安全预评价： （一）非煤矿矿山建设项目； （二）生产、储存危险化学品（包括使用长输管道输送危险化学品，下同）的建设项目； （三）生产、储存烟花爆竹的建设项目； （四）金属冶炼建设项目； （五）使用危险化学品从事生产并且使用量达到规定数量的化工建设项目（属于危险化学品生产的除外，下同）； （六）法律、行政法规和国务院规定的其他建设项目。	《中华人民共和国安全生产法》第九十八条　生产经营单位有下列行为之一的，责令停止建设或者停产停业整顿，限期改正，并处十万元以上五十万元以下的罚款，对其直接负责的主管人员和其他直接责任人员处二万元以上五万元以下的罚款；逾期未改正的，处五十万元以上一百万元以下的罚款，对其直接负责的主管人员和其他直接责任人员处五万元以上十万元以下的罚款；构成犯罪的，依照刑法有关规定追究刑事责任： （一）未按照规定对矿山、金属冶炼建设项目或者用于生产、储存、装卸危险物品的建设项目进行安全评价的； ……	

续表

序号	检查事项	检查内容	检查依据指引	法律责任指引	备注
6	建设项目安全评价及建设项目安全设施“三同时”情况	6.1 高危建设项目安全评价	《建设项目安全设施“三同时”监督管理办法》第二十二条　本办法第七条规定的建设项目安全设施竣工或者试运行完成后，生产经营单位应当委托具有相应资质的安全评价机构对安全设施进行验收评价，并编制建设项目安全验收评价报告。 ……		
		6.2 高危建设项目安全设施设计审查	《中华人民共和国安全生产法》第三十三条　建设项目安全设施的设计人、设计单位应当对安全设施设计负责。 矿山、金属冶炼建设项目和用于生产、储存、装卸危险物品的建设项目的安全设施设计应当按照国家有关规定报经有关部门审查，审查部门及其负责审查的人员对审查结果负责。	《中华人民共和国安全生产法》第九十八条　生产经营单位有下列行为之一的，责令停止建设或者停产停业整顿，限期改正，并处十万元以上五十万元以下的罚款，对其直接负责的主管人员和其他直接责任人员处二万元以上五万元以下的罚款；逾期未改正的，处五十万元以上一百万元以下的罚款，对其直接负责的主管人员和其他直接责任人员处五万元以上十万元以下的罚款；构成犯罪的，依照刑法有关规定追究刑事责任： ……	

续表

序号	检查事项	检查内容	检查依据指引	法律责任指引	备注
6	建设项目安全评价及建设项目安全设施“三同时”情况	6.2 高危建设项目安全设施设计审查		（二）矿山、金属冶炼建设项目或者用于生产、储存、装卸危险物品的建设项目没有安全设施设计或者安全设施设计未按照规定报经有关部门审查同意的； ……	
		6.3 高危建设项目安全设施设计重新审查	《建设项目安全设施“三同时”监督管理办法》第十五条　已经批准的建设项目及其安全设施设计有下列情形之一的，生产经营单位应当报原批准部门审查同意；未经审查同意的，不得开工建设： （一）建设项目的规模、生产工艺、原料、设备发生重大变更的； （二）改变安全设施设计且可能降低安全性能的； （三）在施工期间重新设计的。	《建设项目安全设施“三同时”监督管理办法》第二十九条　已经批准的建设项目安全设施设计发生重大变更，生产经营单位未报原批准部门审查同意擅自开工建设的，责令限期改正，可以并处1万元以上3万元以下的罚款。	
		6.4 高危建设项目安全设施按照批准的设计施工	《中华人民共和国安全生产法》第三十四条　矿山、金属冶炼建设项目和用于生产、储存、装卸危险物品的建设项目的施工单位必须按照批准的安全设施设计施工，并对安全设施的工程质量负责。 ……	《中华人民共和国安全生产法》第九十八条　生产经营单位有下列行为之一的，责令停止建设或者停产停业整顿，限期改正，并处十万元以上五十万元以下的罚款，对其直接负责的主管人员和其他直接责任人员处二万元以上五万元以下的罚	

续表

序号	检查事项	检查内容	检查依据指引	法律责任指引	备注
6	建设项目安全评价及建设项目安全设施“三同时”情况	6.4 高危建设项目安全设施按照批准的设计施工		款；逾期未改正的，处五十万元以上一百万元以下的罚款，对其直接负责的主管人员和其他直接责任人员处五万元以上十万元以下的罚款；构成犯罪的，依照刑法有关规定追究刑事责任： …… （三）矿山、金属冶炼建设项目或者用于生产、储存、装卸危险物品的建设项目的施工单位未按照批准的安全设施设计施工的； ……	
		6.5 高危建设项目安全设施竣工验收	《中华人民共和国安全生产法》第三十四条 …… 矿山、金属冶炼建设项目和用于生产、储存、装卸危险物品的建设项目竣工投入生产或者使用前，应当由建设单位负责组织对安全设施进行验收；验收合格后，方可投入生产和使用。负有安全生产监督管理职责的部门应当加强对建设单位验收活动和验收结果的监督核查。	《中华人民共和国安全生产法》第九十八条 生产经营单位有下列行为之一的，责令停止建设或者停产停业整顿，限期改正，并处十万元以上五十万元以下的罚款，对其直接负责的主管人员和其他直接责任人员处二万元以上五万元以下的罚款；逾期未改正的，处五十万元以上一百万元以下的罚款，对其直接负责的主管人员和其他直接责任人员处五万元以上十万元以下的罚款；构成犯罪的，依照刑法有关规定追究刑事责任：	

续表

序号	检查事项	检查内容	检查依据指引	法律责任指引	备注
6	建设项目安全评价及建设项目安全设施“三同时”情况	6.5 高危建设项目安全设施竣工验收		…… （四）矿山、金属冶炼建设项目或者用于生产、储存、装卸危险物品的建设项目竣工投入生产或者使用前，安全设施未经验收合格的。	
		6.6 其他建设项目安全设施“三同时”	《建设项目安全设施“三同时”监督管理办法》第七条　下列建设项目在进行可行性研究时，生产经营单位应当按照国家规定，进行安全预评价： （一）非煤矿矿山建设项目； （二）生产、储存危险化学品（包括使用长输管道输送危险化学品，下同）的建设项目； （三）生产、储存烟花爆竹的建设项目； （四）金属冶炼建设项目； （五）使用危险化学品从事生产并且使用量达到规定数量的化工建设项目（属于危险化学品生产的除外，下同）； （六）法律、行政法规和国务院规定的其他建设项目。	《建设项目安全设施“三同时”监督管理办法》第三十条　本办法第七条第（一）项、第（二）项、第（三）项和第（四）项规定以外的建设项目有下列情形之一的，对有关生产经营单位责令限期改正，可以并处5000元以上3万元以下的罚款： （一）没有安全设施设计的； （二）安全设施设计未组织审查，并形成书面审查报告的； （三）施工单位未按照安全设施设计施工的； （四）投入生产或者使用前，安全设施未经竣工验收合格，并形成书面报告的。	

续表

序号	检查事项	检查内容	检查依据指引	法律责任指引	备注
7	安全警示标志情况	在有较大危险因素的场所和有关设施、设备上设置安全警示标志	《中华人民共和国安全生产法》第三十五条 生产经营单位应当在有较大危险因素的生产经营场所和有关设施、设备上，设置明显的安全警示标志。	《中华人民共和国安全生产法》第九十九条 生产经营单位有下列行为之一的，责令限期改正，处五万元以下的罚款；逾期未改正的，处五万元以上二十万元以下的罚款，对其直接负责的主管人员和其他直接责任人员处一万元以上二万元以下的罚款；情节严重的，责令停产停业整顿；构成犯罪的，依照刑法有关规定追究刑事责任： （一）未在有较大危险因素的生产经营场所和有关设施、设备上设置明显的安全警示标志的； ……	
8	安全设备情况	8.1 安全设备安装、使用、报废	《中华人民共和国安全生产法》第三十六条 安全设备的设计、制造、安装、使用、检测、维修、改造和报废，应当符合国家标准或者行业标准。 ……	《中华人民共和国安全生产法》第九十九条 生产经营单位有下列行为之一的，责令限期改正，处五万元以下的罚款；逾期未改正的，处五万元以上二十万元以下的罚款，对其直接负责的主管人员和其他直接责任人员处一万元以上二万元以下的罚款；情节严重的，责令停产停业整顿；构成犯罪的，依照刑法有关规定追究刑事责任：	

续表

序号	检查事项	检查内容	检查依据指引	法律责任指引	备注
8	安全设备情况	8.1 安全设备安装、使用、报废		…… （二）安全设备的安装、使用、检测、改造和报废不符合国家标准或者行业标准的； ……	
		8.2 安全设备维护、保养、检测	《中华人民共和国安全生产法》第三十六条 …… 生产经营单位必须对安全设备进行经常性维护、保养，并定期检测，保证正常运转。维护、保养、检测应当作好记录，并由有关人员签字。 ……	《中华人民共和国安全生产法》第九十九条 生产经营单位有下列行为之一的，责令限期改正，处五万元以下的罚款；逾期未改正的，处五万元以上二十万元以下的罚款，对其直接负责的主管人员和其他直接责任人员处一万元以上二万元以下的罚款；情节严重的，责令停产停业整顿；构成犯罪的，依照刑法有关规定追究刑事责任： …… （三）未对安全设备进行经常性维护、保养和定期检测的； ……	
9	重大危险源安全管理情况	重大危险源登记建档，定期检测、评估、监控，制定应急预案	《中华人民共和国安全生产法》第四十条 生产经营单位对重大危险源应当登记建档，进行定期检测、评估、监控，并制定应急预案，告知从业人员和相关人员在紧急情况下应当采取的应急措施。	《中华人民共和国安全生产法》第一百零一条 生产经营单位有下列行为之一的，责令限期改正，处十万元以下的罚款；逾期未改正的，责令停产停业整顿，并处十万元以上二十万元以下的罚款，对	

续表

序号	检查事项	检查内容	检查依据指引	法律责任指引	备注
9	重大危险源安全管理情况	重大危险源登记建档，定期检测、评估、监控，制定应急预案	生产经营单位应当按照国家有关规定将本单位重大危险源及有关安全措施、应急措施报有关地方人民政府应急管理部门和有关部门备案。有关地方人民政府应急管理部门和有关部门应当通过相关信息系统实现信息共享。	其直接负责的主管人员和其他直接责任人员处二万元以上五万元以下的罚款；构成犯罪的，依照刑法有关规定追究刑事责任： …… （二）对重大危险源未登记建档，未进行定期检测、评估、监控，未制定应急预案，或者未告知应急措施的； ……	
10	事故隐患排查治理情况	10.1 建立健全生产安全事故隐患排查治理制度	《中华人民共和国安全生产法》第四十一条 …… 生产经营单位应当建立健全并落实生产安全事故隐患排查治理制度，采取技术、管理措施，及时发现并消除事故隐患。事故隐患排查治理情况应当如实记录，并通过职工大会或者职工代表大会、信息公示栏等方式向从业人员通报。其中，重大事故隐患排查治理情况应当及时向负有安全生产监督管理职责的部门和职工大会或者职工代表大会报告。 ……	《中华人民共和国安全生产法》第一百零一条 生产经营单位有下列行为之一的，责令限期改正，处十万元以下的罚款；逾期未改正的，责令停产停业整顿，并处十万元以上二十万元以下的罚款，对其直接负责的主管人员和其他直接责任人员处二万元以上五万元以下的罚款；构成犯罪的，依照刑法有关规定追究刑事责任： …… （五）未建立事故隐患排查治理制度，或者重大事故隐患排查治理情况未按照规定报告的。	

续表

序号	检查事项	检查内容	检查依据指引	法律责任指引	备注
10	事故隐患排查治理情况	10.2 采取措施消除事故隐患	《中华人民共和国安全生产法》第四十一条 …… 生产经营单位应当建立健全并落实生产安全事故隐患排查治理制度，采取技术、管理措施，及时发现并消除事故隐患。事故隐患排查治理情况应当如实记录，并通过职工大会或者职工代表大会、信息公示栏等方式向从业人员通报。其中，重大事故隐患排查治理情况应当及时向负有安全生产监督管理职责的部门和职工大会或者职工代表大会报告。 ……	《中华人民共和国安全生产法》第一百零二条 生产经营单位未采取措施消除事故隐患的，责令立即消除或者限期消除，处五万元以下的罚款；生产经营单位拒不执行的，责令停产停业整顿，对其直接负责的主管人员和其他直接责任人员处五万元以上十万元以下的罚款；构成犯罪的，依照刑法有关规定追究刑事责任。	
		10.3 如实记录事故隐患排查治理情况并向从业人员通报	《中华人民共和国安全生产法》第四十一条 …… 生产经营单位应当建立健全并落实生产安全事故隐患排查治理制度，采取技术、管理措施，及时发现并消除事故隐患。事故隐患排查治理情况应当如实记录，并通过职工大会或者职工代表大会、信息公示栏等方式向从业人员通报。其中，重大事故隐患排查治理情况应当及时向负有安全生产监督管理职责的部门和职工大会或者职工代表大会报告。 ……	《中华人民共和国安全生产法》第九十七条 生产经营单位有下列行为之一的，责令限期改正，处十万元以下的罚款；逾期未改正的，责令停产停业整顿，并处十万元以上二十万元以下的罚款，对其直接负责的主管人员和其他直接责任人员处二万元以上五万元以下的罚款： …… （五）未将事故隐患排查治理情况如实记录或者未向从业人员通报的； ……	

续表

序号	检查事项	检查内容	检查依据指引	法律责任指引	备注
10	事故隐患排查治理情况	10.4 重大事故隐患报告	《安全生产事故隐患排查治理暂行规定》第十四条 …… 对于重大事故隐患，生产经营单位除依照前款规定报送外，应当及时向安全监管监察部门和有关部门报告。 ……	《安全生产事故隐患排查治理暂行规定》第二十六条 生产经营单位违反本规定，有下列行为之一的，由安全监管监察部门给予警告，并处三万元以下的罚款： …… （四）重大事故隐患不报或者未及时报告的； ……	
		10.5 重大事故隐患整改	《安全生产事故隐患排查治理暂行规定》第十八条 地方人民政府或者安全监管监察部门及有关部门挂牌督办并责令全部或者局部停产停业治理的重大事故隐患，治理工作结束后，有条件的生产经营单位应当组织本单位的技术人员和专家对重大事故隐患的治理情况进行评估；其他生产经营单位应当委托具备相应资质的安全评价机构对重大事故隐患的治理情况进行评估。 经治理后符合安全生产条件的，生产经营单位应当向安全监管监察部门和有关部门提出恢复生产的书面申请，经安全监管监察部门和有关部门审查同意后，方可恢复生产经营。申请报告应当包括治理方案的内容、项目和安全评价机构出具的评价报告等。	《安全生产事故隐患排查治理暂行规定》第二十六条 生产经营单位违反本规定，有下列行为之一的，由安全监管监察部门给予警告，并处三万元以下的罚款： …… （六）整改不合格或者未经安全监管监察部门审查同意擅自恢复生产经营的。	

续表

序号	检查事项	检查内容	检查依据指引	法律责任指引	备注
11	危险场所与员工宿舍安全距离及安全出口管理情况	11.1 危险物品场所与员工宿舍不在同一建筑物且保持安全距离	《中华人民共和国安全生产法》第四十二条　生产、经营、储存、使用危险物品的车间、商店、仓库不得与员工宿舍在同一座建筑物内，并应当与员工宿舍保持安全距离。 ……	《中华人民共和国安全生产法》第一百零五条　生产经营单位有下列行为之一的，责令限期改正，处五万元以下的罚款，对其直接负责的主管人员和其他直接责任人员处一万元以下的罚款；逾期未改正的，责令停产停业整顿；构成犯罪的，依照刑法有关规定追究刑事责任： （一）生产、经营、储存、使用危险物品的车间、商店、仓库与员工宿舍在同一座建筑内，或者与员工宿舍的距离不符合安全要求的； ……	
		11.2 生产经营场所和员工宿舍安全出口符合疏散要求，禁止锁闭、封堵	《中华人民共和国安全生产法》第四十二条　…… 生产经营场所和员工宿舍应当设有符合紧急疏散要求、标志明显、保持畅通的出口、疏散通道。禁止占用、锁闭、封堵生产经营场所或者员工宿舍的出口、疏散通道。	《中华人民共和国安全生产法》第一百零五条　生产经营单位有下列行为之一的，责令限期改正，处五万元以下的罚款，对其直接负责的主管人员和其他直接责任人员处一万元以下的罚款；逾期未改正的，责令停产停业整顿；构成犯罪的，依照刑法有关规定追究刑事责任： …… （二）生产经营场所和员工宿舍未设有符合紧急疏散需要、标志明显、保持畅通的出口、疏散通道，或者占用、锁闭、封堵生产经营场所或者员工宿舍出口、疏散通道的。	

续表

序号	检查事项	检查内容	检查依据指引	法律责任指引	备注
12	危险作业安全管理情况	爆破、吊装以及国务院有关部门规定的其他危险作业安全管理	《中华人民共和国安全生产法》第四十三条　生产经营单位进行爆破、吊装、动火、临时用电以及国务院应急管理部门会同国务院有关部门规定的其他危险作业，应当安排专门人员进行现场安全管理，确保操作规程的遵守和安全措施的落实。	《中华人民共和国安全生产法》第一百零一条　生产经营单位有下列行为之一的，责令限期改正，处十万元以下的罚款；逾期未改正的，责令停产停业整顿，并处十万元以上二十万元以下的罚款，对其直接负责的主管人员和其他直接责任人员处二万元以上五万元以下的罚款；构成犯罪的，依照刑法有关规定追究刑事责任： …… （三）进行爆破、吊装、动火、临时用电以及国务院应急管理部门会同国务院有关部门规定的其他危险作业，未安排专门人员进行现场安全管理的； ……	
13	劳动防护用品管理情况	提供符合国家标准、行业标准的劳动防护用品	《中华人民共和国安全生产法》第四十五条　生产经营单位必须为从业人员提供符合国家标准或者行业标准的劳动防护用品，并监督、教育从业人员按照使用规则佩戴、使用。	《中华人民共和国安全生产法》第九十九条　生产经营单位有下列行为之一的，责令限期改正，处五万元以下的罚款；逾期未改正的，处五万元以上二十万元以下的罚款，对其直接负责的主管人员和其他直接责任人员处一万元以上二万元	

续表

序号	检查事项	检查内容	检查依据指引	法律责任指引	备注
13	劳动防护用品管理情况	提供符合国家标准、行业标准的劳动防护用品		以下的罚款；情节严重的，责令停产停业整顿；构成犯罪的，依照刑法有关规定追究刑事责任： …… （五）未为从业人员提供符合国家标准或者行业标准的劳动防护用品的； ……	
14	生产经营项目、场所、设备发包、出租管理情况	14.1 出租给具备条件或者资质的单位或者个人	《中华人民共和国安全生产法》第四十九条　生产经营单位不得将生产经营项目、场所、设备发包或者出租给不具备安全生产条件或者相应资质的单位或者个人。 ……	《中华人民共和国安全生产法》第一百零三条　生产经营单位将生产经营项目、场所、设备发包或者出租给不具备安全生产条件或者相应资质的单位或者个人的，责令限期改正，没收违法所得；违法所得十万元以上的，并处违法所得二倍以上五倍以下的罚款；没有违法所得或者违法所得不足十万元的，单处或者并处十万元以上二十万元以下的罚款；对其直接负责的主管人员和其他直接责任人员处一万元以上二万元以下的罚款；导致发生生产安全事故给他人造成损害的，与承包方、承租方承担连带赔偿责任。 ……	

续表

序号	检查事项	检查内容	检查依据指引	法律责任指引	备注
14	生产经营项目、场所、设备发包、出租管理情况	14.2 安全管理协议和发包方统一协调管理	《中华人民共和国安全生产法》第四十九条 …… 生产经营项目、场所发包或者出租给其他单位的，生产经营单位应当与承包单位、承租单位签订专门的安全生产管理协议，或者在承包合同、租赁合同中约定各自的安全生产管理职责；生产经营单位对承包单位、承租单位的安全生产工作统一协调、管理，定期进行安全检查，发现安全问题的，应当及时督促整改。 ……	《中华人民共和国安全生产法》第一百零三条 …… 生产经营单位未与承包单位、承租单位签订专门的安全生产管理协议或者未在承包合同、租赁合同中明确各自的安全生产管理职责，或者未对承包单位、承租单位的安全生产统一协调、管理的，责令限期改正，处五万元以下的罚款，对其直接负责的主管人员和其他直接责任人员处一万元以下的罚款；逾期未改正的，责令停产停业整顿。 ……	
15	应急预案的制定及实施情况	主要负责人组织制定并实施本单位事故应急救援预案	《中华人民共和国安全生产法》第二十一条 生产经营单位的主要负责人对本单位安全生产工作负有下列职责： …… （六）组织制定并实施本单位的生产安全事故应急救援预案； ……	《中华人民共和国安全生产法》第九十四条 生产经营单位的主要负责人未履行本法规定的安全生产管理职责的，责令限期改正，处二万元以上五万元以下的罚款；逾期未改正的，处五万元以上十万元以下的罚款，责令生产经营单位停产停业整顿。 生产经营单位的主要负责人有前款违法行为，导致发生生产安全事故的，给予撤职处分；构成犯罪的，依照刑法有关规	

续表

序号	检查事项	检查内容	检查依据指引	法律责任指引	备注
15	应急预案的制定及实施情况	主要负责人组织制定并实施本单位事故应急救援预案	《中华人民共和国安全生产法》第二十一条　生产经营单位的主要负责人对本单位安全生产工作负有下列职责： …… （六）组织制定并实施本单位的生产安全事故应急救援预案； ……	定追究刑事责任。 生产经营单位的主要负责人依照前款规定受刑事处罚或者撤职处分的，自刑罚执行完毕或者受处分之日起，五年内不得担任任何生产经营单位的主要负责人；对重大、特别重大生产安全事故负有责任的，终身不得担任本行业生产经营单位的主要负责人。	
16	应急预案制定演练情况	制定本单位事故应急救援预案，与地方人民政府事故应急救援预案相衔接，并定期组织演练	《中华人民共和国安全生产法》第八十一条　生产经营单位应当制定本单位生产安全事故应急救援预案，与所在地县级以上地方人民政府组织制定的生产安全事故应急救援预案相衔接，并定期组织演练。 《生产安全事故应急预案管理办法》第十二条　生产经营单位应当根据有关法律、法规、规章和相关标准，结合本单位组织管理体系、生产规模和可能发生的事故特点，与相关预案保持衔接，确立本单位的应急预案体系，编制相应的应急预案，并体现自救互救和先期处置等特点。	《中华人民共和国安全生产法》第九十七条　生产经营单位有下列行为之一的，责令限期改正，处十万元以下的罚款；逾期未改正的，责令停产停业整顿，并处十万元以上二十万元以下的罚款，对其直接负责的主管人员和其他直接责任人员处二万元以上五万元以下的罚款： …… （六）未按照规定制定生产安全事故应急救援预案或者未定期组织演练的； …… 《生产安全事故应急预案管理办法》第四十四条　生产经营单位有下列情形之一的，由县级以上人民政府应急管理等部	

续表

序号	检查事项	检查内容	检查依据指引	法律责任指引	备注
16	应急预案制定演练情况	制定本单位事故应急救援预案，与地方人民政府事故应急救援预案相衔接，并定期组织演练		门依照《中华人民共和国安全生产法》第九十四条的规定，责令限期改正，可以处5万元以下罚款；逾期未改正的，责令停产停业整顿，并处5万元以上10万元以下的罚款，对直接负责的主管人员和其他直接责任人员处1万元以上2万元以下的罚款： （一）未按照规定编制应急预案的； ……	
17	编制应急预案前风险评估和应急资源调查情况	编制应急预案前进行事故风险评估和应急资源调查	《生产安全事故应急预案管理办法》第十条 编制应急预案前，编制单位应当进行事故风险辨识、评估和应急资源调查。 事故风险辨识、评估，是指针对不同事故种类及特点，识别存在的危险危害因素，分析事故可能产生的直接后果以及次生、衍生后果，评估各种后果的危害程度和影响范围，提出防范和控制事故风险措施的过程。 应急资源调查，是指全面调查本地区、本单位第一时间可以调用的应急资源状况和合作区域内可以请求援助的应急资源状况，并结合事故风险辨识评估结论制定应急措施的过程。	《生产安全事故应急预案管理办法》第四十五条 生产经营单位有下列情形之一的，由县级以上人民政府应急管理部门责令限期改正，可以处1万元以上3万元以下的罚款： （一）在应急预案编制前未按照规定开展风险辨识、评估和应急资源调查的； ……	

续表

序号	检查事项	检查内容	检查依据指引	法律责任指引	备注
18	应急预案评审或者论证情况	高危行业生产经营单位进行应急预案评审，其他生产经营单位进行论证	《生产安全事故应急预案管理办法》第二十一条　矿山、金属冶炼企业和易燃易爆物品、危险化学品的生产、经营（带储存设施的，下同）、储存、运输企业，以及使用危险化学品达到国家规定数量的化工企业、烟花爆竹生产、批发经营企业和中型规模以上的其他生产经营单位，应当对本单位编制的应急预案进行评审，并形成书面评审纪要。 前款规定以外的其他生产经营单位可以根据自身需要，对本单位编制的应急预案进行论证。 第二十三条　应急预案的评审或者论证应当注重基本要素的完整性、组织体系的合理性、应急处置程序和措施的针对性、应急保障措施的可行性、应急预案的衔接性等内容。	《生产安全事故应急预案管理办法》第四十五条　生产经营单位有下列情形之一的，由县级以上人民政府应急管理部门责令限期改正，可以处1万元以上3万元以下的罚款： …… （二）未按照规定开展应急预案评审的； ……	
19	应急预案备案情况	按照生产经营单位隶属关系、行业领域、规模等备案	《生产安全事故应急预案管理办法》第二十六条　易燃易爆物品、危险化学品等危险物品的生产、经营、储存、运输单位，矿山、金属冶炼、城市轨道交通运营、建筑施工单位，以及宾馆、商场、娱	《生产安全事故应急预案管理办法》第四十五条　生产经营单位有下列情形之一的，由县级以上人民政府应急管理部门责令限期改正，可以处1万元以上3万元以下的罚款：	

续表

序号	检查事项	检查内容	检查依据指引	法律责任指引	备注
19	应急预案备案情况	按照生产经营单位隶属关系、行业领域、规模等备案	乐场所、旅游景区等人员密集场所经营单位，应当在应急预案公布之日起 20 个工作日内，按照分级属地原则，向县级以上人民政府应急管理部门和其他负有安全生产监督管理职责的部门进行备案，并依法向社会公布。 前款所列单位属于中央企业的，其总部（上市公司）的应急预案，报国务院主管的负有安全生产监督管理职责的部门备案，并抄送应急管理部；其所属单位的应急预案报所在地的省、自治区、直辖市或者设区的市级人民政府主管的负有安全生产监督管理职责的部门备案，并抄送同级人民政府应急管理部门。 本条第一款所列单位不属于中央企业的，其中非煤矿山、金属冶炼和危险化学品生产、经营、储存、运输企业，以及使用危险化学品达到国家规定数量的化工企业、烟花爆竹生产、批发经营企业的应急预案，按照隶属关系报所在地县级以上地方人民政府应急管理部门备案；本款前述单位以外的其他生产经营单位应急预案的	…… 生产经营单位未按照规定进行应急预案备案的，由县级以上人民政府应急管理等部门依照职责责令限期改正；逾期未改正的，处 3 万元以上 5 万元以下的罚款，对直接负责的主管人员和其他直接责任人员处 1 万元以上 2 万元以下的罚款。	

续表

序号	检查事项	检查内容	检查依据指引	法律责任指引	备注
19	应急预案备案情况	按照生产经营单位隶属关系、行业领域、规模等备案	备案，由省、自治区、直辖市人民政府负有安全生产监督管理职责的部门确定。 油气输送管道运营单位的应急预案，除按照本条第一款、第二款的规定备案外，还应当抄送所经行政区域的县级人民政府应急管理部门。 海洋石油开采企业的应急预案，除按照本条第一款、第二款的规定备案外，还应当抄送所经行政区域的县级人民政府应急管理部门和海洋石油安全监管机构。 煤矿企业的应急预案除按照本条第一款、第二款的规定备案外，还应当抄送所在地的煤矿安全监察机构。		
20	事故风险及应急措施告知情况	将有关事故风险的性质、影响范围和应急防范措施告知周边的其他单位和人员	《生产安全事故应急预案管理办法》第二十四条 …… 事故风险可能影响周边其他单位、人员的，生产经营单位应当将有关事故风险的性质、影响范围和应急防范措施告知周边的其他单位和人员。	《生产安全事故应急预案管理办法》第四十五条　生产经营单位有下列情形之一的，由县级以上人民政府应急管理部门责令限期改正，可以处1万元以上3万元以下的罚款： …… （三）事故风险可能影响周边单位、人员的，未将事故风险的性质、影响范围和应急防范措施告知周边单位和人员的； ……	

续表

序号	检查事项	检查内容	检查依据指引	法律责任指引	备注
21	应急预案评估情况	建立应急预案定期评估制度，高危行业领域及中型规模以上生产经营单位每三年进行一次评估	《生产安全事故应急预案管理办法》第三十五条　应急预案编制单位应当建立应急预案定期评估制度，对预案内容的针对性和实用性进行分析，并对应急预案是否需要修订作出结论。 矿山、金属冶炼、建筑施工企业和易燃易爆物品、危险化学品等危险物品的生产、经营、储存、运输企业、使用危险化学品达到国家规定数量的化工企业、烟花爆竹生产、批发经营企业和中型规模以上的其他生产经营单位，应当每三年进行一次应急预案评估。 应急预案评估可以邀请相关专业机构或者有关专家、有实际应急救援工作经验的人员参加，必要时可以委托安全生产技术服务机构实施。	《生产安全事故应急预案管理办法》第四十五条　生产经营单位有下列情形之一的，由县级以上人民政府应急管理部门责令限期改正，可以处1万元以上3万元以下的罚款： …… （四）未按照规定开展应急预案评估的； ……	
22	应急预案修订和重新备案情况	应急预案应当及时修订并归档，并按要求进行备案	《生产安全事故应急预案管理办法》第三十六条　有下列情形之一的，应急预案应当及时修订并归档： （一）依据的法律、法规、规章、标准及上位预案中的有关规定发生重大变化的； （二）应急指挥机构及其职责发生调	《生产安全事故应急预案管理办法》第四十五条　生产经营单位有下列情形之一的，由县级以上人民政府应急管理部门责令限期改正，可以处1万元以上3万元以下的罚款： ……	

续表

序号	检查事项	检查内容	检查依据指引	法律责任指引	备注
22	应急预案修订和重新备案情况	应急预案应当及时修订并归档，并按要求进行备案	整的； （三）安全生产面临的风险发生重大变化的； （四）重要应急资源发生重大变化的； （五）在应急演练和事故应急救援中发现需要修订预案的重大问题的； （六）编制单位认为应当修订的其他情况。 第三十七条　应急预案修订涉及组织指挥体系与职责、应急处置程序、主要处置措施、应急响应分级等内容变更的，修订工作应当参照本办法规定的应急预案编制程序进行，并按照有关应急预案报备程序重新备案。	（五）未按照规定进行应急预案修订的； …… 生产经营单位未按照规定进行应急预案备案的，由县级以上人民政府应急管理等部门依照职责责令限期改正；逾期未改正的，处 3 万元以上 5 万元以下的罚款，对直接负责的主管人员和其他直接责任人员处 1 万元以上 2 万元以下的罚款。	
23	应急物资及装备情况	按照应急预案的规定，落实应急物资及装备	《生产安全事故应急预案管理办法》第三十八条　生产经营单位应当按照应急预案的规定，落实应急指挥体系、应急救援队伍、应急物资及装备，建立应急物资、装备配备及其使用档案，并对应急物资、装备进行定期检测和维护，使其处于适用状态。	《生产安全事故应急预案管理办法》第四十五条　生产经营单位有下列情形之一的，由县级以上人民政府应急管理部门责令限期改正，可以处 1 万元以上 3 万元以下的罚款： …… （六）未落实应急预案规定的应急物资及装备的。 ……	

中华人民共和国安全生产法

（2002 年 6 月 29 日第九届全国人民代表大会常务委员会第二十八次会议通过　根据 2009 年 8 月 27 日第十一届全国人民代表大会常务委员会第十次会议《关于修改部分法律的决定》第一次修正　根据 2014 年 8 月 31 日第十二届全国人民代表大会常务委员会第十次会议《关于修改〈中华人民共和国安全生产法〉的决定》第二次修正　根据 2021 年 6 月 10 日第十三届全国人民代表大会常务委员会第二十九次会议《关于修改〈中华人民共和国安全生产法〉的决定》第三次修正）

第一章　总　　则

第一条　【立法目的】[*] 为了加强安全生产工作，防止和减少生产安全事故，保障人民群众生命和财产安全，促进经济社会持续健康发展，制定本法。

第二条　【适用范围】在中华人民共和国领域内从事生产经营活动的单位（以下统称生产经营单位）的安全生产，适用本法；有关法律、行政法规对消防安全和道路交通安全、铁路交通安全、水上交通安全、民用航空安全以及核与辐射安全、特种设备安全另有规定的，适用其规定。

第三条　【工作方针】安全生产工作坚持中国共产党的领导。

安全生产工作应当以人为本，坚持人民至上、生命至上，把保护人民生命安全摆在首位，树牢安全发展理念，坚持安全第一、预防为主、综合治理的方针，从源头上防范化解重大安全风险。

安全生产工作实行管行业必须管安全、管业务必须管安全、管生产经营必须管安全，强化和落实生产经营单位主体责任与政府监管责任，建立生产经营单位负责、职工参与、政府监管、行业自律和社会监督的机制。

第四条　【生产经营单位基本义务】生产经营单位必须遵守本法和其他有关安全生产的法律、法规，加强安全生产管理，建立健全全员安全生产责任制和安

---

* 条文主旨为编者所加，全书同。

全生产规章制度，加大对安全生产资金、物资、技术、人员的投入保障力度，改善安全生产条件，加强安全生产标准化、信息化建设，构建安全风险分级管控和隐患排查治理双重预防机制，健全风险防范化解机制，提高安全生产水平，确保安全生产。

平台经济等新兴行业、领域的生产经营单位应当根据本行业、领域的特点，建立健全并落实全员安全生产责任制，加强从业人员安全生产教育和培训，履行本法和其他法律、法规规定的有关安全生产义务。

第五条　【单位主要负责人主体责任】生产经营单位的主要负责人是本单位安全生产第一责任人，对本单位的安全生产工作全面负责。其他负责人对职责范围内的安全生产工作负责。

第六条　【从业人员安全生产权利义务】生产经营单位的从业人员有依法获得安全生产保障的权利，并应当依法履行安全生产方面的义务。

第七条　【工会职责】工会依法对安全生产工作进行监督。

生产经营单位的工会依法组织职工参加本单位安全生产工作的民主管理和民主监督，维护职工在安全生产方面的合法权益。生产经营单位制定或者修改有关安全生产的规章制度，应当听取工会的意见。

第八条　【各级人民政府安全生产职责】国务院和县级以上地方各级人民政府应当根据国民经济和社会发展规划制定安全生产规划，并组织实施。安全生产规划应当与国土空间规划等相关规划相衔接。

各级人民政府应当加强安全生产基础设施建设和安全生产监管能力建设，所需经费列入本级预算。

县级以上地方各级人民政府应当组织有关部门建立完善安全风险评估与论证机制，按照安全风险管控要求，进行产业规划和空间布局，并对位置相邻、行业相近、业态相似的生产经营单位实施重大安全风险联防联控。

第九条　【安全生产监督管理职责】国务院和县级以上地方各级人民政府应当加强对安全生产工作的领导，建立健全安全生产工作协调机制，支持、督促各有关部门依法履行安全生产监督管理职责，及时协调、解决安全生产监督管理中存在的重大问题。

乡镇人民政府和街道办事处，以及开发区、工业园区、港区、风景区等应当明确负责安全生产监督管理的有关工作机构及其职责，加强安全生产监管力量建设，按照职责对本行政区域或者管理区域内生产经营单位安全生产状况进行监督检查，协助人民政府有关部门或者按照授权依法履行安全生产监督管理职责。

第十条 【安全生产监督管理体制】国务院应急管理部门依照本法，对全国安全生产工作实施综合监督管理；县级以上地方各级人民政府应急管理部门依照本法，对本行政区域内安全生产工作实施综合监督管理。

国务院交通运输、住房和城乡建设、水利、民航等有关部门依照本法和其他有关法律、行政法规的规定，在各自的职责范围内对有关行业、领域的安全生产工作实施监督管理；县级以上地方各级人民政府有关部门依照本法和其他有关法律、法规的规定，在各自的职责范围内对有关行业、领域的安全生产工作实施监督管理。对新兴行业、领域的安全生产监督管理职责不明确的，由县级以上地方各级人民政府按照业务相近的原则确定监督管理部门。

应急管理部门和对有关行业、领域的安全生产工作实施监督管理的部门，统称负有安全生产监督管理职责的部门。负有安全生产监督管理职责的部门应当相互配合、齐抓共管、信息共享、资源共用，依法加强安全生产监督管理工作。

第十一条 【安全生产有关标准】国务院有关部门应当按照保障安全生产的要求，依法及时制定有关的国家标准或者行业标准，并根据科技进步和经济发展适时修订。

生产经营单位必须执行依法制定的保障安全生产的国家标准或者行业标准。

第十二条 【安全生产强制性国家标准的制定】国务院有关部门按照职责分工负责安全生产强制性国家标准的项目提出、组织起草、征求意见、技术审查。国务院应急管理部门统筹提出安全生产强制性国家标准的立项计划。国务院标准化行政主管部门负责安全生产强制性国家标准的立项、编号、对外通报和授权批准发布工作。国务院标准化行政主管部门、有关部门依据法定职责对安全生产强制性国家标准的实施进行监督检查。

第十三条 【安全生产宣传教育】各级人民政府及其有关部门应当采取多种形式，加强对有关安全生产的法律、法规和安全生产知识的宣传，增强全社会的安全生产意识。

第十四条 【协会组织职责】有关协会组织依照法律、行政法规和章程，为生产经营单位提供安全生产方面的信息、培训等服务，发挥自律作用，促进生产经营单位加强安全生产管理。

第十五条 【安全生产技术、管理服务中介机构】依法设立的为安全生产提供技术、管理服务的机构，依照法律、行政法规和执业准则，接受生产经营单位的委托为其安全生产工作提供技术、管理服务。

生产经营单位委托前款规定的机构提供安全生产技术、管理服务的，保证安全生产的责任仍由本单位负责。

第十六条　【事故责任追究制度】国家实行生产安全事故责任追究制度，依照本法和有关法律、法规的规定，追究生产安全事故责任单位和责任人员的法律责任。

第十七条　【安全生产权力和责任清单】县级以上各级人民政府应当组织负有安全生产监督管理职责的部门依法编制安全生产权力和责任清单，公开并接受社会监督。

第十八条　【安全生产科学技术研究】国家鼓励和支持安全生产科学技术研究和安全生产先进技术的推广应用，提高安全生产水平。

第十九条　【奖励】国家对在改善安全生产条件、防止生产安全事故、参加抢险救护等方面取得显著成绩的单位和个人，给予奖励。

第二章　生产经营单位的安全生产保障

第二十条　【安全生产条件】生产经营单位应当具备本法和有关法律、行政法规和国家标准或者行业标准规定的安全生产条件；不具备安全生产条件的，不得从事生产经营活动。

第二十一条　【单位主要负责人安全生产职责】生产经营单位的主要负责人对本单位安全生产工作负有下列职责：

（一）建立健全并落实本单位全员安全生产责任制，加强安全生产标准化建设；

（二）组织制定并实施本单位安全生产规章制度和操作规程；

（三）组织制定并实施本单位安全生产教育和培训计划；

（四）保证本单位安全生产投入的有效实施；

（五）组织建立并落实安全风险分级管控和隐患排查治理双重预防工作机制，督促、检查本单位的安全生产工作，及时消除生产安全事故隐患；

（六）组织制定并实施本单位的生产安全事故应急救援预案；

（七）及时、如实报告生产安全事故。

第二十二条　【全员安全生产责任制】生产经营单位的全员安全生产责任制

应当明确各岗位的责任人员、责任范围和考核标准等内容。

生产经营单位应当建立相应的机制，加强对全员安全生产责任制落实情况的监督考核，保证全员安全生产责任制的落实。

第二十三条 【保证安全生产资金投入】生产经营单位应当具备的安全生产条件所必需的资金投入，由生产经营单位的决策机构、主要负责人或者个人经营的投资人予以保证，并对由于安全生产所必需的资金投入不足导致的后果承担责任。

有关生产经营单位应当按照规定提取和使用安全生产费用，专门用于改善安全生产条件。安全生产费用在成本中据实列支。安全生产费用提取、使用和监督管理的具体办法由国务院财政部门会同国务院应急管理部门征求国务院有关部门意见后制定。

第二十四条 【安全生产管理机构及人员】矿山、金属冶炼、建筑施工、运输单位和危险物品的生产、经营、储存、装卸单位，应当设置安全生产管理机构或者配备专职安全生产管理人员。

前款规定以外的其他生产经营单位，从业人员超过一百人的，应当设置安全生产管理机构或者配备专职安全生产管理人员；从业人员在一百人以下的，应当配备专职或者兼职的安全生产管理人员。

第二十五条 【安全生产管理机构及人员的职责】生产经营单位的安全生产管理机构以及安全生产管理人员履行下列职责：

（一）组织或者参与拟订本单位安全生产规章制度、操作规程和生产安全事故应急救援预案；

（二）组织或者参与本单位安全生产教育和培训，如实记录安全生产教育和培训情况；

（三）组织开展危险源辨识和评估，督促落实本单位重大危险源的安全管理措施；

（四）组织或者参与本单位应急救援演练；

（五）检查本单位的安全生产状况，及时排查生产安全事故隐患，提出改进安全生产管理的建议；

（六）制止和纠正违章指挥、强令冒险作业、违反操作规程的行为；

（七）督促落实本单位安全生产整改措施。

生产经营单位可以设置专职安全生产分管负责人，协助本单位主要负责人履行安全生产管理职责。

第二十六条　【履职要求与履职保障】生产经营单位的安全生产管理机构以及安全生产管理人员应当恪尽职守，依法履行职责。

生产经营单位作出涉及安全生产的经营决策，应当听取安全生产管理机构以及安全生产管理人员的意见。

生产经营单位不得因安全生产管理人员依法履行职责而降低其工资、福利等待遇或者解除与其订立的劳动合同。

危险物品的生产、储存单位以及矿山、金属冶炼单位的安全生产管理人员的任免，应当告知主管的负有安全生产监督管理职责的部门。

第二十七条　【安全生产知识与管理能力】生产经营单位的主要负责人和安全生产管理人员必须具备与本单位所从事的生产经营活动相应的安全生产知识和管理能力。

危险物品的生产、经营、储存、装卸单位以及矿山、金属冶炼、建筑施工、运输单位的主要负责人和安全生产管理人员，应当由主管的负有安全生产监督管理职责的部门对其安全生产知识和管理能力考核合格。考核不得收费。

危险物品的生产、储存、装卸单位以及矿山、金属冶炼单位应当有注册安全工程师从事安全生产管理工作。鼓励其他生产经营单位聘用注册安全工程师从事安全生产管理工作。注册安全工程师按专业分类管理，具体办法由国务院人力资源和社会保障部门、国务院应急管理部门会同国务院有关部门制定。

第二十八条　【安全生产教育和培训】生产经营单位应当对从业人员进行安全生产教育和培训，保证从业人员具备必要的安全生产知识，熟悉有关的安全生产规章制度和安全操作规程，掌握本岗位的安全操作技能，了解事故应急处理措施，知悉自身在安全生产方面的权利和义务。未经安全生产教育和培训合格的从业人员，不得上岗作业。

生产经营单位使用被派遣劳动者的，应当将被派遣劳动者纳入本单位从业人员统一管理，对被派遣劳动者进行岗位安全操作规程和安全操作技能的教育和培训。劳务派遣单位应当对被派遣劳动者进行必要的安全生产教育和培训。

生产经营单位接收中等职业学校、高等学校学生实习的，应当对实习学生进行相应的安全生产教育和培训，提供必要的劳动防护用品。学校应当协助生产经营单位对实习学生进行安全生产教育和培训。

生产经营单位应当建立安全生产教育和培训档案，如实记录安全生产教育和培训的时间、内容、参加人员以及考核结果等情况。

第二十九条 【技术更新的教育和培训】生产经营单位采用新工艺、新技术、新材料或者使用新设备，必须了解、掌握其安全技术特性，采取有效的安全防护措施，并对从业人员进行专门的安全生产教育和培训。

第三十条 【特种作业人员从业资格】生产经营单位的特种作业人员必须按照国家有关规定经专门的安全作业培训，取得相应资格，方可上岗作业。

特种作业人员的范围由国务院应急管理部门会同国务院有关部门确定。

第三十一条 【建设项目安全设施“三同时”】生产经营单位新建、改建、扩建工程项目（以下统称建设项目）的安全设施，必须与主体工程同时设计、同时施工、同时投入生产和使用。安全设施投资应当纳入建设项目概算。

第三十二条 【特殊建设项目安全评价】矿山、金属冶炼建设项目和用于生产、储存、装卸危险物品的建设项目，应当按照国家有关规定进行安全评价。

第三十三条 【特殊建设项目安全设计审查】建设项目安全设施的设计人、设计单位应当对安全设施设计负责。

矿山、金属冶炼建设项目和用于生产、储存、装卸危险物品的建设项目的安全设施设计应当按照国家有关规定报经有关部门审查，审查部门及其负责审查的人员对审查结果负责。

第三十四条 【特殊建设项目安全设施验收】矿山、金属冶炼建设项目和用于生产、储存、装卸危险物品的建设项目的施工单位必须按照批准的安全设施设计施工，并对安全设施的工程质量负责。

矿山、金属冶炼建设项目和用于生产、储存、装卸危险物品的建设项目竣工投入生产或者使用前，应当由建设单位负责组织对安全设施进行验收；验收合格后，方可投入生产和使用。负有安全生产监督管理职责的部门应当加强对建设单位验收活动和验收结果的监督核查。

第三十五条 【安全警示标志】生产经营单位应当在有较大危险因素的生产经营场所和有关设施、设备上，设置明显的安全警示标志。

第三十六条 【安全设备管理】安全设备的设计、制造、安装、使用、检测、维修、改造和报废，应当符合国家标准或者行业标准。

生产经营单位必须对安全设备进行经常性维护、保养，并定期检测，保证正常运转。维护、保养、检测应当作好记录，并由有关人员签字。

生产经营单位不得关闭、破坏直接关系生产安全的监控、报警、防护、救生设备、设施，或者篡改、隐瞒、销毁其相关数据、信息。

餐饮等行业的生产经营单位使用燃气的，应当安装可燃气体报警装置，并保障其正常使用。

第三十七条　【特殊特种设备的管理】生产经营单位使用的危险物品的容器、运输工具，以及涉及人身安全、危险性较大的海洋石油开采特种设备和矿山井下特种设备，必须按照国家有关规定，由专业生产单位生产，并经具有专业资质的检测、检验机构检测、检验合格，取得安全使用证或者安全标志，方可投入使用。检测、检验机构对检测、检验结果负责。

第三十八条　【淘汰制度】国家对严重危及生产安全的工艺、设备实行淘汰制度，具体目录由国务院应急管理部门会同国务院有关部门制定并公布。法律、行政法规对目录的制定另有规定的，适用其规定。

省、自治区、直辖市人民政府可以根据本地区实际情况制定并公布具体目录，对前款规定以外的危及生产安全的工艺、设备予以淘汰。

生产经营单位不得使用应当淘汰的危及生产安全的工艺、设备。

第三十九条　【危险物品的监管】生产、经营、运输、储存、使用危险物品或者处置废弃危险物品的，由有关主管部门依照有关法律、法规的规定和国家标准或者行业标准审批并实施监督管理。

生产经营单位生产、经营、运输、储存、使用危险物品或者处置废弃危险物品，必须执行有关法律、法规和国家标准或者行业标准，建立专门的安全管理制度，采取可靠的安全措施，接受有关主管部门依法实施的监督管理。

第四十条　【重大危险源的管理和备案】生产经营单位对重大危险源应当登记建档，进行定期检测、评估、监控，并制定应急预案，告知从业人员和相关人员在紧急情况下应当采取的应急措施。

生产经营单位应当按照国家有关规定将本单位重大危险源及有关安全措施、应急措施报有关地方人民政府应急管理部门和有关部门备案。有关地方人民政府应急管理部门和有关部门应当通过相关信息系统实现信息共享。

第四十一条　【安全风险管控制度和事故隐患治理制度】生产经营单位应当建立安全风险分级管控制度，按照安全风险分级采取相应的管控措施。

生产经营单位应当建立健全并落实生产安全事故隐患排查治理制度，采取技术、管理措施，及时发现并消除事故隐患。事故隐患排查治理情况应当如实记录，并通过职工大会或者职工代表大会、信息公示栏等方式向从业人员通报。其中，重大事故隐患排查治理情况应当及时向负有安全生产监督管理职责的部门和职工大会或者职工代表大会报告。

县级以上地方各级人民政府负有安全生产监督管理职责的部门应当将重大事故隐患纳入相关信息系统，建立健全重大事故隐患治理督办制度，督促生产经营单位消除重大事故隐患。

第四十二条　【生产经营场所和员工宿舍安全要求】生产、经营、储存、使用危险物品的车间、商店、仓库不得与员工宿舍在同一座建筑物内，并应当与员工宿舍保持安全距离。

生产经营场所和员工宿舍应当设有符合紧急疏散要求、标志明显、保持畅通的出口、疏散通道。禁止占用、锁闭、封堵生产经营场所或者员工宿舍的出口、疏散通道。

第四十三条　【危险作业的现场安全管理】生产经营单位进行爆破、吊装、动火、临时用电以及国务院应急管理部门会同国务院有关部门规定的其他危险作业，应当安排专门人员进行现场安全管理，确保操作规程的遵守和安全措施的落实。

第四十四条　【从业人员的安全管理】生产经营单位应当教育和督促从业人员严格执行本单位的安全生产规章制度和安全操作规程；并向从业人员如实告知作业场所和工作岗位存在的危险因素、防范措施以及事故应急措施。

生产经营单位应当关注从业人员的身体、心理状况和行为习惯，加强对从业人员的心理疏导、精神慰藉，严格落实岗位安全生产责任，防范从业人员行为异常导致事故发生。

第四十五条　【劳动防护用品】生产经营单位必须为从业人员提供符合国家标准或者行业标准的劳动防护用品，并监督、教育从业人员按照使用规则佩戴、使用。

第四十六条　【安全检查和报告义务】生产经营单位的安全生产管理人员应当根据本单位的生产经营特点，对安全生产状况进行经常性检查；对检查中发现的安全问题，应当立即处理；不能处理的，应当及时报告本单位有关负责人，有关负责人应当及时处理。检查及处理情况应当如实记录在案。

生产经营单位的安全生产管理人员在检查中发现重大事故隐患，依照前款规定向本单位有关负责人报告，有关负责人不及时处理的，安全生产管理人员可以向主管的负有安全生产监督管理职责的部门报告，接到报告的部门应当依法及时处理。

第四十七条　【安全生产经费保障】生产经营单位应当安排用于配备劳动防护用品、进行安全生产培训的经费。

第四十八条　【安全生产协作】两个以上生产经营单位在同一作业区域内进行生产经营活动，可能危及对方生产安全的，应当签订安全生产管理协议，明确各自的安全生产管理职责和应当采取的安全措施，并指定专职安全生产管理人员进行安全检查与协调。

第四十九条　【生产经营项目、施工项目的安全管理】生产经营单位不得将生产经营项目、场所、设备发包或者出租给不具备安全生产条件或者相应资质的单位或者个人。

生产经营项目、场所发包或者出租给其他单位的，生产经营单位应当与承包单位、承租单位签订专门的安全生产管理协议，或者在承包合同、租赁合同中约定各自的安全生产管理职责；生产经营单位对承包单位、承租单位的安全生产工作统一协调、管理，定期进行安全检查，发现安全问题的，应当及时督促整改。

矿山、金属冶炼建设项目和用于生产、储存、装卸危险物品的建设项目的施工单位应当加强对施工项目的安全管理，不得倒卖、出租、出借、挂靠或者以其他形式非法转让施工资质，不得将其承包的全部建设工程转包给第三人或者将其承包的全部建设工程支解以后以分包的名义分别转包给第三人，不得将工程分包给不具备相应资质条件的单位。

第五十条　【单位主要负责人组织事故抢救职责】生产经营单位发生生产安全事故时，单位的主要负责人应当立即组织抢救，并不得在事故调查处理期间擅离职守。

第五十一条　【工伤保险和安全生产责任保险】生产经营单位必须依法参加工伤保险，为从业人员缴纳保险费。

国家鼓励生产经营单位投保安全生产责任保险；属于国家规定的高危行业、领域的生产经营单位，应当投保安全生产责任保险。具体范围和实施办法由国务院应急管理部门会同国务院财政部门、国务院保险监督管理机构和相关行业主管部门制定。

第三章　从业人员的安全生产权利义务

第五十二条　【劳动合同的安全条款】生产经营单位与从业人员订立的劳动

合同，应当载明有关保障从业人员劳动安全、防止职业危害的事项，以及依法为从业人员办理工伤保险的事项。

生产经营单位不得以任何形式与从业人员订立协议，免除或者减轻其对从业人员因生产安全事故伤亡依法应承担的责任。

第五十三条 【知情权和建议权】生产经营单位的从业人员有权了解其作业场所和工作岗位存在的危险因素、防范措施及事故应急措施，有权对本单位的安全生产工作提出建议。

第五十四条 【批评、检举、控告、拒绝权】从业人员有权对本单位安全生产工作中存在的问题提出批评、检举、控告；有权拒绝违章指挥和强令冒险作业。

生产经营单位不得因从业人员对本单位安全生产工作提出批评、检举、控告或者拒绝违章指挥、强令冒险作业而降低其工资、福利等待遇或者解除与其订立的劳动合同。

第五十五条 【紧急处置权】从业人员发现直接危及人身安全的紧急情况时，有权停止作业或者在采取可能的应急措施后撤离作业场所。

生产经营单位不得因从业人员在前款紧急情况下停止作业或者采取紧急撤离措施而降低其工资、福利等待遇或者解除与其订立的劳动合同。

第五十六条 【事故后的人员救治和赔偿】生产经营单位发生生产安全事故后，应当及时采取措施救治有关人员。

因生产安全事故受到损害的从业人员，除依法享有工伤保险外，依照有关民事法律尚有获得赔偿的权利的，有权提出赔偿要求。

第五十七条 【落实岗位安全责任和服从安全管理】从业人员在作业过程中，应当严格落实岗位安全责任，遵守本单位的安全生产规章制度和操作规程，服从管理，正确佩戴和使用劳动防护用品。

第五十八条 【接受安全生产教育和培训义务】从业人员应当接受安全生产教育和培训，掌握本职工作所需的安全生产知识，提高安全生产技能，增强事故预防和应急处理能力。

第五十九条 【事故隐患和不安全因素的报告义务】从业人员发现事故隐患或者其他不安全因素，应当立即向现场安全生产管理人员或者本单位负责人报告；接到报告的人员应当及时予以处理。

第六十条 【工会监督】工会有权对建设项目的安全设施与主体工程同时设计、同时施工、同时投入生产和使用进行监督，提出意见。

工会对生产经营单位违反安全生产法律、法规，侵犯从业人员合法权益的行为，有权要求纠正；发现生产经营单位违章指挥、强令冒险作业或者发现事故隐患时，有权提出解决的建议，生产经营单位应当及时研究答复；发现危及从业人员生命安全的情况时，有权向生产经营单位建议组织从业人员撤离危险场所，生产经营单位必须立即作出处理。

工会有权依法参加事故调查，向有关部门提出处理意见，并要求追究有关人员的责任。

第六十一条　【被派遣劳动者的权利义务】生产经营单位使用被派遣劳动者的，被派遣劳动者享有本法规定的从业人员的权利，并应当履行本法规定的从业人员的义务。

第四章　安全生产的监督管理

第六十二条　【安全生产监督检查】县级以上地方各级人民政府应当根据本行政区域内的安全生产状况，组织有关部门按照职责分工，对本行政区域内容易发生重大生产安全事故的生产经营单位进行严格检查。

应急管理部门应当按照分类分级监督管理的要求，制定安全生产年度监督检查计划，并按照年度监督检查计划进行监督检查，发现事故隐患，应当及时处理。

第六十三条　【安全生产事项的审批、验收】负有安全生产监督管理职责的部门依照有关法律、法规的规定，对涉及安全生产的事项需要审查批准（包括批准、核准、许可、注册、认证、颁发证照等，下同）或者验收的，必须严格依照有关法律、法规和国家标准或者行业标准规定的安全生产条件和程序进行审查；不符合有关法律、法规和国家标准或者行业标准规定的安全生产条件的，不得批准或者验收通过。对未依法取得批准或者验收合格的单位擅自从事有关活动的，负责行政审批的部门发现或者接到举报后应当立即予以取缔，并依法予以处理。对已经依法取得批准的单位，负责行政审批的部门发现其不再具备安全生产条件的，应当撤销原批准。

第六十四条　【审批、验收的禁止性规定】负有安全生产监督管理职责的部门对涉及安全生产的事项进行审查、验收，不得收取费用；不得要求接受审查、验收的单位购买其指定品牌或者指定生产、销售单位的安全设备、器材或者其他产品。

第六十五条　【监督检查的职权范围】应急管理部门和其他负有安全生产监督管理职责的部门依法开展安全生产行政执法工作，对生产经营单位执行有关安全生产的法律、法规和国家标准或者行业标准的情况进行监督检查，行使以下职权：

（一）进入生产经营单位进行检查，调阅有关资料，向有关单位和人员了解情况；

（二）对检查中发现的安全生产违法行为，当场予以纠正或者要求限期改正；对依法应当给予行政处罚的行为，依照本法和其他有关法律、行政法规的规定作出行政处罚决定；

（三）对检查中发现的事故隐患，应当责令立即排除；重大事故隐患排除前或者排除过程中无法保证安全的，应当责令从危险区域内撤出作业人员，责令暂时停产停业或者停止使用相关设施、设备；重大事故隐患排除后，经审查同意，方可恢复生产经营和使用；

（四）对有根据认为不符合保障安全生产的国家标准或者行业标准的设施、设备、器材以及违法生产、储存、使用、经营、运输的危险物品予以查封或者扣押，对违法生产、储存、使用、经营危险物品的作业场所予以查封，并依法作出处理决定。

监督检查不得影响被检查单位的正常生产经营活动。

第六十六条　【生产经营单位的配合义务】生产经营单位对负有安全生产监督管理职责的部门的监督检查人员（以下统称安全生产监督检查人员）依法履行监督检查职责，应当予以配合，不得拒绝、阻挠。

第六十七条　【监督检查的要求】安全生产监督检查人员应当忠于职守，坚持原则，秉公执法。

安全生产监督检查人员执行监督检查任务时，必须出示有效的行政执法证件；对涉及被检查单位的技术秘密和业务秘密，应当为其保密。

第六十八条　【监督检查的记录与报告】安全生产监督检查人员应当将检查的时间、地点、内容、发现的问题及其处理情况，作出书面记录，并由检查人员和被检查单位的负责人签字；被检查单位的负责人拒绝签字的，检查人员应当将情况记录在案，并向负有安全生产监督管理职责的部门报告。

第六十九条　【监督检查的配合】负有安全生产监督管理职责的部门在监督检查中，应当互相配合，实行联合检查；确需分别进行检查的，应当互通情况，发现存在的安全问题应当由其他有关部门进行处理的，应当及时移送其他有关部门并形成记录备查，接受移送的部门应当及时进行处理。

第七十条　【强制停止生产经营活动】负有安全生产监督管理职责的部门依法对存在重大事故隐患的生产经营单位作出停产停业、停止施工、停止使用相关设施或者设备的决定，生产经营单位应当依法执行，及时消除事故隐患。生产经营单位拒不执行，有发生生产安全事故的现实危险的，在保证安全的前提下，经本部门主要负责人批准，负有安全生产监督管理职责的部门可以采取通知有关单位停止供电、停止供应民用爆炸物品等措施，强制生产经营单位履行决定。通知应当采用书面形式，有关单位应当予以配合。

负有安全生产监督管理职责的部门依照前款规定采取停止供电措施，除有危及生产安全的紧急情形外，应当提前二十四小时通知生产经营单位。生产经营单位依法履行行政决定、采取相应措施消除事故隐患的，负有安全生产监督管理职责的部门应当及时解除前款规定的措施。

第七十一条　【安全生产监察】监察机关依照监察法的规定，对负有安全生产监督管理职责的部门及其工作人员履行安全生产监督管理职责实施监察。

第七十二条　【中介机构的条件和责任】承担安全评价、认证、检测、检验职责的机构应当具备国家规定的资质条件，并对其作出的安全评价、认证、检测、检验结果的合法性、真实性负责。资质条件由国务院应急管理部门会同国务院有关部门制定。

承担安全评价、认证、检测、检验职责的机构应当建立并实施服务公开和报告公开制度，不得租借资质、挂靠、出具虚假报告。

第七十三条　【安全生产举报制度】负有安全生产监督管理职责的部门应当建立举报制度，公开举报电话、信箱或者电子邮件地址等网络举报平台，受理有关安全生产的举报；受理的举报事项经调查核实后，应当形成书面材料；需要落实整改措施的，报经有关负责人签字并督促落实。对不属于本部门职责，需要由其他有关部门进行调查处理的，转交其他有关部门处理。

涉及人员死亡的举报事项，应当由县级以上人民政府组织核查处理。

第七十四条　【违法举报和公益诉讼】任何单位或者个人对事故隐患或者安全生产违法行为，均有权向负有安全生产监督管理职责的部门报告或者举报。

因安全生产违法行为造成重大事故隐患或者导致重大事故，致使国家利益或者社会公共利益受到侵害的，人民检察院可以根据民事诉讼法、行政诉讼法的相关规定提起公益诉讼。

第七十五条 【居委会、村委会的监督】居民委员会、村民委员会发现其所在区域内的生产经营单位存在事故隐患或者安全生产违法行为时，应当向当地人民政府或者有关部门报告。

第七十六条 【举报奖励】县级以上各级人民政府及其有关部门对报告重大事故隐患或者举报安全生产违法行为的有功人员，给予奖励。具体奖励办法由国务院应急管理部门会同国务院财政部门制定。

第七十七条 【舆论监督】新闻、出版、广播、电影、电视等单位有进行安全生产公益宣传教育的义务，有对违反安全生产法律、法规的行为进行舆论监督的权利。

第七十八条 【安全生产违法行为信息库】负有安全生产监督管理职责的部门应当建立安全生产违法行为信息库，如实记录生产经营单位及其有关从业人员的安全生产违法行为信息；对违法行为情节严重的生产经营单位及其有关从业人员，应当及时向社会公告，并通报行业主管部门、投资主管部门、自然资源主管部门、生态环境主管部门、证券监督管理机构以及有关金融机构。有关部门和机构应当对存在失信行为的生产经营单位及其有关从业人员采取加大执法检查频次、暂停项目审批、上调有关保险费率、行业或者职业禁入等联合惩戒措施，并向社会公示。

负有安全生产监督管理职责的部门应当加强对生产经营单位行政处罚信息的及时归集、共享、应用和公开，对生产经营单位作出处罚决定后七个工作日内在监督管理部门公示系统予以公开曝光，强化对违法失信生产经营单位及其有关从业人员的社会监督，提高全社会安全生产诚信水平。

第五章 生产安全事故的应急救援与调查处理

第七十九条 【事故应急救援队伍与信息系统】国家加强生产安全事故应急能力建设，在重点行业、领域建立应急救援基地和应急救援队伍，并由国家安全生产应急救援机构统一协调指挥；鼓励生产经营单位和其他社会力量建立应急救援队伍，配备相应的应急救援装备和物资，提高应急救援的专业化水平。

国务院应急管理部门牵头建立全国统一的生产安全事故应急救援信息系统，国务院交通运输、住房和城乡建设、水利、民航等有关部门和县级以上地方人民政府建立健全相关行业、领域、地区的生产安全事故应急救援信息系统，实现互联互通、信息共享，通过推行网上安全信息采集、安全监管和监测预警，提升监管的精准化、智能化水平。

第八十条　【事故应急救援预案与体系】 县级以上地方各级人民政府应当组织有关部门制定本行政区域内生产安全事故应急救援预案，建立应急救援体系。

乡镇人民政府和街道办事处，以及开发区、工业园区、港区、风景区等应当制定相应的生产安全事故应急救援预案，协助人民政府有关部门或者按照授权依法履行生产安全事故应急救援工作职责。

第八十一条　【事故应急救援预案的制定与演练】 生产经营单位应当制定本单位生产安全事故应急救援预案，与所在地县级以上地方人民政府组织制定的生产安全事故应急救援预案相衔接，并定期组织演练。

第八十二条　【高危行业的应急救援要求】 危险物品的生产、经营、储存单位以及矿山、金属冶炼、城市轨道交通运营、建筑施工单位应当建立应急救援组织；生产经营规模较小的，可以不建立应急救援组织，但应当指定兼职的应急救援人员。

危险物品的生产、经营、储存、运输单位以及矿山、金属冶炼、城市轨道交通运营、建筑施工单位应当配备必要的应急救援器材、设备和物资，并进行经常性维护、保养，保证正常运转。

第八十三条　【单位报告和组织抢救义务】 生产经营单位发生生产安全事故后，事故现场有关人员应当立即报告本单位负责人。

单位负责人接到事故报告后，应当迅速采取有效措施，组织抢救，防止事故扩大，减少人员伤亡和财产损失，并按照国家有关规定立即如实报告当地负有安全生产监督管理职责的部门，不得隐瞒不报、谎报或者迟报，不得故意破坏事故现场、毁灭有关证据。

第八十四条　【安全监管部门的事故报告】 负有安全生产监督管理职责的部门接到事故报告后，应当立即按照国家有关规定上报事故情况。负有安全生产监督管理职责的部门和有关地方人民政府对事故情况不得隐瞒不报、谎报或者迟报。

第八十五条　【事故抢救】 有关地方人民政府和负有安全生产监督管理职责的部门的负责人接到生产安全事故报告后，应当按照生产安全事故应急救援预案的要求立即赶到事故现场，组织事故抢救。

参与事故抢救的部门和单位应当服从统一指挥，加强协同联动，采取有效的应急救援措施，并根据事故救援的需要采取警戒、疏散等措施，防止事故扩大和次生灾害的发生，减少人员伤亡和财产损失。

事故抢救过程中应当采取必要措施，避免或者减少对环境造成的危害。

任何单位和个人都应当支持、配合事故抢救，并提供一切便利条件。

第八十六条 【事故调查处理】事故调查处理应当按照科学严谨、依法依规、实事求是、注重实效的原则，及时、准确地查清事故原因，查明事故性质和责任，评估应急处置工作，总结事故教训，提出整改措施，并对事故责任单位和人员提出处理建议。事故调查报告应当依法及时向社会公布。事故调查和处理的具体办法由国务院制定。

事故发生单位应当及时全面落实整改措施，负有安全生产监督管理职责的部门应当加强监督检查。

负责事故调查处理的国务院有关部门和地方人民政府应当在批复事故调查报告后一年内，组织有关部门对事故整改和防范措施落实情况进行评估，并及时向社会公开评估结果；对不履行职责导致事故整改和防范措施没有落实的有关单位和人员，应当按照有关规定追究责任。

第八十七条 【责任追究】生产经营单位发生生产安全事故，经调查确定为责任事故的，除了应当查明事故单位的责任并依法予以追究外，还应当查明对安全生产的有关事项负有审查批准和监督职责的行政部门的责任，对有失职、渎职行为的，依照本法第九十条的规定追究法律责任。

第八十八条 【事故调查处理不得干涉】任何单位和个人不得阻挠和干涉对事故的依法调查处理。

第八十九条 【事故定期统计分析和定期公布制度】县级以上地方各级人民政府应急管理部门应当定期统计分析本行政区域内发生生产安全事故的情况，并定期向社会公布。

第六章 法律责任

第九十条 【监管部门工作人员违法责任】负有安全生产监督管理职责的部门的工作人员，有下列行为之一的，给予降级或者撤职的处分；构成犯罪的，依照刑法有关规定追究刑事责任：

（一）对不符合法定安全生产条件的涉及安全生产的事项予以批准或者验收通过的；

（二）发现未依法取得批准、验收的单位擅自从事有关活动或者接到举报后不予取缔或者不依法予以处理的；

（三）对已经依法取得批准的单位不履行监督管理职责，发现其不再具备安全生产条件而不撤销原批准或者发现安全生产违法行为不予查处的；

（四）在监督检查中发现重大事故隐患，不依法及时处理的。

负有安全生产监督管理职责的部门的工作人员有前款规定以外的滥用职权、玩忽职守、徇私舞弊行为的，依法给予处分；构成犯罪的，依照刑法有关规定追究刑事责任。

第九十一条 【监管部门违法责任】负有安全生产监督管理职责的部门，要求被审查、验收的单位购买其指定的安全设备、器材或者其他产品的，在对安全生产事项的审查、验收中收取费用的，由其上级机关或者监察机关责令改正，责令退还收取的费用；情节严重的，对直接负责的主管人员和其他直接责任人员依法给予处分。

第九十二条 【中介机构违法责任】承担安全评价、认证、检测、检验职责的机构出具失实报告的，责令停业整顿，并处三万元以上十万元以下的罚款；给他人造成损害的，依法承担赔偿责任。

承担安全评价、认证、检测、检验职责的机构租借资质、挂靠、出具虚假报告的，没收违法所得；违法所得在十万元以上的，并处违法所得二倍以上五倍以下的罚款，没有违法所得或者违法所得不足十万元的，单处或者并处十万元以上二十万元以下的罚款；对其直接负责的主管人员和其他直接责任人员处五万元以上十万元以下的罚款；给他人造成损害的，与生产经营单位承担连带赔偿责任；构成犯罪的，依照刑法有关规定追究刑事责任。

对有前款违法行为的机构及其直接责任人员，吊销其相应资质和资格，五年内不得从事安全评价、认证、检测、检验等工作；情节严重的，实行终身行业和职业禁入。

第九十三条 【资金投入违法责任】生产经营单位的决策机构、主要负责人或者个人经营的投资人不依照本法规定保证安全生产所必需的资金投入，致使生产经营单位不具备安全生产条件的，责令限期改正，提供必需的资金；逾期未改正的，责令生产经营单位停产停业整顿。

有前款违法行为，导致发生生产安全事故的，对生产经营单位的主要负责人给予撤职处分，对个人经营的投资人处二万元以上二十万元以下的罚款；构成犯罪的，依照刑法有关规定追究刑事责任。

第九十四条 【单位主要负责人违法责任】生产经营单位的主要负责人未履行本法规定的安全生产管理职责的，责令限期改正，处二万元以上五万元以下的罚款；逾期未改正的，处五万元以上十万元以下的罚款，责令生产经营单位停产停业整顿。

生产经营单位的主要负责人有前款违法行为，导致发生生产安全事故的，给予撤职处分；构成犯罪的，依照刑法有关规定追究刑事责任。

生产经营单位的主要负责人依照前款规定受刑事处罚或者撤职处分的，自刑罚执行完毕或者受处分之日起，五年内不得担任任何生产经营单位的主要负责人；对重大、特别重大生产安全事故负有责任的，终身不得担任本行业生产经营单位的主要负责人。

第九十五条 【对单位主要负责人罚款】生产经营单位的主要负责人未履行本法规定的安全生产管理职责，导致发生生产安全事故的，由应急管理部门依照下列规定处以罚款：

（一）发生一般事故的，处上一年年收入百分之四十的罚款；

（二）发生较大事故的，处上一年年收入百分之六十的罚款；

（三）发生重大事故的，处上一年年收入百分之八十的罚款；

（四）发生特别重大事故的，处上一年年收入百分之一百的罚款。

第九十六条 【单位安全生产管理人员违法责任】生产经营单位的其他负责人和安全生产管理人员未履行本法规定的安全生产管理职责的，责令限期改正，处一万元以上三万元以下的罚款；导致发生生产安全事故的，暂停或者吊销其与安全生产有关的资格，并处上一年年收入百分之二十以上百分之五十以下的罚款；构成犯罪的，依照刑法有关规定追究刑事责任。

第九十七条 【生产经营单位安全管理违法责任（一）】生产经营单位有下列行为之一的，责令限期改正，处十万元以下的罚款；逾期未改正的，责令停产停业整顿，并处十万元以上二十万元以下的罚款，对其直接负责的主管人员和其他直接责任人员处二万元以上五万元以下的罚款：

（一）未按照规定设置安全生产管理机构或者配备安全生产管理人员、注册安全工程师的；

（二）危险物品的生产、经营、储存、装卸单位以及矿山、金属冶炼、建筑施工、运输单位的主要负责人和安全生产管理人员未按照规定经考核合格的；

（三）未按照规定对从业人员、被派遣劳动者、实习学生进行安全生产教育和培训，或者未按照规定如实告知有关的安全生产事项的；

（四）未如实记录安全生产教育和培训情况的；

（五）未将事故隐患排查治理情况如实记录或者未向从业人员通报的；

（六）未按照规定制定生产安全事故应急救援预案或者未定期组织演练的；

（七）特种作业人员未按照规定经专门的安全作业培训并取得相应资格，上岗作业的。

第九十八条　【建设项目违法责任】生产经营单位有下列行为之一的，责令停止建设或者停产停业整顿，限期改正，并处十万元以上五十万元以下的罚款，对其直接负责的主管人员和其他直接责任人员处二万元以上五万元以下的罚款；逾期未改正的，处五十万元以上一百万元以下的罚款，对其直接负责的主管人员和其他直接责任人员处五万元以上十万元以下的罚款；构成犯罪的，依照刑法有关规定追究刑事责任：

（一）未按照规定对矿山、金属冶炼建设项目或者用于生产、储存、装卸危险物品的建设项目进行安全评价的；

（二）矿山、金属冶炼建设项目或者用于生产、储存、装卸危险物品的建设项目没有安全设施设计或者安全设施设计未按照规定报经有关部门审查同意的；

（三）矿山、金属冶炼建设项目或者用于生产、储存、装卸危险物品的建设项目的施工单位未按照批准的安全设施设计施工的；

（四）矿山、金属冶炼建设项目或者用于生产、储存、装卸危险物品的建设项目竣工投入生产或者使用前，安全设施未经验收合格的。

第九十九条　【生产经营单位安全管理违法责任（二）】生产经营单位有下列行为之一的，责令限期改正，处五万元以下的罚款；逾期未改正的，处五万元以上二十万元以下的罚款，对其直接负责的主管人员和其他直接责任人员处一万元以上二万元以下的罚款；情节严重的，责令停产停业整顿；构成犯罪的，依照刑法有关规定追究刑事责任：

（一）未在有较大危险因素的生产经营场所和有关设施、设备上设置明显的安全警示标志的；

（二）安全设备的安装、使用、检测、改造和报废不符合国家标准或者行业标准的；

（三）未对安全设备进行经常性维护、保养和定期检测的；

（四）关闭、破坏直接关系生产安全的监控、报警、防护、救生设备、设施，或者篡改、隐瞒、销毁其相关数据、信息的；

（五）未为从业人员提供符合国家标准或者行业标准的劳动防护用品的；

（六）危险物品的容器、运输工具，以及涉及人身安全、危险性较大的海洋石油开采特种设备和矿山井下特种设备未经具有专业资质的机构检测、检验合格，取得安全使用证或者安全标志，投入使用的；

（七）使用应当淘汰的危及生产安全的工艺、设备的；

（八）餐饮等行业的生产经营单位使用燃气未安装可燃气体报警装置的。

第一百条 【违法经营危险物品】未经依法批准，擅自生产、经营、运输、储存、使用危险物品或者处置废弃危险物品的，依照有关危险物品安全管理的法律、行政法规的规定予以处罚；构成犯罪的，依照刑法有关规定追究刑事责任。

第一百零一条 【生产经营单位安全管理违法责任（三）】生产经营单位有下列行为之一的，责令限期改正，处十万元以下的罚款；逾期未改正的，责令停产停业整顿，并处十万元以上二十万元以下的罚款，对其直接负责的主管人员和其他直接责任人员处二万元以上五万元以下的罚款；构成犯罪的，依照刑法有关规定追究刑事责任：

（一）生产、经营、运输、储存、使用危险物品或者处置废弃危险物品，未建立专门安全管理制度、未采取可靠的安全措施的；

（二）对重大危险源未登记建档，未进行定期检测、评估、监控，未制定应急预案，或者未告知应急措施的；

（三）进行爆破、吊装、动火、临时用电以及国务院应急管理部门会同国务院有关部门规定的其他危险作业，未安排专门人员进行现场安全管理的；

（四）未建立安全风险分级管控制度或者未按照安全风险分级采取相应管控措施的；

（五）未建立事故隐患排查治理制度，或者重大事故隐患排查治理情况未按照规定报告的。

第一百零二条 【未采取措施消除事故隐患违法责任】生产经营单位未采取

措施消除事故隐患的，责令立即消除或者限期消除，处五万元以下的罚款；生产经营单位拒不执行的，责令停产停业整顿，对其直接负责的主管人员和其他直接责任人员处五万元以上十万元以下的罚款；构成犯罪的，依照刑法有关规定追究刑事责任。

第一百零三条　【违法发包、出租和违反项目安全管理的法律责任】生产经营单位将生产经营项目、场所、设备发包或者出租给不具备安全生产条件或者相应资质的单位或者个人的，责令限期改正，没收违法所得；违法所得十万元以上的，并处违法所得二倍以上五倍以下的罚款；没有违法所得或者违法所得不足十万元的，单处或者并处十万元以上二十万元以下的罚款；对其直接负责的主管人员和其他直接责任人员处一万元以上二万元以下的罚款；导致发生生产安全事故给他人造成损害的，与承包方、承租方承担连带赔偿责任。

生产经营单位未与承包单位、承租单位签订专门的安全生产管理协议或者未在承包合同、租赁合同中明确各自的安全生产管理职责，或者未对承包单位、承租单位的安全生产统一协调、管理的，责令限期改正，处五万元以下的罚款，对其直接负责的主管人员和其他直接责任人员处一万元以下的罚款；逾期未改正的，责令停产停业整顿。

矿山、金属冶炼建设项目和用于生产、储存、装卸危险物品的建设项目的施工单位未按照规定对施工项目进行安全管理的，责令限期改正，处十万元以下的罚款，对其直接负责的主管人员和其他直接责任人员处二万元以下的罚款；逾期未改正的，责令停产停业整顿。以上施工单位倒卖、出租、出借、挂靠或者以其他形式非法转让施工资质的，责令停产停业整顿，吊销资质证书，没收违法所得；违法所得十万元以上的，并处违法所得二倍以上五倍以下的罚款，没有违法所得或者违法所得不足十万元的，单处或者并处十万元以上二十万元以下的罚款；对其直接负责的主管人员和其他直接责任人员处五万元以上十万元以下的罚款；构成犯罪的，依照刑法有关规定追究刑事责任。

第一百零四条　【同一作业区域安全管理违法责任】两个以上生产经营单位在同一作业区域内进行可能危及对方安全生产的生产经营活动，未签订安全生产管理协议或者未指定专职安全生产管理人员进行安全检查与协调的，责令限期改正，处五万元以下的罚款，对其直接负责的主管人员和其他直接责任人员处一万元以下的罚款；逾期未改正的，责令停产停业。

第一百零五条　【生产经营场所和员工宿舍违法责任】生产经营单位有下列

行为之一的，责令限期改正，处五万元以下的罚款，对其直接负责的主管人员和其他直接责任人员处一万元以下的罚款；逾期未改正的，责令停产停业整顿；构成犯罪的，依照刑法有关规定追究刑事责任：

（一）生产、经营、储存、使用危险物品的车间、商店、仓库与员工宿舍在同一座建筑内，或者与员工宿舍的距离不符合安全要求的；

（二）生产经营场所和员工宿舍未设有符合紧急疏散需要、标志明显、保持畅通的出口、疏散通道，或者占用、锁闭、封堵生产经营场所或者员工宿舍出口、疏散通道的。

第一百零六条 【免责协议违法责任】生产经营单位与从业人员订立协议，免除或者减轻其对从业人员因生产安全事故伤亡依法应承担的责任的，该协议无效；对生产经营单位的主要负责人、个人经营的投资人处二万元以上十万元以下的罚款。

第一百零七条 【从业人员违章操作的法律责任】生产经营单位的从业人员不落实岗位安全责任，不服从管理，违反安全生产规章制度或者操作规程的，由生产经营单位给予批评教育，依照有关规章制度给予处分；构成犯罪的，依照刑法有关规定追究刑事责任。

第一百零八条 【生产经营单位不服从监督检查违法责任】违反本法规定，生产经营单位拒绝、阻碍负有安全生产监督管理职责的部门依法实施监督检查的，责令改正；拒不改正的，处二万元以上二十万元以下的罚款；对其直接负责的主管人员和其他直接责任人员处一万元以上二万元以下的罚款；构成犯罪的，依照刑法有关规定追究刑事责任。

第一百零九条 【未投保安全生产责任保险的违法责任】高危行业、领域的生产经营单位未按照国家规定投保安全生产责任保险的，责令限期改正，处五万元以上十万元以下的罚款；逾期未改正的，处十万元以上二十万元以下的罚款。

第一百一十条 【单位主要负责人事故处理违法责任】生产经营单位的主要负责人在本单位发生生产安全事故时，不立即组织抢救或者在事故调查处理期间擅离职守或者逃匿的，给予降级、撤职的处分，并由应急管理部门处上一年年收入百分之六十至百分之一百的罚款；对逃匿的处十五日以下拘留；构成犯罪的，依照刑法有关规定追究刑事责任。

生产经营单位的主要负责人对生产安全事故隐瞒不报、谎报或者迟报的，依照前款规定处罚。

第一百一十一条 【政府部门未按规定报告事故违法责任】有关地方人民政府、负有安全生产监督管理职责的部门，对生产安全事故隐瞒不报、谎报或者迟报的，对直接负责的主管人员和其他直接责任人员依法给予处分；构成犯罪的，依照刑法有关规定追究刑事责任。

第一百一十二条 【按日连续处罚】生产经营单位违反本法规定，被责令改正且受到罚款处罚，拒不改正的，负有安全生产监督管理职责的部门可以自作出责令改正之日的次日起，按照原处罚数额按日连续处罚。

第一百一十三条 【生产经营单位安全管理违法责任（四）】生产经营单位存在下列情形之一的，负有安全生产监督管理职责的部门应当提请地方人民政府予以关闭，有关部门应当依法吊销其有关证照。生产经营单位主要负责人五年内不得担任任何生产经营单位的主要负责人；情节严重的，终身不得担任本行业生产经营单位的主要负责人：

（一）存在重大事故隐患，一百八十日内三次或者一年内四次受到本法规定的行政处罚的；

（二）经停产停业整顿，仍不具备法律、行政法规和国家标准或者行业标准规定的安全生产条件的；

（三）不具备法律、行政法规和国家标准或者行业标准规定的安全生产条件，导致发生重大、特别重大生产安全事故的；

（四）拒不执行负有安全生产监督管理职责的部门作出的停产停业整顿决定的。

第一百一十四条 【对事故责任单位罚款】发生生产安全事故，对负有责任的生产经营单位除要求其依法承担相应的赔偿等责任外，由应急管理部门依照下列规定处以罚款：

（一）发生一般事故的，处三十万元以上一百万元以下的罚款；

（二）发生较大事故的，处一百万元以上二百万元以下的罚款；

（三）发生重大事故的，处二百万元以上一千万元以下的罚款；

（四）发生特别重大事故的，处一千万元以上二千万元以下的罚款。

发生生产安全事故，情节特别严重、影响特别恶劣的，应急管理部门可以按照前款罚款数额的二倍以上五倍以下对负有责任的生产经营单位处以罚款。

第一百一十五条 【行政处罚决定机关】本法规定的行政处罚，由应急管理部门和其他负有安全生产监督管理职责的部门按照职责分工决定；其中，根据本法第九十五条、第一百一十条、第一百一十四条的规定应当给予民航、铁路、电力行业的生产经营单位及其主要负责人行政处罚的，也可以由主管的负有安全生产监督管理职责的部门进行处罚。予以关闭的行政处罚，由负有安全生产监督管理职责的部门报请县级以上人民政府按照国务院规定的权限决定；给予拘留的行政处罚，由公安机关依照治安管理处罚的规定决定。

第一百一十六条 【生产经营单位赔偿责任】生产经营单位发生生产安全事故造成人员伤亡、他人财产损失的，应当依法承担赔偿责任；拒不承担或者其负责人逃匿的，由人民法院依法强制执行。

生产安全事故的责任人未依法承担赔偿责任，经人民法院依法采取执行措施后，仍不能对受害人给予足额赔偿的，应当继续履行赔偿义务；受害人发现责任人有其他财产的，可以随时请求人民法院执行。

第七章 附 则

第一百一十七条 【用语解释】本法下列用语的含义：

危险物品，是指易燃易爆物品、危险化学品、放射性物品等能够危及人身安全和财产安全的物品。

重大危险源，是指长期地或者临时地生产、搬运、使用或者储存危险物品，且危险物品的数量等于或者超过临界量的单元（包括场所和设施）。

第一百一十八条 【事故、隐患分类判定标准的制定】本法规定的生产安全一般事故、较大事故、重大事故、特别重大事故的划分标准由国务院规定。

国务院应急管理部门和其他负有安全生产监督管理职责的部门应当根据各自的职责分工，制定相关行业、领域重大危险源的辨识标准和重大事故隐患的判定标准。

第一百一十九条 【生效日期】本法自 2002 年 11 月 1 日起施行。

中华人民共和国行政处罚法

（1996 年 3 月 17 日第八届全国人民代表大会第四次会议通过　根据 2009 年 8 月 27 日第十一届全国人民代表大会常务委员会第十次会议《关于修改部分法律的决定》第一次修正　根据 2017 年 9 月 1 日第十二届全国人民代表大会常务委员会第二十九次会议《关于修改〈中华人民共和国法官法〉等八部法律的决定》第二次修正　2021 年 1 月 22 日第十三届全国人民代表大会常务委员会第二十五次会议修订　2021 年 1 月 22 日中华人民共和国主席令第 70 号公布　自 2021 年 7 月 15 日起施行）

第一章　总　　则

第一条　【立法宗旨和立法依据】为了规范行政处罚的设定和实施，保障和监督行政机关有效实施行政管理，维护公共利益和社会秩序，保护公民、法人或者其他组织的合法权益，根据宪法，制定本法。

第二条　【定义】行政处罚是指行政机关依法对违反行政管理秩序的公民、法人或者其他组织，以减损权益或者增加义务的方式予以惩戒的行为。

第三条　【适用范围】行政处罚的设定和实施，适用本法。

第四条　【处罚法定原则】公民、法人或者其他组织违反行政管理秩序的行为，应当给予行政处罚的，依照本法由法律、法规、规章规定，并由行政机关依照本法规定的程序实施。

第五条　【公正、公开原则】行政处罚遵循公正、公开的原则。

设定和实施行政处罚必须以事实为依据，与违法行为的事实、性质、情节以及社会危害程度相当。

对违法行为给予行政处罚的规定必须公布；未经公布的，不得作为行政处罚的依据。

第六条　【处罚与教育相结合原则】实施行政处罚，纠正违法行为，应当坚持处罚与教育相结合，教育公民、法人或者其他组织自觉守法。

第七条 【保障当事人权利原则】公民、法人或者其他组织对行政机关所给予的行政处罚，享有陈述权、申辩权；对行政处罚不服的，有权依法申请行政复议或者提起行政诉讼。

公民、法人或者其他组织因行政机关违法给予行政处罚受到损害的，有权依法提出赔偿要求。

第八条 【处罚责任与民事责任、刑事责任衔接】公民、法人或者其他组织因违法行为受到行政处罚，其违法行为对他人造成损害的，应当依法承担民事责任。

违法行为构成犯罪，应当依法追究刑事责任的，不得以行政处罚代替刑事处罚。

第二章 行政处罚的种类和设定

第九条 【处罚种类】行政处罚的种类：

（一）警告、通报批评；

（二）罚款、没收违法所得、没收非法财物；

（三）暂扣许可证件、降低资质等级、吊销许可证件；

（四）限制开展生产经营活动、责令停产停业、责令关闭、限制从业；

（五）行政拘留；

（六）法律、行政法规规定的其他行政处罚。

第十条 【法律设定处罚权限】法律可以设定各种行政处罚。

限制人身自由的行政处罚，只能由法律设定。

第十一条 【行政法规设定处罚权限】行政法规可以设定除限制人身自由以外的行政处罚。

法律对违法行为已经作出行政处罚规定，行政法规需要作出具体规定的，必须在法律规定的给予行政处罚的行为、种类和幅度的范围内规定。

法律对违法行为未作出行政处罚规定，行政法规为实施法律，可以补充设定行政处罚。拟补充设定行政处罚的，应当通过听证会、论证会等形式广泛听取意见，并向制定机关作出书面说明。行政法规报送备案时，应当说明补充设定行政处罚的情况。

第十二条 【地方性法规设定处罚权限】地方性法规可以设定除限制人身自

由、吊销营业执照以外的行政处罚。

法律、行政法规对违法行为已经作出行政处罚规定，地方性法规需要作出具体规定的，必须在法律、行政法规规定的给予行政处罚的行为、种类和幅度的范围内规定。

法律、行政法规对违法行为未作出行政处罚规定，地方性法规为实施法律、行政法规，可以补充设定行政处罚。拟补充设定行政处罚的，应当通过听证会、论证会等形式广泛听取意见，并向制定机关作出书面说明。地方性法规报送备案时，应当说明补充设定行政处罚的情况。

第十三条　【国务院部门规章设定处罚权限】国务院部门规章可以在法律、行政法规规定的给予行政处罚的行为、种类和幅度的范围内作出具体规定。

尚未制定法律、行政法规的，国务院部门规章对违反行政管理秩序的行为，可以设定警告、通报批评或者一定数额罚款的行政处罚。罚款的限额由国务院规定。

第十四条　【地方政府规章设定处罚权限】地方政府规章可以在法律、法规规定的给予行政处罚的行为、种类和幅度的范围内作出具体规定。

尚未制定法律、法规的，地方政府规章对违反行政管理秩序的行为，可以设定警告、通报批评或者一定数额罚款的行政处罚。罚款的限额由省、自治区、直辖市人民代表大会常务委员会规定。

第十五条　【处罚事项实施评估】国务院部门和省、自治区、直辖市人民政府及其有关部门应当定期组织评估行政处罚的实施情况和必要性，对不适当的行政处罚事项及种类、罚款数额等，应当提出修改或者废止的建议。

第十六条　【其他规范性文件禁止设定处罚】除法律、法规、规章外，其他规范性文件不得设定行政处罚。

第三章　行政处罚的实施机关

第十七条　【处罚权实施主体】行政处罚由具有行政处罚权的行政机关在法定职权范围内实施。

第十八条　【综合执法、相对集中行政处罚权】国家在城市管理、市场监管、生态环境、文化市场、交通运输、应急管理、农业等领域推行建立综合行政执法制度，相对集中行政处罚权。

国务院或者省、自治区、直辖市人民政府可以决定一个行政机关行使有关行政机关的行政处罚权。

限制人身自由的行政处罚权只能由公安机关和法律规定的其他机关行使。

第十九条 【授权组织】法律、法规授权的具有管理公共事务职能的组织可以在法定授权范围内实施行政处罚。

第二十条 【委托处罚】行政机关依照法律、法规、规章的规定，可以在其法定权限内书面委托符合本法第二十一条规定条件的组织实施行政处罚。行政机关不得委托其他组织或者个人实施行政处罚。

委托书应当载明委托的具体事项、权限、期限等内容。委托行政机关和受委托组织应当将委托书向社会公布。

委托行政机关对受委托组织实施行政处罚的行为应当负责监督，并对该行为的后果承担法律责任。

受委托组织在委托范围内，以委托行政机关名义实施行政处罚；不得再委托其他组织或者个人实施行政处罚。

第二十一条 【受委托组织条件】受委托组织必须符合以下条件：

（一）依法成立并具有管理公共事务职能；

（二）有熟悉有关法律、法规、规章和业务并取得行政执法资格的工作人员；

（三）需要进行技术检查或者技术鉴定的，应当有条件组织进行相应的技术检查或者技术鉴定。

第四章 行政处罚的管辖和适用

第二十二条 【地域管辖】行政处罚由违法行为发生地的行政机关管辖。法律、行政法规、部门规章另有规定的，从其规定。

第二十三条 【级别与职权管辖】行政处罚由县级以上地方人民政府具有行政处罚权的行政机关管辖。法律、行政法规另有规定的，从其规定。

第二十四条 【交由乡镇街道行政处罚权】省、自治区、直辖市根据当地实际情况，可以决定将基层管理迫切需要的县级人民政府部门的行政处罚权交由能够有效承接的乡镇人民政府、街道办事处行使，并定期组织评估。决定应当公布。

承接行政处罚权的乡镇人民政府、街道办事处应当加强执法能力建设，按照规定范围、依照法定程序实施行政处罚。

有关地方人民政府及其部门应当加强组织协调、业务指导、执法监督，建立健全行政处罚协调配合机制，完善评议、考核制度。

第二十五条　【管辖权的确定】两个以上行政机关都有管辖权的，由最先立案的行政机关管辖。

对管辖发生争议的，应当协商解决，协商不成的，报请共同的上一级行政机关指定管辖；也可以直接由共同的上一级行政机关指定管辖。

第二十六条　【协助处罚】行政机关因实施行政处罚的需要，可以向有关机关提出协助请求。协助事项属于被请求机关职权范围内的，应当依法予以协助。

第二十七条　【行刑衔接、刑行衔接】违法行为涉嫌犯罪的，行政机关应当及时将案件移送司法机关，依法追究刑事责任。对依法不需要追究刑事责任或者免予刑事处罚，但应当给予行政处罚的，司法机关应当及时将案件移送有关行政机关。

行政处罚实施机关与司法机关之间应当加强协调配合，建立健全案件移送制度，加强证据材料移交、接收衔接，完善案件处理信息通报机制。

第二十八条　【责令改正、责令退赔】行政机关实施行政处罚时，应当责令当事人改正或者限期改正违法行为。

当事人有违法所得，除依法应当退赔的外，应当予以没收。违法所得是指实施违法行为所取得的款项。法律、行政法规、部门规章对违法所得的计算另有规定的，从其规定。

第二十九条　【一事不二罚】对当事人的同一个违法行为，不得给予两次以上罚款的行政处罚。同一个违法行为违反多个法律规范应当给予罚款处罚的，按照罚款数额高的规定处罚。

第三十条　【未成年人违法】不满十四周岁的未成年人有违法行为的，不予行政处罚，责令监护人加以管教；已满十四周岁不满十八周岁的未成年人有违法行为的，应当从轻或者减轻行政处罚。

第三十一条　【精神病人、智力残疾人违法】精神病人、智力残疾人在不能辨认或者不能控制自己行为时有违法行为的，不予行政处罚，但应当责令其监护人严加看管和治疗。间歇性精神病人在精神正常时有违法行为的，应当给予行政处罚。尚未完全丧失辨认或者控制自己行为能力的精神病人、智力残疾人有违法行为的，可以从轻或者减轻行政处罚。

第三十二条 【从轻、减轻处罚】 当事人有下列情形之一，应当从轻或者减轻行政处罚：

（一）主动消除或者减轻违法行为危害后果的；

（二）受他人胁迫或者诱骗实施违法行为的；

（三）主动供述行政机关尚未掌握的违法行为的；

（四）配合行政机关查处违法行为有立功表现的；

（五）法律、法规、规章规定其他应当从轻或者减轻行政处罚的。

第三十三条 【不予处罚；过错推定】 违法行为轻微并及时改正，没有造成危害后果的，不予行政处罚。初次违法且危害后果轻微并及时改正的，可以不予行政处罚。

当事人有证据足以证明没有主观过错的，不予行政处罚。法律、行政法规另有规定的，从其规定。

对当事人的违法行为依法不予行政处罚的，行政机关应当对当事人进行教育。

第三十四条 【行政处罚裁量权】 行政机关可以依法制定行政处罚裁量基准，规范行使行政处罚裁量权。行政处罚裁量基准应当向社会公布。

第三十五条 【行刑处罚折抵】 违法行为构成犯罪，人民法院判处拘役或者有期徒刑时，行政机关已经给予当事人行政拘留的，应当依法折抵相应刑期。

违法行为构成犯罪，人民法院判处罚金时，行政机关已经给予当事人罚款的，应当折抵相应罚金；行政机关尚未给予当事人罚款的，不再给予罚款。

第三十六条 【追责时效】 违法行为在二年内未被发现的，不再给予行政处罚；涉及公民生命健康安全、金融安全且有危害后果的，上述期限延长至五年。法律另有规定的除外。

前款规定的期限，从违法行为发生之日起计算；违法行为有连续或者继续状态的，从行为终了之日起计算。

第三十七条 【从旧兼从轻】 实施行政处罚，适用违法行为发生时的法律、法规、规章的规定。但是，作出行政处罚决定时，法律、法规、规章已被修改或者废止，且新的规定处罚较轻或者不认为是违法的，适用新的规定。

第三十八条 【行政处罚决定无效】 行政处罚没有依据或者实施主体不具有行政主体资格的，行政处罚无效。

违反法定程序构成重大且明显违法的，行政处罚无效。

第五章　行政处罚的决定

第一节　一般规定

第三十九条　【事前公示】行政处罚的实施机关、立案依据、实施程序和救济渠道等信息应当公示。

第四十条　【查明事实】公民、法人或者其他组织违反行政管理秩序的行为，依法应当给予行政处罚的，行政机关必须查明事实；违法事实不清、证据不足的，不得给予行政处罚。

第四十一条　【非现场执法】行政机关依照法律、行政法规规定利用电子技术监控设备收集、固定违法事实的，应当经过法制和技术审核，确保电子技术监控设备符合标准、设置合理、标志明显，设置地点应当向社会公布。

电子技术监控设备记录违法事实应当真实、清晰、完整、准确。行政机关应当审核记录内容是否符合要求；未经审核或者经审核不符合要求的，不得作为行政处罚的证据。

行政机关应当及时告知当事人违法事实，并采取信息化手段或者其他措施，为当事人查询、陈述和申辩提供便利。不得限制或者变相限制当事人享有的陈述权、申辩权。

第四十二条　【文明执法】行政处罚应当由具有行政执法资格的执法人员实施。执法人员不得少于两人，法律另有规定的除外。

执法人员应当文明执法，尊重和保护当事人合法权益。

第四十三条　【回避】执法人员与案件有直接利害关系或者有其他关系可能影响公正执法的，应当回避。

当事人认为执法人员与案件有直接利害关系或者有其他关系可能影响公正执法的，有权申请回避。

当事人提出回避申请的，行政机关应当依法审查，由行政机关负责人决定。决定作出之前，不停止调查。

第四十四条　【告知】行政机关在作出行政处罚决定之前，应当告知当事人拟作出的行政处罚内容及事实、理由、依据，并告知当事人依法享有的陈述、申辩、要求听证等权利。

第四十五条　【陈述申辩】当事人有权进行陈述和申辩。行政机关必须充分听取当事人的意见，对当事人提出的事实、理由和证据，应当进行复核；当事人提出的事实、理由或者证据成立的，行政机关应当采纳。

行政机关不得因当事人陈述、申辩而给予更重的处罚。

第四十六条　【证据种类和适用规则】证据包括：

（一）书证；

（二）物证；

（三）视听资料；

（四）电子数据；

（五）证人证言；

（六）当事人的陈述；

（七）鉴定意见；

（八）勘验笔录、现场笔录。

证据必须经查证属实，方可作为认定案件事实的根据。

以非法手段取得的证据，不得作为认定案件事实的根据。

第四十七条　【行政处罚全过程记录】行政机关应当依法以文字、音像等形式，对行政处罚的启动、调查取证、审核、决定、送达、执行等进行全过程记录，归档保存。

第四十八条　【行政处罚决定公示】具有一定社会影响的行政处罚决定应当依法公开。

公开的行政处罚决定被依法变更、撤销、确认违法或者确认无效的，行政机关应当在三日内撤回行政处罚决定信息并公开说明理由。

第四十九条　【突发事件处罚】发生重大传染病疫情等突发事件，为了控制、减轻和消除突发事件引起的社会危害，行政机关对违反突发事件应对措施的行为，依法快速、从重处罚。

第五十条　【保密义务】行政机关及其工作人员对实施行政处罚过程中知悉的国家秘密、商业秘密或者个人隐私，应当依法予以保密。

第二节　简易程序

第五十一条　【当场处罚的情形】违法事实确凿并有法定依据，对公民处以二百元以下、对法人或者其他组织处以三千元以下罚款或者警告的行政处罚的，可以当场作出行政处罚决定。法律另有规定的，从其规定。

第五十二条　【当场处罚的程序】 执法人员当场作出行政处罚决定的，应当向当事人出示执法证件，填写预定格式、编有号码的行政处罚决定书，并当场交付当事人。当事人拒绝签收的，应当在行政处罚决定书上注明。

前款规定的行政处罚决定书应当载明当事人的违法行为，行政处罚的种类和依据、罚款数额、时间、地点，申请行政复议、提起行政诉讼的途径和期限以及行政机关名称，并由执法人员签名或者盖章。

执法人员当场作出的行政处罚决定，应当报所属行政机关备案。

第五十三条　【当场处罚的履行】 对当场作出的行政处罚决定，当事人应当依照本法第六十七条至第六十九条的规定履行。

第三节　普 通 程 序

第五十四条　【调查取证检查与立案】 除本法第五十一条规定的可以当场作出的行政处罚外，行政机关发现公民、法人或者其他组织有依法应当给予行政处罚的行为的，必须全面、客观、公正地调查，收集有关证据；必要时，依照法律、法规的规定，可以进行检查。

符合立案标准的，行政机关应当及时立案。

第五十五条　【出示证件与协助调查】 执法人员在调查或者进行检查时，应当主动向当事人或者有关人员出示执法证件。当事人或者有关人员有权要求执法人员出示执法证件。执法人员不出示执法证件的，当事人或者有关人员有权拒绝接受调查或者检查。

当事人或者有关人员应当如实回答询问，并协助调查或者检查，不得拒绝或者阻挠。询问或者检查应当制作笔录。

第五十六条　【抽样取证与先行登记保存】 行政机关在收集证据时，可以采取抽样取证的方法；在证据可能灭失或者以后难以取得的情况下，经行政机关负责人批准，可以先行登记保存，并应当在七日内及时作出处理决定，在此期间，当事人或者有关人员不得销毁或者转移证据。

第五十七条　【调查结果处理】 调查终结，行政机关负责人应当对调查结果进行审查，根据不同情况，分别作出如下决定：

（一）确有应受行政处罚的违法行为的，根据情节轻重及具体情况，作出行政处罚决定；

（二）违法行为轻微，依法可以不予行政处罚的，不予行政处罚；

（三）违法事实不能成立的，不予行政处罚；

（四）违法行为涉嫌犯罪的，移送司法机关。

对情节复杂或者重大违法行为给予行政处罚，行政机关负责人应当集体讨论决定。

第五十八条 【重大处罚决定法制审核】有下列情形之一，在行政机关负责人作出行政处罚的决定之前，应当由从事行政处罚决定法制审核的人员进行法制审核；未经法制审核或者审核未通过的，不得作出决定：

（一）涉及重大公共利益的；

（二）直接关系当事人或者第三人重大权益，经过听证程序的；

（三）案件情况疑难复杂、涉及多个法律关系的；

（四）法律、法规规定应当进行法制审核的其他情形。

行政机关中初次从事行政处罚决定法制审核的人员，应当通过国家统一法律职业资格考试取得法律职业资格。

第五十九条 【行政处罚决定书】行政机关依照本法第五十七条的规定给予行政处罚，应当制作行政处罚决定书。行政处罚决定书应当载明下列事项：

（一）当事人的姓名或者名称、地址；

（二）违反法律、法规、规章的事实和证据；

（三）行政处罚的种类和依据；

（四）行政处罚的履行方式和期限；

（五）申请行政复议、提起行政诉讼的途径和期限；

（六）作出行政处罚决定的行政机关名称和作出决定的日期。

行政处罚决定书必须盖有作出行政处罚决定的行政机关的印章。

第六十条 【办案期限】行政机关应当自行政处罚案件立案之日起九十日内作出行政处罚决定。法律、法规、规章另有规定的，从其规定。

第六十一条 【当场交付与送达】行政处罚决定书应当在宣告后当场交付当事人；当事人不在场的，行政机关应当在七日内依照《中华人民共和国民事诉讼法》的有关规定，将行政处罚决定书送达当事人。

当事人同意并签订确认书的，行政机关可以采用传真、电子邮件等方式，将行政处罚决定书等送达当事人。

第六十二条 【告知陈述申辩的约束力】行政机关及其执法人员在作出行政

处罚决定之前，未依照本法第四十四条、第四十五条的规定向当事人告知拟作出的行政处罚内容及事实、理由、依据，或者拒绝听取当事人的陈述、申辩，不得作出行政处罚决定；当事人明确放弃陈述或者申辩权利的除外。

第四节 听证程序

第六十三条 【适用范围】行政机关拟作出下列行政处罚决定，应当告知当事人有要求听证的权利，当事人要求听证的，行政机关应当组织听证：

（一）较大数额罚款；

（二）没收较大数额违法所得、没收较大价值非法财物；

（三）降低资质等级、吊销许可证件；

（四）责令停产停业、责令关闭、限制从业；

（五）其他较重的行政处罚；

（六）法律、法规、规章规定的其他情形。

当事人不承担行政机关组织听证的费用。

第六十四条 【听证程序】听证应当依照以下程序组织：

（一）当事人要求听证的，应当在行政机关告知后五日内提出；

（二）行政机关应当在举行听证的七日前，通知当事人及有关人员听证的时间、地点；

（三）除涉及国家秘密、商业秘密或者个人隐私依法予以保密外，听证公开举行；

（四）听证由行政机关指定的非本案调查人员主持；当事人认为主持人与本案有直接利害关系的，有权申请回避；

（五）当事人可以亲自参加听证，也可以委托一至二人代理；

（六）当事人及其代理人无正当理由拒不出席听证或者未经许可中途退出听证的，视为放弃听证权利，行政机关终止听证；

（七）举行听证时，调查人员提出当事人违法的事实、证据和行政处罚建议，当事人进行申辩和质证；

（八）听证应当制作笔录。笔录应当交当事人或者其代理人核对无误后签字或者盖章。当事人或者其代理人拒绝签字或者盖章的，由听证主持人在笔录中注明。

第六十五条 【听证笔录约束力】听证结束后，行政机关应当根据听证笔录，依照本法第五十七条的规定，作出决定。

第六章 行政处罚的执行

第六十六条 【履行义务及分期履行】行政处罚决定依法作出后，当事人应当在行政处罚决定书载明的期限内，予以履行。

当事人确有经济困难，需要延期或者分期缴纳罚款的，经当事人申请和行政机关批准，可以暂缓或者分期缴纳。

第六十七条 【罚缴分离】作出罚款决定的行政机关应当与收缴罚款的机构分离。

除依照本法第六十八条、第六十九条的规定当场收缴的罚款外，作出行政处罚决定的行政机关及其执法人员不得自行收缴罚款。

当事人应当自收到行政处罚决定书之日起十五日内，到指定的银行或者通过电子支付系统缴纳罚款。银行应当收受罚款，并将罚款直接上缴国库。

第六十八条 【当场收缴罚款】依照本法第五十一条的规定当场作出行政处罚决定，有下列情形之一，执法人员可以当场收缴罚款：

（一）依法给予一百元以下罚款的；

（二）不当场收缴事后难以执行的。

第六十九条 【申请当场收缴罚款】在边远、水上、交通不便地区，行政机关及其执法人员依照本法第五十一条、第五十七条的规定作出罚款决定后，当事人到指定的银行或者通过电子支付系统缴纳罚款确有困难，经当事人提出，行政机关及其执法人员可以当场收缴罚款。

第七十条 【罚款票据】行政机关及其执法人员当场收缴罚款的，必须向当事人出具国务院财政部门或者省、自治区、直辖市人民政府财政部门统一制发的专用票据；不出具财政部门统一制发的专用票据的，当事人有权拒绝缴纳罚款。

第七十一条 【当场收缴罚款的事后处理】执法人员当场收缴的罚款，应当自收缴罚款之日起二日内，交至行政机关；在水上当场收缴的罚款，应当自抵岸之日起二日内交至行政机关；行政机关应当在二日内将罚款缴付指定的银行。

第七十二条 【执行措施】当事人逾期不履行行政处罚决定的，作出行政处罚决定的行政机关可以采取下列措施：

（一）到期不缴纳罚款的，每日按罚款数额的百分之三加处罚款，加处罚款的数额不得超出罚款的数额；

（二）根据法律规定，将查封、扣押的财物拍卖、依法处理或者将冻结的存款、汇款划拨抵缴罚款；

（三）根据法律规定，采取其他行政强制执行方式；

（四）依照《中华人民共和国行政强制法》的规定申请人民法院强制执行。

行政机关批准延期、分期缴纳罚款的，申请人民法院强制执行的期限，自暂缓或者分期缴纳罚款期限结束之日起计算。

第七十三条　【救济期间不停止处罚、加处罚款停止执行】当事人对行政处罚决定不服，申请行政复议或者提起行政诉讼的，行政处罚不停止执行，法律另有规定的除外。

当事人对限制人身自由的行政处罚决定不服，申请行政复议或者提起行政诉讼的，可以向作出决定的机关提出暂缓执行申请。符合法律规定情形的，应当暂缓执行。

当事人申请行政复议或者提起行政诉讼的，加处罚款的数额在行政复议或者行政诉讼期间不予计算。

第七十四条　【罚没财物的处置】除依法应当予以销毁的物品外，依法没收的非法财物必须按照国家规定公开拍卖或者按照国家有关规定处理。

罚款、没收的违法所得或者没收非法财物拍卖的款项，必须全部上缴国库，任何行政机关或者个人不得以任何形式截留、私分或者变相私分。

罚款、没收的违法所得或者没收非法财物拍卖的款项，不得同作出行政处罚决定的行政机关及其工作人员的考核、考评直接或者变相挂钩。除依法应当退还、退赔的外，财政部门不得以任何形式向作出行政处罚决定的行政机关返还罚款、没收的违法所得或者没收非法财物拍卖的款项。

第七十五条　【行政处罚层级监督】行政机关应当建立健全对行政处罚的监督制度。县级以上人民政府应当定期组织开展行政执法评议、考核，加强对行政处罚的监督检查，规范和保障行政处罚的实施。

行政机关实施行政处罚应当接受社会监督。公民、法人或者其他组织对行政机关实施行政处罚的行为，有权申诉或者检举；行政机关应当认真审查，发现有错误的，应当主动改正。

第七章 法律责任

第七十六条 【对行政处罚的监督】行政机关实施行政处罚，有下列情形之一，由上级行政机关或者有关机关责令改正，对直接负责的主管人员和其他直接责任人员依法给予处分：

（一）没有法定的行政处罚依据的；

（二）擅自改变行政处罚种类、幅度的；

（三）违反法定的行政处罚程序的；

（四）违反本法第二十条关于委托处罚的规定的；

（五）执法人员未取得执法证件的。

行政机关对符合立案标准的案件不及时立案的，依照前款规定予以处理。

第七十七条 【当事人的拒绝权及检举权】行政机关对当事人进行处罚不使用罚款、没收财物单据或者使用非法定部门制发的罚款、没收财物单据的，当事人有权拒绝，并有权予以检举，由上级行政机关或者有关机关对使用的非法单据予以收缴销毁，对直接负责的主管人员和其他直接责任人员依法给予处分。

第七十八条 【自行收缴罚款的处理】行政机关违反本法第六十七条的规定自行收缴罚款的，财政部门违反本法第七十四条的规定向行政机关返还罚款、没收的违法所得或者拍卖款项的，由上级行政机关或者有关机关责令改正，对直接负责的主管人员和其他直接责任人员依法给予处分。

第七十九条 【私分罚没财物的责任】行政机关截留、私分或者变相私分罚款、没收的违法所得或者财物的，由财政部门或者有关机关予以追缴，对直接负责的主管人员和其他直接责任人员依法给予处分；情节严重构成犯罪的，依法追究刑事责任。

执法人员利用职务上的便利，索取或者收受他人财物、将收缴罚款据为己有，构成犯罪的，依法追究刑事责任；情节轻微不构成犯罪的，依法给予处分。

第八十条 【使用、损毁查封、扣押财物的责任】行政机关使用或者损毁查封、扣押的财物，对当事人造成损失的，应当依法予以赔偿，对直接负责的主管人员和其他直接责任人员依法给予处分。

第八十一条 【违法实行检查或执行措施的赔偿责任】行政机关违法实施检查措施或者执行措施，给公民人身或者财产造成损害、给法人或者其他组织造成损失的，应当依法予以赔偿，对直接负责的主管人员和其他直接责任人员依法给予处分；情节严重构成犯罪的，依法追究刑事责任。

第八十二条　【以行代刑的责任】行政机关对应当依法移交司法机关追究刑事责任的案件不移交，以行政处罚代替刑事处罚，由上级行政机关或者有关机关责令改正，对直接负责的主管人员和其他直接责任人员依法给予处分；情节严重构成犯罪的，依法追究刑事责任。

第八十三条　【不作为的责任】行政机关对应当予以制止和处罚的违法行为不予制止、处罚，致使公民、法人或者其他组织的合法权益、公共利益和社会秩序遭受损害的，对直接负责的主管人员和其他直接责任人员依法给予处分；情节严重构成犯罪的，依法追究刑事责任。

第八章　附　　则

第八十四条　【涉外法律适用】外国人、无国籍人、外国组织在中华人民共和国领域内有违法行为，应当给予行政处罚的，适用本法，法律另有规定的除外。

第八十五条　【时间】本法中“二日”“三日”“五日”“七日”的规定是指工作日，不含法定节假日。

第八十六条　【施行日期】本法自 2021 年 7 月 15 日起施行。

图书在版编目（CIP）数据

安全生产行政处罚办案指南：法律实务、执法文书与案例剖析/张凡编著．—北京：中国法制出版社，2021.11

ISBN 978-7-5216-2259-1

Ⅰ.①安… Ⅱ.①张… Ⅲ.①安全生产-行政处罚-案例-中国 Ⅳ.①D922.545

中国版本图书馆 CIP 数据核字（2021）第225960号

策划编辑：王林林（wanglinlin19@sina.cn）　　责任编辑：王林林　　封面设计：杨鑫宇

安全生产行政处罚办案指南：法律实务、执法文书与案例剖析

ANQUAN SHENGCHAN XINGZHENG CHUFA BAN'AN ZHINAN：FALÜ SHIWU、ZHIFA WENSHU YU ANLI POUXI

编著/张凡
经销/新华书店
印刷/三河市紫恒印装有限公司
开本/710×1000 毫米　16 开　　印张/21.25　字数/213 千
版次/2021 年 11 月第 1 版　　2021 年 11 月第 1 次印刷

中国法制出版社出版
书号 ISBN 978-7-5216-2259-1　　定价：60.00 元

北京市西城区西便门西里甲 16 号西便门办公区
邮政编码：100053　　传真：010-63141852
网址：http://www.zgfzs.com　　**编辑部电话：010-63141672**
市场营销部电话：010-63141612　　**印务部电话：010-63141606**

（如有印装质量问题，请与本社印务部联系。）